最新
体育授業
シリーズ

新しい
剣道の授業づくり

◎巽 申直＋恵土孝吉＋本村清人―編著
◎村山勤治＋岡嶋 恒／他―著

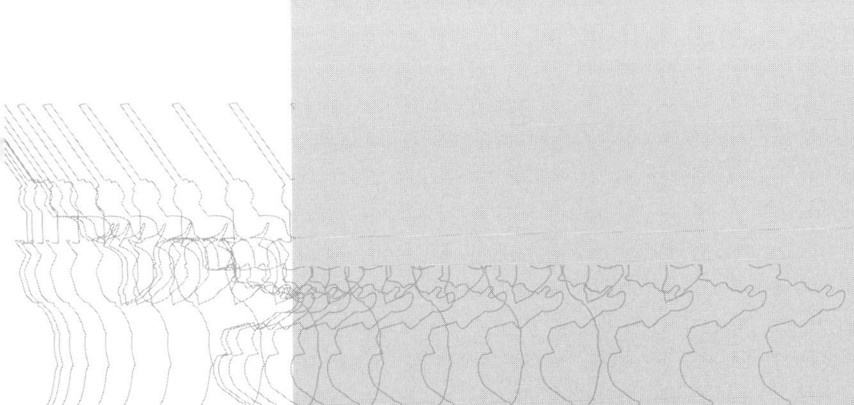

大修館書店

まえがき

体育では、生徒の運動欲求や達成欲求を充足させることのできる試みが必要となる。しかしながら、未だに、中学校、高等学校で行われている剣道の授業では、これらの欲求が必ずしも満たされているとは思われない。

その原因は、教師自らが今なお剣道を、伝統的な身体の教育や運動手段として捉えているとともに、日本の伝統的な文化の様相を呈している剣道においては、教師中心の一斉指導によって、基礎技術をしっかり教え込まなくてはならないという考え方が反映しているからである。剣道の楽しさを生徒に味わわせるには、剣道の特性にふれさせながら、自発的な学習を意図（組織）していくことが大切である。そのためには、生徒一人ひとりにとっての課題がわかりやすく、その課題解決が十分にできる学習過程を工夫していかなければならないであろう。

本書では、こうした剣道の学習指導の改善・充実を図るために、以下のようなことに基づいて内容を構成した。

・新学習指導要領の趣旨を十分に酌んだ内容とする。
・生徒主体の課題解決型の授業展開を提示する。
・具体的な評価規準を設定し，学習目標を明確にする。
・生徒一人ひとりの能力・適性等に応じたステージ型の授業展開を提示する。
・剣道を専門としない教員（女性）でも、担当可能な学習指導法を提示する。
・運動の苦手な生徒を前提とした学習過程の工夫、及び習熟度に対応した学習内容を提示する。
・CD－ROMを作成し、基本動作と対人的技能の内容をわかりやすくする。
・中・高６年間を一貫した授業で、初段が取れるまでの技能と知識を身に付けられるようにする。

特に、第Ⅱ部第１章に執筆した「ステージ型の授業の展開」は、一定の学習経験に即した指導計画で、第１ステージから第６ステージまで生徒主体の学習を展開させていく考え方である。また、選択制授業が強調されている今日、中学校の３年生や高校の１年生で初めて剣道を履修する生徒もいるなど多様化しており、学年別等の指導計画では対応できない事態が生じている。本書に示した中・高６年間を一貫したステージ型の授業の展開例があれば、生徒の実態に応じた指導ができるし、生徒自身がこの指導計画を参考にして主体的な学習活動を展開することができるものと考えている。

本書の内容はまだ不十分であり、「指導書」としてはほど遠いと思われるが、今後は、読者の叱咤激励によってより良い内容に発展させたいと切望している。

最後に、本書の出版にあたって、多大なるご尽力をいただいた大修館書店の綾部健三氏に心から感謝申し上げる次第である。

平成16年９月

執筆者代表　巽 申直　恵土孝吉

目　次

付属 CD-ROM の使い方

　この CD-ROM をご覧いただくには、Internet Explorer 6 と Windows Media Player が必要です。

《1》ＣD-ROM をコンピュータに入れると、自動的に Internet Explorer が起動し、①のような画面が出てきます。

　黄色い下線の３つのボタンから各内容に入れます。

①

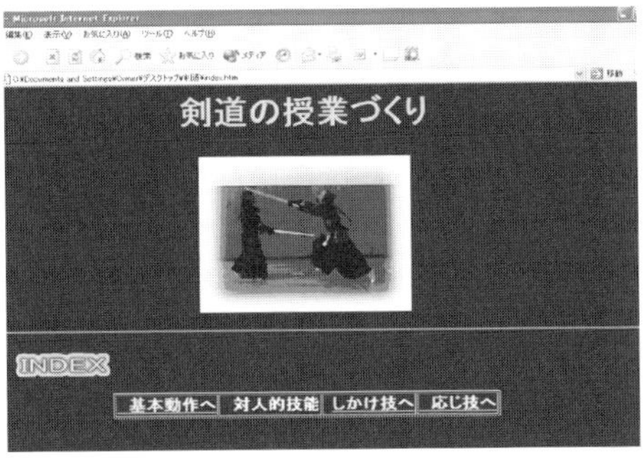

《2》「基本動作へ」のボタンをクリックすると②のようなメニュー画面が出てきます。

　黄色い文字の部分の項目（例：「ア　座り方・立ち方」）をクリックすると、クリックした項目についてのビデオが見られます。

　ここからは、「礼と作法」５項目、「素振り」３項目、「足さばき」５項目、「打突の仕方」４項目、「打たせ方・受け方」４項目、「基本打突の練習法１項目の 22 種類のビデオを見ることができます。

　一番下の「戻る」のボタンを押すと、トップのインデックスのページへ戻ります。

②

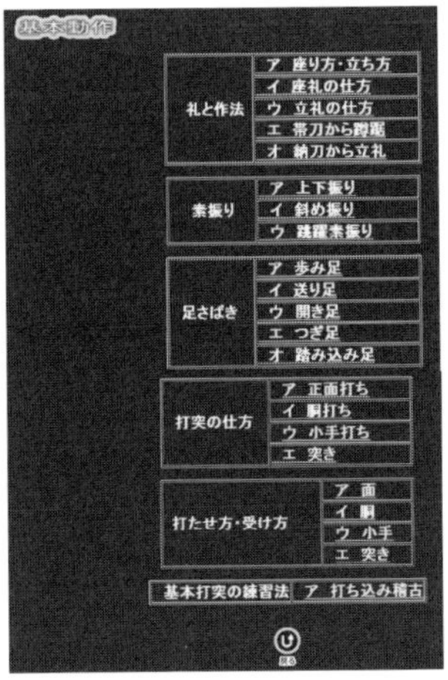

《3》それでは実際のビデオのページを見てみましょう。

　まず、見たい項目をクリックします。（例として、素振りの「ア　上下振り」をクリックしてみます。）すると③の Windows Media Player が起動し、「上下振り」ビデオが再生されます。このビデオは操作ボタンの中の「停止」か画面下の「戻る」のボタンを押すまで、何度も繰り返し再生されます。

　「戻る」のボタンを押すと、前の「基本動作」のメニュー画面へ戻ります。

③

《4》同じように「インデックス」のページの「しかけ技へ」のボタンから入ると④のような「しかけ技」のメニュー画面となります。

　「対人的技能のしかけ技」では，17 種類の技の映像を技の名称をクリックすることで見ることができます。

　「応じ技」では，⑤のような１２種類の技が技の名称をクリックすることによって見ることができます。

④

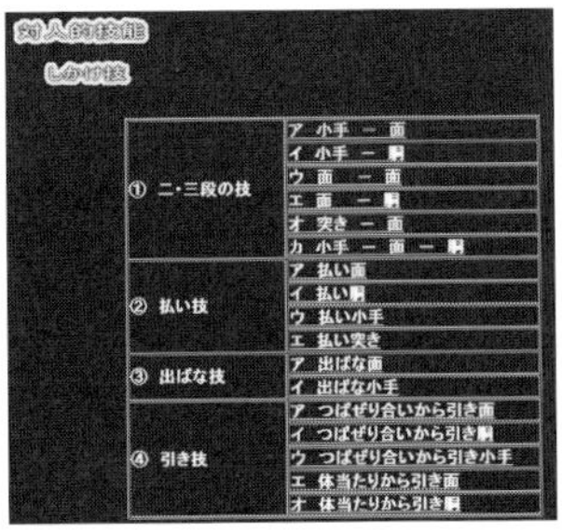

⑤

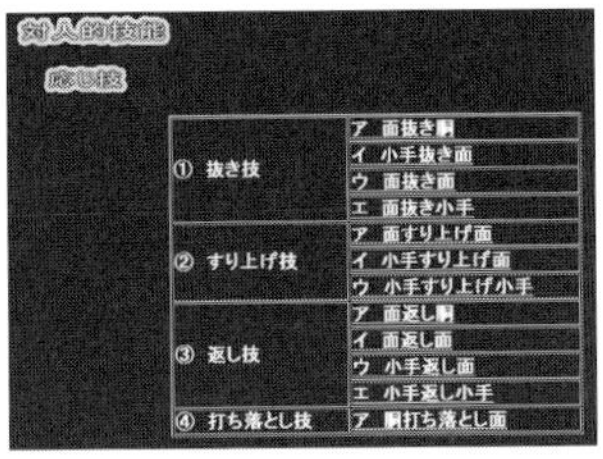

第Ⅰ部
理論編

第1章

中・高校生における剣道の学習指導の進め方

第1節
これからの剣道の学習指導に求められる役割

1 「生きる力」の育成に資すること

第15期中央教育審議会❶の答申において、わが国の教育の在り方について「生きる力」を育むことを重視するという基本方針が提言された。この「生きる力」をどのように取り扱うかは、保健体育の重要課題であると同時に、それを実現することが改訂学習指導要領❷の基本的方針と受け止めることができる。「生きる力」とは、次のことがらを指していることに要約される。

⑴自分で課題を見つけ、自ら学び、自ら考え、主体的に判断し、行動し、よりよく問題を解決する資質や能力。
⑵自らを律しつつ、他人とともに協調し、他人を思いやる心や感動する心などの豊かな人間性。
⑶たくましく生きるための健康と体力。

この答申が取り上げているように、「わが国の子どもたちには、ゆとりのない生活、社会性の不足、規範意識の低下、自立の遅れ、肥満傾向や視力の低下、体力・運動能力の低下、いじめ、不登校、青少年非行の凶悪化、高校における退学者の増加、学習内容の消化不足、受け身的暗記的学習傾向、正解を求めるだけで多角的なものの見方ができない」など、これまでに見られなかったような問題行動が生じてきている。

これらの問題行動を起こす要因として、ひとつにはゆとりのない社会がもたらす弊害によるものと考えられている。したがって、ゆとりのある教育環境に変えていく必要性が強く求められているのである、と同時に、「社会の変化に柔軟に対応し得る人間の育成」、すなわち「生きる力」をどのようにして育んでいくかが問われているのである。

1 自ら学び自ら考える資質や能力を育む

上述の⑴で求められている能力とは、自分にふりかかる問題を自分で解決していく力量であり、混沌として正解が見つからないような問題状況におかれたときでさえも、自分で解決の糸口を見つけ出していくような行動的な知の在り方である。こうした能力の高め方は、いわば知識量が問われる勉強の仕方より、学びを中心とした学習状況の中で効果的に習得され得

❶中央教育審議会
文部科学省に設置されている審議会で、文部科学大臣の諮問に応じて、教育の振興及び生涯学習の推進を中核とした豊かな人間性を備えた創造的な人材の育成に関する重要事項やスポーツの振興に関する重要事項を調査審議し、文部科学大臣に意見を述べることなどを主な所掌事務としている。

❷改訂学習指導要領
文部科学省は、完全学校週5日制の下で、各学校が「ゆとり」の中で、特色ある教育を展開し、子どもたちに学習指導要領に示す基礎的・基本的な内容を確実に身に付けさせることはもとより、自ら学び自ら考える力などの「生きる力」をはぐくむことを改善の視点として、平成10年12月に幼稚園教育要領、小学校及び中学校学習指導要領を、平成11年3月に高等学校学習指導要領を改訂した。

るものと考えられている。

中学校・高等学校の体育では、特に「選択制授業[3]」によってこの能力は培われるものと期待されている。選択制授業は、まさに生徒の能力・適性、興味・関心等によって運動を選択して学習するもので、生涯スポーツに必要な「実践する運動の選び方」「運動の仕方」を身に付けるうえで有効なのである。スポーツ種目は一層多様化する傾向にあり、選択制の授業はますます拡大していくであろう。選択制授業の意義を正しく理解して、この傾向に対応できる学習指導が求められている。

2 豊かな人間性を育む

上述の(2)で求めている豊かな人間性を育むうえで、スポーツや武道の果たす役割が大いに期待される。特に「剣道[4]」のような武道[5]は、運動の考え方や技術が相手との関係から成り立っており、かつ、伝統的な行動様式を有しているため、礼法や作法を大切なものとして扱わなければならない。また、剣道における対人関係は、ともに学び合う関係であり、決して対立的なものではない。相手を尊重することや自己を制御することが求められたり、規則の遵守、公正、協力などの社会的に望ましい態度を身に付けたりすることが必要とされる。こうした態度を養うという観点からも、剣道は自らを律しつつ、他人とともに協調し、他人を思いやる心や感動する心など豊かな人間性を育むための最も有効な単元のひとつとして貢献できる役割をもっている。

3 たくましく生きるための健康と体力を育む

上述の(3)に示される「たくましく生きるための健康と体力」の在り方は、まさに未来の社会に生きるうえでの「たくましさ」であり、心身のストレスに対応できるしなやかな心と体を意味している。

新しい保健体育の目標は、冒頭に「心と体を一体としてとらえ」という表現を加えることによって、これまでの具体的目標である「運動に親しむ資質や能力の育成」「健康の保持増進」、および「体力の向上」の３つが相互に密接な関連をもっていることを強調している。児童・生徒の心身ともに健全な成長を促すためには、心と体を一体としてとらえた指導が必要であることが求められているのである。

現代のトレーニング論などに見られる心身観は、具体的な目標が、例えば体力、技術、精神力の向上であれば、体力トレーニング、技術トレーニング、メンタルトレーニングと設定され、人間を分析的に探求し、その成果を蓄積していくとらえ方がされる。それに対して、伝統的な武道などに見られる心身観を反映させる稽古[6]論は、人間を心身一体のものとしてとらえ、体に則して、自己の確立や心の問題を思念、工夫していくところに特性が見られるのである。このことは、まさに武道が今日的に求められている心身観と適合するものである。

❸選択制授業
平成元年の学習指導要領の改訂の際に取り入れられた制度であり、個に応じた指導の充実という観点から、自己の興味・関心等に応じて、学習指導要領上一定の範囲の中から、運動（領域や種目）を選択することができる。

❹剣道
「剣道」という語が一般的に用いられるようになったのは、明治以後のことである。明治44年に、学校の教科として初めて採用され、中学校の体操の中に撃剣と柔術を加えて指導することができるようになった。大正２年に「学校体育教授要目」が公布され、その後、大正15年教授要目の改正が行われた際に「撃剣及柔術」の名称が「剣道及柔道」に改められている。この頃から「剣道」という語が定着し始めるのである。

❺武道
武道が日本の伝統的な運動文化として国際的にも広く理解されてきたことや、武道という用語が、武道館、武道学会などと社会的に広く用いられるようになってきたため、平成元年の学習指導要領の改訂の際に、「格技」という運動領域の名称が「武道」に改められた。

❻稽古
稽古という言葉は、古くは「書経」や「後漢書」に見られ、「古（いにしえ）を稽（考える）る」という意味で用いられている。武道においても近世初期にはこの言葉が使用されるようになり、剣術の修練を稽古という言葉で表現してきている。そして、この表現は現在に至るまで広く使われてきている。

2 運動の学び方の育成に資すること

今回の改訂では、学習内容に技能、態度と並んで「学び方[7]」が位置づけられている。この学び方の意味するところは、提示されている目標や内容を上手にしかも効率よく獲得する力としての学び方ではなく、自己の興味・関心や今ある自分にとっての問題をどう解決したり広げたりすることができるかである。

これまでの教育は、どちらかと言えば、知識や技能を一方的に教え込む教育や詰め込み型の教育に陥りがちで、「覚える学習」としてとらえることができる。

しかし、こうした教育は、社会が激しく変化し、多情報化社会の中では、行き詰まりの様相を呈してきている。自ら学び、自ら考える力を身に付けておけば、先行き不透明なこれからの社会においても立ち向かい自立していけるものである。また、こうした運動の学び方を学習することは、生涯にわたるスポーツライフ[8]の基礎を培う力になると考えられる。

これまでにも、運動学習の進め方を主体的に考えたり工夫したりして、めあてをもって学習することが重視されてきた。課題解決学習のプロセスは、一般的に、「課題を見つける→その課題を解決するための学習計画を立てる→その学習計画に基づいて学習を進める→その学習を評価する→新たな課題を見つける」という流れがあり、単元が終わるまでの各段階の中で教師の働きかけと生徒の活動があるという構造でとらえられる。

しかし、現実は、課題解決学習が円滑に進まない場合が多い。というのは、「課題を解決するためには、どのような学習計画をしたらよいのか」「できるようになるには、どのような練習方法があるのか」「つまずいたときには、どのようにすればよいのか」などの問題に対応できる学習方法が必ずしも得られていないからである。教師側が課題を解決できるような学習過程や学習資料を十分に提示したりして支援することがより一層求められることになる。

❼学び方
これからの学校体育の役割は、生涯スポーツの基礎的な資質や能力を育成することにあり、単に、体力を高め技能の習得をめざすだけでなく、運動とのつきあい方(学び方)ができることを必要とされている。スポーツへの「plan ～ do ～ see」という一連のプロセスと学習体験が、スポーツの自立に向けて働く力につながっていくものととらえられている。

❽スポーツライフ
生涯スポーツのスローガンは「いつでも、どこでも、だれでも」である。ライフには、日本語で「生（生命)、生活、人生（生涯)」という意味がある。「スポーツライフ」という概念は、もともとこうした人間の生（生命)、生活、人生（生涯）をより豊かにするための身体活動や運動を総称したものなのである。

3 個に応じた教育を図ること

学習指導要領における武道領域の内容は、今回、個に応じた教育の充実を図ることを強調するため、「自己の能力に適した課題をもって」と改訂されている。武道領域では、学習するうえで個人差[9]はより顕著にあらわれることから、十分に留意されねばならない。

学習指導を考える場合には、どのようなねらいやめあてをもたせればみんなが楽しく学習することができるのか、どんな活動内容にすればみんなが意欲的に挑戦することができるのか、どんなルールにすればみんなが楽しく試合をすることができるのかなどについて、常に生徒の個人差に対応する形で具体化を試みなければならない。すなわち、学習の目標（ねらい

❾個人差
一般的には、目標との関連においてとらえられている。教科の学習指導おいては、目標を求める学習と指導に生きるかたちでとらえられることが重要となる。個人差の様相は、運動の特性に触れる楽しさ体験の差、運動の特性に応じた楽しみ方に関する学習経験の差、運動技能の習得状況の差などからとらえられている。

とめあて）との関連でとらえられる兆候（シンプトム）を、学習指導に生きる形で具体的かつ構造的にとらえてはじめて、個人差に応じた学習指導と言える。

個に応じた指導のためには、すなわち、生徒の特性を正しくとらえることが大切であり、生徒の特性について、少なくとも次の４つの諸側面を考えることとしたい。

❶生徒の興味・関心による相違

生徒の様々な学習や生活の場での経験等の相違により、生徒の興味・関心の対象は必ずしも一致しない。したがって、幅広く生徒の興味・関心をとらえるようにし、それを指導に生かすことが必要である。生徒の興味をそそり、学習の意欲を高める多様な教材の開発と提示が求められていることになる。

❷生徒の学習方法・学習スタイルの相違

例えば、対人的技能の学習方法においては、「しかけ技」の学習を中心にして進めることを好む生徒もいれば、一方「応じ技」によって学習を進める生徒もいる。また、面技中心型と胴技中心型の違いもある。

こうした学習方法の違いを統一するのではなく、それぞれの方法で学習を進め、まとめの段階で相互に比較検討することが重要である。

❸習熟度の相違

習熟度の相違については、一般的に学年が進行するにつれて拡大する傾向が見られ、一律に指導することの困難さが増してくる。学習段階の進行によって、習熟度の相違による学習コース（学習ステージ）をいくつか設定することが望ましい。

❹生活経験的背景の相違

個性は独自の生活経験によって培われている。こうした生活経験的な背景にあるものを正しくとらえなくては、学習指導を適切に行うことはできないであろう。例えば、海外から帰国した生徒は、外国での貴重な生活体験をもっており、これらの体験を各教科などの学習に生かすようにすることが必要と考えられる。このような対応がすべての生徒に対して行われることが期待される。

個人差は、こうしたこれまでの楽しさ体験や学習経験、あるいは技能の習得状況などの差により、興味・関心、欲求・意欲、めあてのもち方、運動の工夫・挑戦の仕方などに大きな相違が反映されてくる。どのようにしたら、個に応じたねらいをもたせることができるのか、この点の取り組みが教師の大切な役割となる。

4 国際化に対応すること

近年、世界の多くの人々が武道に対して興味、関心をもっており、こうした状況の中で、武道は海外に広く普及している。

戦後以来、「格技[⑩]」と称されてきた剣道、柔道などの運動領域名が、平

⑩格技

戦後から平成元年の学習指導要領の改訂までは、柔道、剣道、相撲は「格技」という名称の運動領域の中に位置づけられており、主として男子が履修するものとされていた。

成元年の学習指導要領改訂の折に「武道」と改称された。体育において、諸外国に誇れるわが国固有の文化のひとつとして、歴史と伝統のもとに培われてきた武道を取りあげ、その特性を生かした指導ができるようにする意図から改められたと言える。

国際化社会への対応は、諸外国の文化に対する理解とこれらを尊重する態度の育成が肝要となるが、一方では、わが国固有の文化と伝統を理解し、外国に向けて発信することができる資質や能力を身に付けることも大切であることと受け止められる。

長い歴史の中で培われてきた剣道の文化的特性を大切にして取り扱うことが求められているのである。

第2節
剣道の学習指導を進めるにあたっての基本的な考え方

1 剣道の特性

運動の特性とは各運動の固有の性質や特徴のことであり、学習者が運動の特性を主体的に追及・享受していくことが今日の体育のめざしているところである。したがって、運動特性を明確にしていくことは、学習の目標・内容を明確にしていくことにつながっている。運動の特性をとらえる観点として、生徒と運動との機能的関係が中核に位置づくことになるが、運動独自の技術的構造・ルールなどをあらわす構造的特性や運動が心身に及ぼす影響をとらえた効果的特性をも十分に考慮しなければならない。

1 機能的特性

生徒から見た剣道の機能的特性としては、次のようなものがあげられる。
・技を習得したときや試合で技が決まったとき、楽しいと感じる。
・相手と対峙するとき、緊張感や集中力が味わえる。
・１対１で競技することにより、相手の表情や気持ちがわかる。
・道場、剣道着・袴などに武道独特の雰囲気を感じる。
・何となく怖そう、そして打たれたら痛そうである。
・剣道具[11]は重そうだし、着けるのが大変そう。
・足さばきが難しいし、剣道具を着けると動きにくそう。
・気合の入った声にびっくりする。

プラス機能の特性により、剣道の楽しさや喜びを味わわせることが可能となり、一方、マイナス機能の特性により、剣道嫌いを生み出す要因となる。

また、武道（剣道）の特性を明らかにするもののひとつとして取りあげられている「伝統的な行動の仕方」の態度について一例をあげれば、正座、座礼、立礼、素足、すり足などの行動の仕方は日本人の伝統的な行動の仕方として留意させることにより、武道の特性に触れさせることができる。剣道着、袴の取り扱いについても、剣道の特性に触れさせるという観点から着用させることが望ましい。

2 構造的特性

剣道は、竹刀を使って、定められた打突部位を相手と打突し合って有効打突[12]を競い合うという格闘形式の運動である。

⑪剣道具
剣道で用いる道具。面、小手、胴、垂れがあり、総重量は４～5kgである。「防具」とも呼ばれている。

⑫有効打突
１本となる打突であり、剣道試合・審判規則上では、充実した気勢、適正な姿勢をもって、竹刀の打突部で打撃部位を刃筋正しく打突し、残心あるものとしている。

また、多くの国や地域に様々な刀剣が存在する中で、剣道は日本の風土から生まれた刀剣（日本刀[13]）の操法、心法を起源にしてきた運動文化である。したがって、剣道の技術体系や行動の仕方を歴史的所産としてとらえる必要がある。

さらに、剣道における対人関係は決して対立的なものではなく、ともに学び合う関係である。相手を尊重することや自己を制御すること、規則の遵守、公正、協力などの態度、かつ、剣道は伝統的な行動様式を有しているため、礼法や作法に留意する態度が育成される。

⑬日本刀
日本固有の方法で鍛えた刀剣の総称。鎬（しのぎ）、反り、刃文などの構造的特徴を有しており、国内外の多くの人々に文化的価値が認められている。

3 効果的特性

心身の発育発達に及ぼす効果的特性としては、竹刀操作と体移動の協調運動の中で、平衡性、敏捷性、調整力、瞬発力、持久性などの運動能力の発達を促し、構えの姿勢では自然体[14]が求められるので、正しい姿勢の習慣形成がなされる。また、相手の動きに対応する攻防を展開する中で、瞬時の決断力や集中力なども育成される。

また、剣道は竹刀を媒介にして行うために直接的な身体接触が少ないことから、体格・体力の優位性に大きく影響されることなく、誰にでも行うことができる。したがって、現在、体育学習で進められている男女共習を行うにも全く支障をきたさない。また、年齢に即してできることから、生涯を通して楽しむことができ、生活を豊かなものとするのに役立てられる効果がある。

⑭自然体
剣道の構えの基となる姿勢であり、重心線が耳、肩峰、股関節、膝、足首の前方を通過する。いかなる体の移動にも、また、相手の動きに対しても敏速でしかも正確に、かつ自由に対処できるような姿勢である。

2 剣道の学習過程

剣道の授業では、今なお教師中心型の一斉学習[15]が多く見られることを否定できない。剣道は日本の伝統的な文化であるが故に、「基礎技術」「形」「行動様式」などをしっかり教えなければならないという潜在意識が背景にあるのであろう。

少なくとも、今日の学校体育の中での剣道の学習指導は、こうした「学習内容」中心の学習過程から「学習のねらい[16]」中心の学習過程へ転換していかなければならない。生徒の現在もっている力から出発して、自発的・自主的な学習を促進し、剣道の特性に触れさせながら学習内容を深めていくことに重点をおくのである。

具体的に剣道の学習過程を考えてみると、「はじめの段階」では段階発展的に学習を進めていくステージ型で設定し、「やや進んだ段階」以降、「今もっている力」でできる共通の学習内容から「工夫した力」での挑戦的な学習内容へと進めていくスパイラル型で進めるのが適していると思われる。ステージ型での学習過程をできるだけ短くし、早めにスパイラル型の学習過程で構成するほうが剣道の特性に触れることのできる活動として組織することが可能となる。

また、教科としての体育学習は生徒一人ひとりの興味・関心、能力等に

⑮一斉学習
クラス内の全生徒を対象に、共通の内容を同時に学習させる学習形態のことを指す。この学習形態では、教師が常に主導権をもち、学習者は受動的な立場で学習することになりかねない。

⑯学習のねらい
授業の中では、「ねらい」は、運動の楽しさや喜びを求めて学習をどのように進めるのか、単元全体の学習を方向づける「目標概念」として使用されている。一方、類語の「めあて」は、どのような活動をしたらよいか、学習活動の内容を示す「活動概念」として使用されている。

適した課題をもたせ、その課題を解決するための練習の仕方や試合の仕方を学ばせていくことが大切である。こうした意味から、剣道においても課題別にグループ学習をさせることによって、ねらいやめあてを達成させるほうが効果的である。

3 剣道の学び方

1 剣道の学習モデル

自発的な学習活動を促すには、直接的な指導（見える指導）よりも間接的な指導（見えない指導）の重要性が増している。学習者が自学自習していくためには、剣道における学習モデルが必要となる。

下図は、初歩的な基本を学んだ後、得意技を身に付けながら互格稽古および試合を行うことをねらいとした学習法をモデル化したものである。この学習モデルでは、次の観点に留意しながら課題別学習[17]ができるように組まれている。

① 自己評価や相互評価を加えながらグループ学習が展開できる。

② 判断基準（分岐条件）を設けながら、課題解決にフォーバックおよびフィードバック機能をもたせる。

⑰課題別学習(めあて別学習)
課題別学習(めあて別学習)は、学習者一人ひとりにその興味や関心、能力の適性に対応した課題や目標をもたせて学習に向かわせようとする学習のあり方を言う。

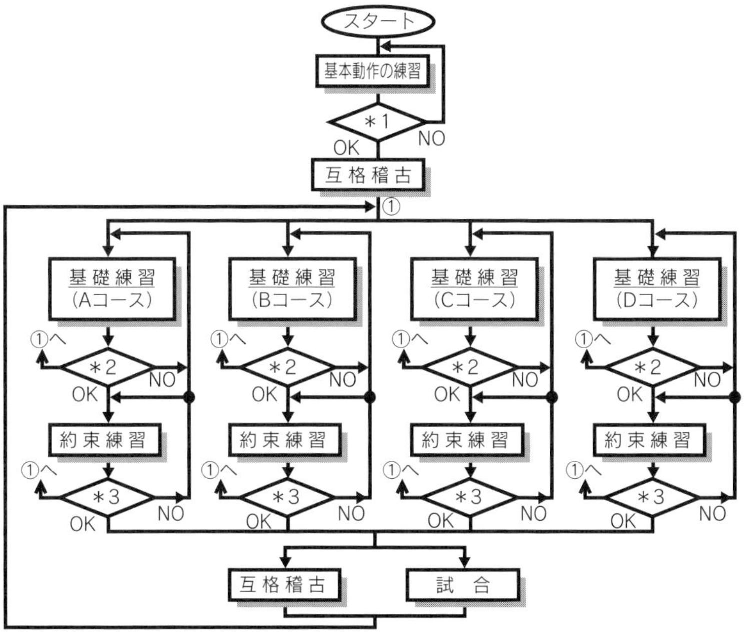

注 1）診断基準：＊1＝5段階評価（自己評価または相互評価）の中で2点以上をOKとする。
＊2、＊3＝5段階評価（自己評価または相互評価）の中で、3点以上をOKとする。取り組みたい課題を変更する場合は①へ進む。
注 2）語句の使用については「剣道指導の手引（改訂版）」文部科学省に準拠した。

[図Ⅰ-1-1] 得意技を身に付けながら、互格稽古および試合を行うことをねらいとした学習モデル

③ 課題（打突部位や技）を選択しながら、得意技を身に付けることができる。
④ 互格稽古および試合を通して学習を振り返り、学習内容や練習の仕方などの点検評価をして、新たな課題を見つけることができる。

2 得意技を身に付ける道すじ

初心者が短時間で「相手の動きに対応した攻防ができるようにする」ためには、自己の能力に適した課題に取り組みながら、解決していく道すじを提示しなければならない。

すなわち、授業では自己の体格や体力、適性などに応じ、最も使いやすいと思っている技（得意技）を身に付けることができたか否かによって、剣道の楽しさや喜びを味わうことと関連してくる。得意技を身に付ける道すじとして、初めに基本となる打突（面、胴、小手）の中からいくつかを身に付け、その打突の仕方を中心に自分に適した技を探りながら、その技にみがきをかけて得意技としていく。

はじめに基本となる打突（面、胴、小手）の中から、いくつかを身に付け、その打突の仕方を中心に自分に適した技を探りながら、その技にみがきをかけて得意技としていく。

基本打突（対人的技能と関連づけて学ぶ）→ **選択課題**（自分に適した技を探る）→ **得意技**（自分に適した技をみがく）

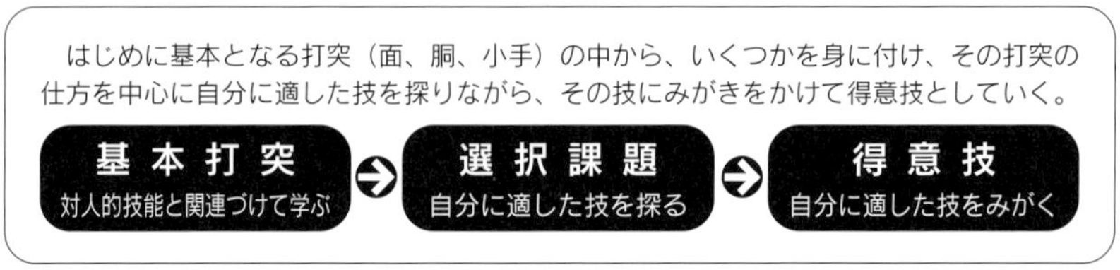

[図Ⅰ-1-2] 得意技を身に付ける道すじ

さらに、自分の得意技にみがきをかけようとすれば、以下の伝統的な練習法を参考にしながら練習の仕方を工夫する。

剣道の伝統的な練習法を身に付けて、自分の得意技にみがきをかける。

基本練習（素振り、切り返し、打ち込み）
打突動作の基本となる構え、目、手、足の協応動作を身に付ける
→ **約束練習**（基本打突、対人的技能）
打つ側と打たせる側との間で約束をして技を身に付ける
→ **自由練習**（互格稽古）
約束練習で身に付けた技を、実際の攻防の中で使えるようにする

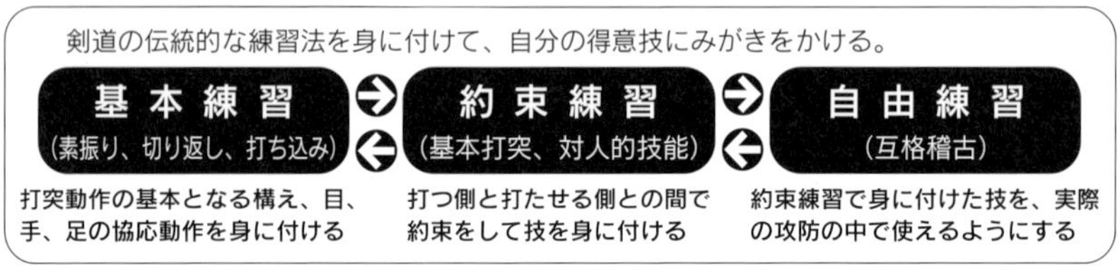

[図Ⅰ-1-3] 技のみがき方

4 剣道の学習評価

学習評価の観点は、一般的に、「運動の特性の求め方（運動の学び方）」と、それによって「運動の特性に触れた楽しさがどの程度深まったか（楽しさ体験）」の2項目の変容でとらえられている。したがって、授業の開始前、過程中および学習後の評価が求められることになる。

まず、授業の開始前に診断的評価を行う。生徒に適した指導を行うため

には、授業の開始前に生徒の特性を調べ、指導の過程で授業に適応できないような原因を調べたりする必要があり、こうした目的のために行われる評価である。

単元計画を作成するうえでは、少なくとも「運動の特性に触れる楽しさ体験の状況」「特性に応じた楽しみ方に関する学習経験の状況」および「技能の習得状況—技能レベル」の3点について十分に診断しておく必要がある。剣道は、老若男女誰でも行っていることからして、あまり体力的な要素に拘束されない運動であるが、格闘的な要素をもっていることも事実なので、生徒の性格特性や技能の習得状況などを十分に把握する必要がある。例えば、積極的に相手に対して攻撃することを好む者もいれば、対照的に相手の攻撃に応じることを好む者もいる。どのような個人差が問題となるかについて、十分に検討しておく必要がある。

次に、形成的評価を行う。学習者の自己評価活動は、「課題を決める→課題の達成行動→確かめる」というサイクルから成り立っている。このサイクルを機能させるためには、具体的な評価規準を設定しなければならない。この規準によってサイクルが展開するからである。

したがって、形成的評価が進められるには、評価規準を明らかにする作業が必要であり、また、形成的自己評価が学習者自身の力で可能となるための方策を具体化しなければならない。学習者が自己評価に使える尺度を準備し、学習者自身のめあてや評価規準を明確にしてやることが求められるのである。学習カード[18]などを工夫して、具体化することが効果的である。

最後に、総括的評価を行う。この評価が行われるためには、自分の学習を振り返り、確かめられる学習資料が必要になる。学習後、生徒と教師、いずれにとっても、「何ができて」「何ができていないのか」「何をどのようにすればよいのか」がわかるようなフィードバックが与えられることが大切である。

特に、教師側にとっては、この評価によって単元計画の問題点をチェックし、次の学習に対する改善に役立てることができるのである。

こうした評価の進め方によって、「生きる力」や「学び方」の育成を支援することが可能となる。

⑱学習カード
生徒が自ら課題をもって意欲的に取り組む体育の学習のために考案された記録カードのことである。このカードを作成するには、次の点に留意することが必要とされている。
①学習のねらいや道筋に合致していること、②今もっている力を知り、さらに挑戦する課題を選択しやすいこと、③活動上の問題点やつまずきを解決するヒントが含まれていること、④記録するのに多くの時間を要せず、わかりやすいこと。

5　剣道技能のとらえ方

1 基本動作の取り扱い

初期の学習における、構えと足さばき、打ち方と受け方などの基本動作は、一般的に今もっている力で特性に触れられるものでなく、初めて剣道に触れる生徒の基礎・基本として、あるいは安全に練習するために必須の指導内容のものとして保証しなければならないものである。しかし、基本動作の多くは試合や対人的技能の学習の中でその巧拙が問われるものであり、常にフィードバックされるものなので、はじめの段階ではあまり厳しい評価規準を設けることなしに学習を進めることが効果的である。

また、基本動作の課題のもたせ方についても、課題の選択には個人差が顕著なので、自己の興味・関心、能力等に応じて、面、胴、小手の打ち方の学習順序を決めるなどして、対人的技能と関連させながら、その練習の仕方を工夫できるようにさせる。

2 対人的技能の取り扱い

対人的技能は相手との攻防技能の中核をなすものであり、剣道の楽しさや喜びを味わわせる重要なものである。自己の興味・関心、能力等に応じて自己に適した技を身に付けさせる活動となるような配慮が必要である。

自己の能力に適した課題をもたせ、その課題を解決するための練習の仕方を学ばせていくためには、系統的に配列した技の学習内容を単に教授するよりも、身に付けている基本動作との関連、しかけ技[19]と応じ技[20]についての興味・関心の相違などによって、どのような打突の機会をとらえて攻防することができるのか、いろいろな課題を設定しながら、課題別にグループ学習をさせていくことのほうが効果的である。

練習の仕方としては、身に付けたい技に関して、いきなり剣道具を着けて動きにくい状態で行うよりも、その基礎練習としてフォームづくりや動きづくりなど（形練習）のドリル学習から始め、次に、実際に剣道具を着けて対人的技能（技）を身に付ける約束練習[21]へ展開させていくのも一方法である。

3 試合の取り扱い

剣道の特性に触れさせることや剣道の醍醐味を味わわせるためには、互格稽古や試合を学習することが最も効果的である。また、試合を通して、学習を振り返り、学習内容や練習の仕方などを修正したり、新しい課題を見つけたりするための活動となるように取り扱うことが大切である。

試合の仕方は、技能、体力、性差などの相違を考慮して工夫することが必要となる。

また、剣道では、一瞬の打突を判定するには、打突部位に当たったかどうか、竹刀の「物打ち（ものうち）」の部分で打ったかどうか、充実した気勢での打突であったかどうか、適正な姿勢での打突であったかどうかなど、有効打突としての条件をすべて満たしているかどうかを見極めなくてはならない。こうした判断力は、審判の積み重ねによる洞察力や剣道観などによって培われるものであり、ゴールに入ったボールのように誰にでもわかるものではない。したがって、初めて剣道をする者に、最初から上述の有効打突の判定を望むのは無理なことである。

はじめの段階では、有効打突条件の中で核となる打突部位に竹刀が当たったかどうかを、試合者、審判員ともに確認しながら始める。そして、次第に「メン」「コテ」などの打突部位呼称[22]の条件を付加したものを有効打突として判定するなど、段階に応じて有効打突の質を理解させていくよう

⑲しかけ技
相手が打突動作を起こす前にこちらが相手の竹刀を払う、押さえるなどして積極的に相手の構えを崩し、隙を作らせて打突する技。「出ばな技」「二・三段の技」「払い技」「引き技」などがある。

⑳応じ技
相手のしかける技を、「抜く」「すり上げる」「打ち落とす」などして相手の攻撃を無効にすると同時に、生じた隙を打ち込む技。「すり上げ技」「抜き技」「返し技」「打ち落とし技」などがある。

㉑約束練習
打つ側と打たせる側との間で約束をして打突の練習をすることを言い、その内容は、基本打突の練習から対人的技能（技）の練習まで含まれる。

㉒打突部位呼称
打突時に、「コテ」「メン」「ドウ」「ツキ」の打突部位を発声すること。打突部位呼称の有無は、有効打突の条件となる「充実した気勢」と関連する。

にして、剣道の楽しみ方を広げていくものとする。

また、試合を学ぶためには、試合を観察するときの着眼点が必要となる。こうした試合観戦の仕方が、試合を行ううえでの課題ともなり得るのである。以下にその事例を示す。

・試合の中で、どのようなしかけ技や応じ技が発現されているかに注目する。
・どのような機会をとらえて攻撃しているかに注目する。
・どのような技で有効打突をとっているのかに注目する。
・つばぜり合いでは、どのような展開がされているのかに注目する。
・双方の選手の気力や気迫を比べてみる。
・自分に不得意な技の発現に注目する（なぜできるのだろう）。
・どの選手の構えや姿勢が美しかったかなどに注目する。
・試合中および試合前後の礼法や態度において見習うものはなかったかに注目する。
・審判員の判定と自分の判定を比較しながら観戦する。
・3本勝負の際には、先取した選手、された選手の2本目以降の戦い方に注目する。

第３節
剣道の学習指導の進め方

1 学習段階に応じた学習内容の必要性

自発的・自主的な学習活動を促すためには、生徒一人ひとりにねらいやめあてをもたせ、その解決法としての学習活動を計画し、その学習活動の点検評価を試みながら単元計画[23]を立案していくことになる。しかし、これまでの単元計画は、初心者を対象にしたものがほとんどであり、学習活動は初心者の技能を高める内容に重点がおかれすぎていたと言える。したがって、剣道の学習経験のある者にとっては、それらの内容について不満な者が見られた。こうした原因には、初心者から経験者まで、各学習段階に応じた学習内容が十分に検討され提供されていなかったことにある。生きる力を育む学習計画を構築するにあたっては、まず、各学習段階に対応した学習内容を準備する必要がある。

また、生徒の剣道技能を高めるための支援・指導には、単純から複雑へ、易から難へ、基礎から応用へという学習理論の原則に基づいた構造化、あるいは体系化された教材を準備することが必要となる。しかし、スポーツ技術において、何が易で何が難であるのか、あるいは何が基礎で何が応用であるのかを系統的に明らかにすることは極めて難しいことである。

実際に、どの技術から最初に指導し、順次、段階的に何を、どのように指導していけばよいのかといった基準は、厳密には理論化されているとは言えない。

剣道にあてはめてみると、初めて剣道を学習する者にとって、基本動作の面打ちが小手打ちや胴打ちに比べて容易な動作であるということを断定することはできない。また、対人的技能の学習であれば、二段技、出ばな技、抜き技、すり上げ技などの中で、容易な技はどれで、系統的な技の配列はどのようなものなのかなどを明らかにすることは極めて難しいものである。

したがって、教師は、各自の研究と経験に基づいた技術体系を用意しなければならないことになるが、一方では、こうした問題には、学習者が多様な解決の仕方ができるように単元計画を立案することも必要となる。

㉓単元計画
学習計画における教材や学習活動のひとつのまとまった単位。体育では、運動種目が単元の基礎となっている。このまとまりをどのようにして学習者に学習させるかの手順を示したものが単元計画である。立案に際しては、運動の特性を明確にするとともに、自主的な学習を促すように、学習者の立場から学習内容を取りあげ、学習のねらいと道すじを検討することが必要となる。

2 剣道の学習活動をめぐる諸問題

1 つまずき動作への対応

剣道の学習指導は、一般的に前進して技を行使することに重点がおかれている。しかし、生徒の中には、前進動作の送り足がスムーズに行えず、踏み込み動作[24]の習得につまずいている者が少なくない。こうしたつまずき動作は、特異的な動作の多い剣道ではしばしば見られるものである。単元時間内で、このようなつまずき動作を解決していくには、第一に、つまずき動作の直接的原因を分析し、その処置法を研究することである。こうした解決法の事例については、第Ⅱ部第２章を参考にされたい。

一方、生徒によっては、上述の解決法では、あまりに時間を要し、そのつまずきの解決のみで単元を終えるような可能性がある場合には、別の方法でねらいを達成させることが必要となる。

従来の指導法では、学習内容の配列が定常的であり、学習活動が画一的な傾向も見られた。自己の能力や適性に見合った内容のものでなければ、動作のできない生徒が生じてくるのは必然である。

攻防の楽しさを十分味わわせるためには、踏み込み動作がうまくできないことでとびこみ技などが打てずにいても、後退動作の学習の機会をつくることによって、相手の技の尽きたところや居ついたところを引き技で１本を取ることの楽しさを味わわせることは可能となる。

生徒の興味・関心、欲求・意欲、技能の習得状況を十分に考慮しながら、自分に適した動作を見つけさせながら学習を進めていくことを重視し、学習内容を一方的に押しつけていく学習活動のあり方に留意しなければならない。多様な動作の中から、できそうなもの、やってみたいものを選択させながら自分に適した技を身に付けさせていくことが、つまずきを回避させる方法のひとつでもある。

㉔踏み込み動作
打突する際に用いる動作であり、前足で強く床面を踏み込み、直ちに後ろ足を素早く前足に引きつけ、送り足で体を移動させる一連の動作を言う。

2 危険な打突への対応

生徒から見た剣道の機能的特性のひとつに「剣道は、何となく怖そう、そして打たれたら痛そうである」ととらえられている。相手の攻撃に十分な対応ができない初心者にとっては、打たれることの恐怖心があり、打たれたときの苦痛を味わわせられると思っているのである。面、胴、小手のどの打突部位においても、打突強度が過ぎれば打たれた側のダメージは大きい。

初心者には適切な強度のイメージがないことから、強く打ったほうがよいと思っている生徒も多い。どんなスポーツにおいても、力任せ、あるいは力んだショットやスイングはよい結果をもたらさないことを指導する必要がある。また、これらの打突は、意図的な場合と無意識で行っている場合があるが、いずれの打突も適切な強度の打突を指導する必要がある。

適切な強度の打ちは、直接、物を打たせることによって、その強度を確認させる方法が効果的である。最初から、剣道具を打突させるよりも、打ち込み棒や打ち込み台で打突させ、相手に安心させることのできるような適切な強度になってから、面、小手などの打突部位を打たせるようにするのが効果的である。打突強度の指導を後回しにすると、剣道を嫌いにさせるだけでなく、安全面での注意不足ということにもなりかねない。

また、打突部位でない個所を打たせないように留意させることが必要である。学習指導要領には、胴部位は右胴と示されている。胴打ちの場合は右胴打ちという約束を守らせることが、打突部位でない個所を打ったりすることを防ぐことにもなる。

3 打突の仕方と受け方（しかけ技と応じ技）の関連

限られた単元時間内で、剣道の特性に触れさせるためには、あれもこれも行う時間的な余裕はない。したがって、これまでの基本動作の学習では、「打突の仕方」に重点がおかれてきている。しかし、初期の段階において「打突の仕方」のみを学習させた後に互格稽古[25]を行わせると、体力的に優れた者や気の強い性格の者などが優位に立ち、逆の立場の者には恐怖心や不安感を一気に抱かせてしまう。いわゆる「たたき合い」のみの不愉快な攻防を生徒に味わわせただけの結果に終わることが多いのである。また、本能的な防御姿勢で応じる形は、後の対人的技能学習上の弊害ともなりかねない。

攻め方のみの学習に重点をおかずに、打突の仕方と同時に受け方[26]、しかけ技と同時に応じ技を学習することによって、安心して相手に対峙することができ、攻防内容の幅も広がり、楽しさがより味わえるものとなる。

㉕互格稽古
技量の程度が同じ者同士、また、技量に差があっても同等の気持ちになって行う稽古。学習指導要領における技能のねらいに示されている「相手の動きに対応した攻防ができるようにする」とは、主としてこの互格稽古の中でできるようになることを期待しているのである。

㉖受け方
受け方には、「応じ技へ発展させるための受け方（相手の打突を無効にする受け方）」と「相手の打ち方の練習のための受け方（相手が打ちやすく、自分は安全であるような受け方）」との2つの方法がある。

3 新しい視点に立った中・高一貫の各ステージにおけるねらい

各学習段階は、「はじめの段階」「やや進んだ段階」「進んだ段階」などと区別しながら、学習者の段階に適した学習内容が構成される必要がある。特に高校では、初めて剣道を選択する者と中学時代に学習してきた者とが一緒に学習する機会が生じる場合もある。このような場合、学習内容や学習活動が同一のものであれば、どちらかの学習者にとっては不満なものとなる。学習経験の状況や技能の習得状況に対応した学習内容の提示が必要となる。表 I-1-1 は、中学校および高等学校の6年間（第1ステージ～第6ステージ）を想定した単元のねらいと学習の重点である。

第1ステージは、剣道を初めて履修する生徒を対象とし、安全に剣道を楽しむための打突の仕方と受け方、竹刀や剣道具の扱い方の習得を中心とした単元計画である。

第2ステージは、相手に1本を決めるような剣道の技を見つけることを主とし、剣道のよさを味わわせることを試みた単元計画である。

第3ステージは、新しい技を身に付けながら、試合を中心に進め、剣道の楽しさを味わわせる単元計画である。

第４ステージ以降は、中学校３年間を通じて剣道を学んだ生徒が高等学校第１学年でも剣道を選択した場合を想定したものであり、剣道の学習指導を中・高一貫して高めていくことをねらったものである。

第４ステージは、高校の学習内容で扱われている突き技など、さらに新しい技を加えながら、相手の動きに対応した攻防の仕方を工夫して剣道の楽しさをさらに深めることをねらいとした単元計画である。

第５ステージは、打突の正確性や再現性を高めることや相手の動作の「よみ」などもできることを課題とし、剣道を得意とすることを試みた単元計画である。

第６ステージは、伝統的な剣道の特性を有する日本剣道形の学習や様々な試合、あるいは、級や初段に挑戦するなど、生涯にわたって剣道に親しむことができることをねらいとした単元計画である。

なお、各学校の実情に応じて、これ以上の授業時数を充てることができる場合には、各ステージの学習活動に「ゆとり」をもたせて補充的な学習をしたり、次のステージの一部を取り入れて発展的な学習をしたりすることを試みるとよい。さらには、学習内容として取り扱う対人的技能の幅を拡大するなどして、第６ステージ以上の学習を一層発展させていくこともできる。

[表Ⅰ-1-1] 中・高一貫の各ステージにおけるねらいと学習の重点

学習段階	単元のねらい	学習の重点	授業時数
第１ステージ	剣道を体験しよう	対人的技能との関連で基本動作を習得する	15時間
第２ステージ	剣道のよさを知ろう	得意技[27]を１つ習得する	15時間
第３ステージ	剣道の楽しさを知ろう	新しい技をさらに習得する	15時間
第４ステージ	剣道の楽しさを深めよう	攻防の仕方をさらに工夫する	15時間
第５ステージ	剣道を得意にしよう	得意技をさらに磨く	15時間
第６ステージ	生涯にわたって剣道に親しもう	形[28]や試合を中心にして、初段をめざす	15時間

1 第１ステージ（剣道を体験しよう）

❶単元のねらい

・剣道の基礎・基本を身に付けることができる。
・剣道具を着けられるようになり、基本的な打ち方と受け方ができる。
・剣道の基本的な礼儀作法[29]を身に付けることができる。
・竹刀[30]や剣道具の点検の仕方を理解し、安全に練習ができる。
・自己の能力に適した基本動作の練習の仕方を工夫することができる。

❷対象とする生徒および学習指導上の留意点

・中学校第１学年、または中学校第２学年以降初めて剣道を選択する生徒を対象としている。
・「剣道を体験しよう」という第１ステージでは、いわゆる初めて剣道を体験する者の学習であるから、「今もっている力」はないと言える。したがって、第２ステージ～第６ステージのような「ねらい①」「ねらい②」の学習の道すじの考え方をとることができない。

㉗得意技
最も使いやすいと思っている技、あるいは最も熟練している技を言う。授業では、自己の体格や体力、適性などに応じた技を身に付けることができたか否かによって、剣道の楽しさや喜びを味わうことと関連している。

㉘形
実践を通して獲得した心・技・体の有り様を、具体的な「かたち」に表した規範となる様式。日本剣道形はその例であり、剣道の基礎技術を学ぶひとつの稽古法とされている。

㉙礼儀作法
剣道における礼儀作法は、相対する相手が立派な剣道を成立させるためのよき協力者であるという考え方から、相手に対して尊敬と感謝の心をいだき、互いに人格を尊重し合うという気持ちの現われから行うとされている。礼の作法としては「立礼」と「座礼」がある。

㉚竹刀
古語では「撓」という語が用いられた。剣術の防具が考案されて以降、真剣や木刀を用いての稽古法（形稽古）に代わって、防具着用の竹刀稽古が主流となる。日本刀を原形として４本の竹片から組立てられている。現在では、全日本剣道連盟に公認されている化学製品（カーボン）のものも使用することができる。

・剣道具の着け方やしまい方は技能学習の進め方に深く関連することから、これらの効率的な方法や手順を工夫することが指導のポイントとなる。
・打たれたときの痛い思いがたび重ならないように、打ち方や受け方の指導に十分に留意する。
・「はじめの段階」では、主として教師主導で、しかも一斉に、また状況によっては個に応じた指導が求められるが、次第に生徒自ら課題を見つけ出し、解決できるようにする。
・学習が進むにしたがって、生徒自身が学び方を身に付け、第２ステージに発展していくことができるようにする。

❸学習の主な内容

・技能に関する内容としては、自然体、中段の構え、歩み足、送り足、打突の仕方と受け方などの基本動作が主となる。
・態度に関する内容は、礼儀作法、健康・安全などを取り扱う。
・学び方に関する内容は、基本動作を身に付ける練習の仕方が主となる。

2 第２ステージ（剣道のよさを知ろう）

❶単元のねらい

・基本動作に習熟するとともに、自己の興味・関心、能力等に応じて対人的技能（技）を身に付け、それらを互格稽古や試合に生かすようにして、剣道のよさを知ることができる。
・相手に対して効果的な基本打突（1拍子[31]の動作）ができる。
・自分のできる基本打突（面、胴、小手）と関連させながら、得意技を身に付けることができる。
・剣道は相手と対立的な関係にあるのでなく、ともに学び合う関係であることを理解し、自己を制御（セルフコントロール）できる態度を養う。
・自己の能力に適した基本動作、および対人的技能の練習の仕方を工夫することができる。
・簡易試合と審判[32]の仕方を工夫することができる。

❷対象とする生徒および学習指導上の要点

・第１ステージで剣道を約15時間学んできた生徒を対象としている。
・第１ステージで学んだ力を、「ねらい①」として、基本動作の習熟を図るとともに、今もっている力で剣道を楽しむことができるようにし、「ねらい②」として、基本動作の習得と関連させながら対人的技能（技）を学び、得意技を身に付けるなどして剣道のよさを知ることができるようにする。
・面、胴、小手打ちの基本打突ではすべての打突ができなくても、いずれか１つを素早い打ちやスピーディな体さばきにして、相手に対して効果的な打ち方ができるように指導・助言する。
・対人的技能を技の集合体として理解させるのではなく、打突の機会のとらえ方を中心に理解させ、自分に適した課題（技）を選択しながら学習できるようにする。

㉛1拍子の打ち方
竹刀の振り上げと振り下ろしを足さばきと一致させ、それがひと呼吸で行われる打突動作。振り上げ「イチ！」の後に振り下ろし「ニッ！」とともに踏み込む調子の打ち方から、振り上げ時間を少なくして踏み込みとともに、1拍子「イチッ」で打突する打ち方。

㉜審判
試合の勝敗、有効打突、反則の判定だけでなく、礼儀作法や公正・安全などに関わる態度を含めて、試合全般の円滑な進行を行う。

・剣道のよさを味わうためにも、初心者は少なくとも第1ステージと第2ステージを合わせて履修することが望まれる。生徒が初めて剣道を履修しようとするとき、このことを生徒に十分理解させる。
・つまずきの見られる生徒や学習意欲の低下している生徒がいないかどうか十分に留意する。

❸学習の主な内容

・技能に関する内容は、第1ステージの基本動作の内容に、開き足、継ぎ足の足さばき[33]、打突の仕方として二段打ちなどを加え、対人的技能の内容として、二段技（面―胴、小手―面、小手―胴）、払い技（払い面、払い小手）、抜き技（面抜き胴、小手抜き面）、引き技（引き面、引き胴）などを取りあげる。
・態度に関する内容は、自分で自分を律する「克己[34]」の心を養うとともに、相手を尊重する態度、協力する態度などを取り扱う。
・学び方に関する内容は、基本動作と対人的技能の練習の仕方が主となる。

3 第3ステージ（剣道の楽しさを知ろう）

❶単元のねらい

・自己の能力等に応じて新しい対人的技能（技）を身に付け、攻防の仕方の楽しさを知ることができる。
・相手に対して効果的な1拍子の打ち方を各打突部位へ打つことができる。
・前進動作だけでなく、後退動作もできる。
・練習の仕方や攻防の仕方を教え合いながら、協力して学ぶことができる。
・試合の仕方と審判の仕方を工夫し、試合の運営ができる

❷対象とする生徒および学習指導上の要点

・第1ステージと第2ステージで剣道を約30時間学んできた生徒を対象としている。
・第2ステージまで学んできた力を「ねらい①」とし、約束練習や互格稽古を積極的に行うなどして剣道のよさをしっかりと味わうとともに、その力を確かなものとしつつ、「ねらい②」に発展させる。そして、身に付けた技を自由に応酬し合うなど、剣道固有の楽しさを知ることができるようにする。
・課題別の班編成による活動を中心とし、生徒の興味・関心、能力等に応じた伸長を図る。
・互格稽古や試合を通して、自分なりの課題を把握することができるようにする。

❸学習の主な内容

・技能に関する内容は、対人的技能が主となり、第2ステージの対人的技能の内容に、二段技（面―面）、払い技（払い胴）、出ばな技（出ばな面、出ばな小手）、すり上げ技（面すり上げ面、小手すり上げ面）、返し技（面返し胴）、打ち落とし技（胴打ち落とし面）などを加え、試合は審判法の内容を主とする。

㉝足さばき
相手を打突したり、相手の打突を防いだりするための身のかわしや、打つ際の足の運び方を言う。「歩み足」「送り足」「開き足」「継ぎ足」の4つがある。

㉞克己
剣道は、格闘形式による対人的競技であるから、打突のときに受ける刺激も直接的であり、ややもすると人間の本能的な感情にかられて冷静さを失いやすい。このような人間の本能的な感情を礼によって統御し、己に克つ心を育てようとするところに、武道における態度の学習内容の特性が見られる。

・態度に関する内容は、伝統的な行動の仕方、公正な態度、協力する態度などを取り扱う。
・学び方に関する内容は、対人的技能の練習の仕方、および試合の仕方が主となる。

4 第4ステージ（剣道の楽しさを深めよう）

❶単元のねらい

・身に付けた技の習熟を図るなかで、さらに、自己の能力等に応じて新しい対人的技能（技）を身に付け、剣道の楽しさを深めることができる。
・しかけ技と応じ技のいずれもできるようにして、打突の機会[35]を増やすことができる。
・相手の動きや技、動きづくりなどに対応した練習の仕方を工夫することができる。
・基本的な突き方と受け方ができる。
・伝統的な行動の仕方に留意し、互いに相手を尊重する態度で練習や試合ができる。
・試合の仕方と審判の仕方を工夫し、試合の運営ができる。

❷対象とする生徒および学習指導上の要点

・第1ステージから第3ステージまで剣道を約45時間学んできた生徒を対象としている。
・第3ステージまで学んできた力を「ねらい①」として剣道固有の楽しさを十分味わい、「ねらい②」に発展させ、さらに相手の動きに対応した攻防ができるようにして、剣道の楽しさをより深めることができるようにする。
・課題別の班編成による活動を中心とし、生徒の興味・関心、能力等に応じた伸長を図るようにする。
・基本動作の練習法として「切り返し[36]」を取りあげ、この練習法によってよりスムーズな動きづくりや動作のスピードアップを図るようにする。

❸学習の主な内容

・技能に関する内容は打突部位に突部を加え、突きとその受け方を取りあげる。また、第3ステージの対人的技能の内容に、二・三段の技（突き—面、小手—面—胴）、払い技（払い突き）、抜き技（面抜き面、面抜き小手）、打ち落とし技（突き打ち落とし面）などを加えて取り扱う。試合の内容は試合と審判法を主とする。
・態度に関する内容は、教え合ったり、励まし合ったり、助け合ったりして仲間と関わり合う態度、礼儀正しい態度、公正な態度などを取り扱う。
・学び方に関する内容は、対人的技能の練習や試合の仕方が主となる。

㉟打突の機会
打突するのに適した瞬間であり、「技のおこり」「技の尽きたところ」「居ついたところ」「相手が引いたところ」「技を受け止めたところ」などがある。

㊱切り返し
「正面打ち」「体当たり」「連続左右面打ち」を組み合わせた剣道の基本的動作の総合的な練習法。体力、気力、間合、呼吸法などを習得するためにも行われている。また、素振りと同様、準備運動や整理運動として活用されている。

5 第5ステージ（剣道を得意にしよう）

❶単元のねらい

・自分の得意とする技を中心に、相手の動きを想定しながら攻防をすることができる。
・技の尽きないことや、打突後に体の崩れが生じないことができる。
・試合の仕方と審判の仕方を工夫し、試合の運営ができる。
・勝敗に対して公正な態度で練習や試合ができる。

❷対象とする生徒および学習指導上の要点

・第1ステージから第4ステージまで剣道を約60時間学んできた生徒を対象としている。
・第4ステージまで学んできた力を「ねらい①」として、自分の得意技を互格稽古や試合に生かすことができるなど剣道の楽しさを深め、「ねらい②」でその得意技を一層磨くことによって、剣道そのものを得意にすることができるようにする。
・課題別の班編成による活動を中心とし、生徒の興味・関心、能力等に応じた伸長を図る。
・自己の能力に応じた得意技を繰り返し学習することによって、その技の正確さ、素早さ、力強さなどを高め、総合練習[37]や試合で生かすことができるようにする。
・相手との攻防では、1回の動作で有効打突を得ることのほうが少なく、攻防は連続する。自分の得意とする技と相手の動きを想定し、いくつかの技を連携させながら攻防の仕方をパターン化し、反射的に対応できるように練習を工夫する。
・総合練習では、自分より相手が強い場合には積極的に技をしかける「かかり稽古」、同じくらいの力をもっている者同士の場合には「互格稽古」、さらには自分より相手が弱い場合には相手の技を引き立てていく「引き立て稽古」がある。これらの練習の仕方を相手に応じて多様に行うことによって、剣道の奥の深さを体感できるようにする。

❸学習の主な内容

・技能に関する内容は対人的技能と試合が中心となり、第4ステージの対人的技能の内容に、すり上げの技（小手すり上げ小手、面すり上げ胴、突きすり上げ面）、返し技（面返し面）などを加えて取り扱う。試合の内容は試合と審判法を主とする。
・態度に関する内容は、伝統的な行動の仕方、公正な態度、協力する態度などを取り扱う。
・学び方に関する内容は、対人的技能の練習や試合の仕方が主となる。

6 第6ステージ（生涯にわたって剣道に親しもう）

❶単元のねらい

・形や試合を中心に学習し、初段に挑戦できる。
・伝統的な行動の仕方や練習の仕方を身に付け、生涯にわたって剣道に親しむことができる。
・試合の勝敗にこだわることなく、学習の過程を大切にする学び方ができる。
・試合の仕方と審判の仕方を工夫し、試合の運営ができる。

㊲総合練習
基礎練習や約束練習の総まとめの練習方法を指し、これには「かかり稽古」「引き立て稽古」「互格稽古」がある。

・大会、発表会などを自分たちで企画・運営できる。

❷対象とする生徒および学習指導上の要点

・第1ステージから第5ステージまで剣道を約75時間学び、「初段」をめざすことができる生徒を対象としている。

・第5ステージまで学んできた力を「ねらい①」として得意技に磨きをかけるとともに、剣道そのものを得意にし、「ねらい②」で日本剣道形[38]や試合[39]を中心に学習することによって、段位[40]を取ることができるようにする。このように第1ステージから第6ステージまで段階を追って学習することによって、生涯にわたって剣道に親しむ資質や能力を養う。

・段位取得をめざさなくても、学習の積み重ねによって生涯にわたって剣道に親しむことができるようにする。

・日本剣道形は、太刀の形7本、小太刀の形3本によって構成されているが、初段をめざす場合には太刀の形3本を習得できるように重点をおいて学習する。

❸学習の主な内容

・技能に関する内容は、試合と日本剣道形が中心となる。剣道形は太刀の形3本（1事例として1本目、2本目、5本目）を取り扱う。試合の内容は試合の仕方と審判法を主とする。

・態度に関する内容は、伝統的な行動の仕方、礼儀正しい公正な態度、協力する態度などを取り扱う。

・学び方に関する内容は、試合の仕方と形の練習の仕方が主となる。

㊳日本剣道形
1912年（大正元年）に大日本武徳会によって制定された形であり、防具着用の竹刀稽古からくる手のうちの乱れ、体の崩れ、刃筋を無視した打突を矯正するためなど、教育手段としてつくられたと言われている。

㊴試合
授業を通して身に付けた基本動作と対人的技能を総合的に試し合う学習内容のひとつであり、それぞれの学習段階に応じた試合を工夫する必要がある。試合方法には、「個人戦」と「団体戦（3人制、5人制、7人制）」がある。団体戦の場合は「勝者数法」と「勝ち抜き法」がある。

㊵段位
技能の程度を示す制度、級の上に位置する。剣道では初段から八段までの審査会がある。

第2章

剣道の学習指導に関する Q&A

第 1 節
教育課程に関する事項

Q1 新中学校・高等学校学習指導要領では、どこがどのように変わったのですか？

A　今回の改訂での保健体育科の目標は、心と体を一体としてとらえ、運動や健康・安全についての理解と実践を通して、中学校では「積極的に運動に親しむ資質や能力の育成」、高等学校では「生涯にわたって計画的に運動に親しむ資質や能力の育成」に加えて、「健康の保持増進のための実践力の育成」「体力の向上」のそれぞれ 3 点が示されている。

武道においては、個に応じた指導の充実を図るために、中学校では「自己の能力に適した課題をもって」運動をするように、高等学校では「自己の能力に応じて」運動の技能を高めることと、相手の動きに対応した「攻防を展開して」練習や試合ができるようにねらいが示されている。

そして、中学校・高等学校とも、各運動領域の内容を「技能の内容」「態度の内容」「学び方の内容」に整理された。

特に、学び方の内容では、自ら学び、自ら考える力を育成するために、運動の特性に触れ、理解しやすいように解説が加えられている。さらに、「体への気付き」「体の調整」「仲間の交流」をねらいにもつ「体ほぐしの運動」を取り扱うようになった。

技能の内容は、前述のねらいのとおりに改められ、中学校では「ア柔道、イ剣道、ウ相撲」、高等学校では「ア柔道、イ剣道」の学習過程が、「ア基本動作、イ対人的技能、ウ試合」の順に、また、自己の能力に適した技を選ぶための目安として、基本動作と対人的技能に例示が記されている。

●中学校

①基本動作

〈例示〉

（イ）打突の仕方と受け方

・正面、左右面、胴（右）、小手（右）

②対人的技能

〈例示〉

（ア）しかけ技

〈払い技〉払い面、払い胴、払い小手など

〈引き技〉引き面、引き胴、引き小手など

（イ）応じ技

〈返し技〉面返し胴など

中学校段階では、生徒の心身の発達段階から「突き技」を扱わないことが望ましく、打ち方となっていたが、剣道用語としては打突のほうが一般的であり、高等学校との関連から打突に改められた。また、打突部位・技の体系は、面、小手、胴の順になっていたが、直線的な動きのみにならないよう体をさばきながら、打突する胴（打ち）を小手よりも先に表記し、さらに、「（イ）応じ技」に技の構成が理解しやすい返し技を加え、生徒が多様な技を選択して学習できるように改められている。

●高等学校

イ　剣道

「得意技を生かした練習や試合ができるようにする。（中略）自己の能力に応じた技を選び、（中略）試合で生かせるようにする」と改めて示されている。

①基本動作

〈例示〉

・構えと体さばき
自然体、中段の構え、足さばき
・打突の仕方と受け方
正面、左右面、胴（右）、小手（右）、突き

②対人的技能

〈例示〉
・しかけ技
二・三段の技（6種）、払い技（4種）、出ばな技（2種）、引き技（3種）
・応じ技
抜き技（4種）、すり上げ技（4種）、返し技（2種）、打ち落とし技（1種）

形については、「授業時数などを考慮して、適切に学習できるようにする」。

得意技や自分に適した技を使っての試合を見通した学習内容にするため、基本動作と応じ技において、新しく技の例示が記されている。

態度の内容は、現行通り、試合における勝敗の結果のみにこだわるのではなく、武道の伝統的な考え方を理解したうえで、それに基づいた行動の仕方や尊重する態度の育成が求められている。

中学校では、①自分で自分を律する「克己」の心を養うとともに、相手を尊重する態度で練習や試合ができるようにする、②礼儀作法は、単に形のまねに終わるのでなく、「克己」の結果としての心を表すものとして、また、相手を尊重する方法としてこれを行うようにする、の2点が示された。

高等学校においても、礼儀作法は「克己」の結果としての心を表すものとして行うようにすることを中学校と同様に、新たに示されている。

なお、学び方の内容は、今回の改訂より新しく位置づけられたものである。この内容については、本節Q7で詳述する。

Q2 剣道で「生きる力」をどのように育ませることができるのですか？

A 「生きる力」は、中央教育審議会第一答申（1996年7月）において、

①「生きる力」の育成を基本とし、知識を一方的に教え込むことになりがちであった教育から、子どもたちが自ら学び、自ら考える教育への転換をめざす。そして、知・徳・体のバランスのとれた教育を展開し、豊かな人間性とたくましい体を育んでいく。
②生涯学習社会を見据えつつ、学校においてすべての教育を完結するという考え方を採らずに、自ら学び、自ら考える力などの「生きる力」という生涯学習の基礎的な資質の育成を重視する。

以上のことなどが示されたのである。

これを受けての教育課程審議会の答申（1998年7月）では、

①豊かな人間性や社会性、国際社会に生きる日本人としての自覚を育成すること
②自ら学び、自ら考える力を育成すること
③ゆとりのある教育活動を展開する中で、基礎・基本の確実な定着を図り、個性を生かす教育を充実すること
④各学校が創意工夫を生かし、特色ある教育、特色ある学校づくりを進めること

の4点が示された。特に、②③において、「生きる力」の育成が強調されている。

この生きる力については、これまでの教育の体験や成果を土台にした改善・工夫だけではなく、新しい発想に基づく思いきった改善策とその積極的な実践が必要となることは言うまでもない。

しかし、教育課程の基準（学習指導要領）の改善には、もう一方にある高齢化社会、情報化社会、福祉社会、国際化、環境問題など、21世紀におけるわが国の課題をないがしろにするわけにはいかない。

したがって、いじめ、不登校、学級崩壊などの学校の現実問題を視野に入れながら、さらに、21世紀に生きるわが国の課題にも適応できる改善であることが求められる。

この2つの課題を同時に解決するという期待を担って登場したのが、「生きる力」であると考えられる。

●剣道の運動技術について

剣道は、運動形態的には個人的・対人的運動である。その運動技術の特性を考える場合、形態としての外面的な特徴を明確にするだけではなく、その技術のもつ、より本質的な性格をとらえなければならない。運動行動の場面における判断や反応は個人でするものであり、自分の判断による主体性が技を決定することから、どのような状況においても、その場面から逃げないで真正面から責任をもって取り組む態度が、その個人の技術となってごまかされることなく表現される。したがって、技術の習得、技能の進歩には、自己の確立が重要な課題となる。

運動類型的には対人競技であり、剣道の技術は相手との関係において打突する相互作用である。固定した目標を打つ運動や空間打突などは、技術を習得するための身体的諸能力を高める基礎・基本的な練習方法であっても、本来の剣道の技術とは言えないという認識が必要である。

剣道の技術は、攻めて隙を見つけたり、あるいは隙をつくらせて打突する運動の課題との関係でとらえるべきである。その運動は、自己の行動と相手の行動、そして両者との間合（運動空間）によって生じてくる気分、雰囲気の３つの複合的な変化の中で、自己の行動を決定しながら技を競い合うものである。

●基本的な学習過程

いろいろな技を学習するためには、今もっている技で楽しむ段階から、工夫して運動を楽しむ段階へ発展させる必要がある。工夫して運動を楽しむためには、高段者や経験豊富な生徒の技をまねたり、生徒同士で教え合ったりして、得意技を身に付けることを中心にした技能の伸長と相手を尊重する態度の学習との関わり方が大切である。

さらに、試合に勝つことやそのために作戦を立てるなどの競争型の楽しみ方を補償していく未確定性の確保に関する考え方が必要である。

例えば、対人的技能に含まれる応じ技の学習過程において、基本動作としての面打ち、胴打ちがある程度できた段階では、剣道形の打太刀（面を打ち込む）と仕太刀（面を抜いて胴を打つ）との関係（理合）が、知的レベルで「理解できる」、行動レベルで「やってみたらできた」、性向レベルで「興味がわき、好きになる」という３つのレベルが、それぞれ前述の２つの考え方といかに結び付けられて、学習が進められているかが重要である。

Q3 剣道から何を学ぶことが期待されているのですか？

A 剣道は、相対する２人が面、小手、胴、垂れを着け、竹刀を用いて、相互の動きの中で攻防を繰り広げ、有効打突を競い合う格闘形式の対人的な運動である。また、剣道は、柔道、相撲などの他の武道と同じように、外国から日本にもち込まれて普及したスポーツの要素をもちながら、それらとは基本的に異なった観点から、わが国固有の伝統的な文化を継承している面をもっている。

また、剣道では、すべての運動の考え方や技術の内容が自分と相手との関係から成り立っているため、練習（稽古）や試合の相手は、自分自身にとってより高い技術を習熟し自らを磨いていくために欠かせない協力者となるという見方が他のスポーツ以上に必要である。

●剣道の特性について

運動技能の構造的特性の観点からは、基本的な構えからの竹刀操作と身体動作は、個人運動としても「気剣体一致」と言われる高度な調整能力を身に付ける必要がある。しかし、剣道の打突は、相手の心の変化をとらえ、自分と相手の心の争い（攻め合い）の結果として打ち合いが生じるものでなければならない。

特定資質の優秀性を勝敗により競うというスポーツ一般の機能的特性の観点からは、他のスポーツには見られにくい剣道特有の運動の魅力、面白さがある。例えば、有効打突（充実した気勢、適正な姿勢をもって、竹刀の打突部で打突部位を刃筋正しく打突し、残心あるもの）を求めて技を競い合ったり、時には一瞬にして勝敗が決まる競技の特徴などが指摘されている。

さらに、技能の習熟度は、継続的な経験を積むことによって、体力的要素よりも精神的要素を基盤とした技能の占める割合が多くなってくることから、剣道が生涯にわたる豊かなスポーツライフを実現するための条件的価値を多く含んでいる。

心身や生活へ与える効果的特性の観点からは、筋力、持久力、調整力が養われ、敏捷性と巧緻性が育成される全身的な運動である。また、お互いが教え合い磨き合う協同の営みにつながる対人的な運動であることから、礼儀を尽くす、人格を尊重する、公正に判断する態度などが培われ、望ましい社会生活での習慣や態度が養われる。

●これからの剣道指導について

剣道の特性を踏まえて、指導上の留意点をまとめると以下のとおりである。

①基本動作では、対人的技能との関連を図った指導を工夫して生徒の興味・関心・意欲を高める。
②対人的技能では、いくつかの基本となる技能（簡単なしかけ技と応じ技）を共通の課題として身に付け、それ以上の技能は、選択の課題として学習できるように、早い段階から得意技を身に付ける。
③試合では、各学年・各段階に応じて、使用する技、試合審判規則（ルール）、試合の方法などを工夫して生徒の意欲を高める。
④総合的な練習では、①②③を相互に関連させて、生徒の課題解決に向けた学習活動を活発に行う。
⑤対人的技能との関連を図った基本動作や共通課題の技能では、教師がしかけ技と応じ技を適切に指導して、学習する全員の生徒が身に付ける。
⑥生徒が自ら工夫した練習や試合の方法と運営では、自己の運動の課題を解決するとともに、自分なりに評価して、必要に応じて課題を修正する。
⑦伝統的な行動の仕方を学ぶなどの態度の内容では、技能の学習との関連を図って身に付ける。

そして、最も重要なことは、生徒自身が「剣道は面白い」「剣道の奥は深い」「剣道は他のスポーツやダンスとはやはり違ったものを感じる」などの感想を体験的に述べることができるようにすることである。また、3年間の見通しをもった計画や自分なりの課題の解決をめざすことのできる、学習過程の工夫と技能、態度、学び方がどの程度身に付いたかを適切に評価できるようにすることが大切である。

さらに、剣道の特性に触れながら楽しさや喜びが味わえるように、生徒一人ひとりが対人的技能で学んだしかけ技や応じ技などのいろいろな技の中から、進んで得意技を身に付けたり苦手な技をひとつでも克服したりしながら、いろいろな人と多くの互格稽古や試合の経験を積むことである。

そして、これらの学習過程において、礼儀作法や相手を尊重する態度などが強制されたり、形にこだわったりするものではなく、「克己」の心を養うとともに、その結果としての心を表すものとして、身に付けることが期待されている。

Q4 剣道の年間計画を立てる際の留意点は、どのようなことですか？

A 新学習指導要領にある指導計画の作成についての改訂は、中学校では年間標準時数を3年間で270時間、各学年とも90時間に、高等学校では標準単位数が7～8(1単位35時間)に定められた。

武道の関連では、中学校は、第1学年で武道・ダンスのいずれかを選択し、第2・3学年で球技・武道・ダンスから2領域を選択して履修できるようになった。また、高等学校は、第1・2学年は、従前どおりとし、第3学年で6領域の中から武道またはダンスを含めた4領域を選択して履修することが定められている。中学校では武道が初めて示される種目であることを、高等学校では中学校での授業やクラブ活動などでの学習経験の実態を把握し、学習内容を具体化していく必要がある。

また、中学校・高等学校ともに、運動の特性を考慮し、3年間を見通して計画を立てることと、各学年においてその習熟を図ることができるように授業時数を配当し、効果的、継続的な学習ができるようにしなければならない。

さらに、武道は基本動作、対人的技能、試合のように段階的な指導が必要であるため、1つの種目を3年間履修できるようにすることが望ましいが、生徒の状況に応じて、異なった種目を各学年で履修させることも考えられる。

●年間計画の立て方について

3種類の年間計画の立て方から、その際の利点（△印）と留意点（▲印）をまとめると、以下のとおりである。

①集中して実施する場合

△時期を選んでまとめて実施する、最も一般的な計画である。

△集中的に学ぶことで、学習内容の選択や授業時数の配当が容易であり、時間内での学習目標の達成が可能となる。

△最終週に学校行事として校内大会や発表会を開催することで、それに向かって生徒が学習意欲を高めることができるとともに、学習の成果を確認する環境がつくられる。

△季節を考慮して、集中して学習できる。

△短期間に継続して学習することで、前の授業で学んだ内容が次の授業で生かされ、学習目標が把握しやすくなり、学習効果も容易に理解できる。

▲中学校では、初めて経験する生徒がほとんどであり、基本的な技能が身に付くまでは、暑い夏や寒い冬の厳しい時期は避けることが望ましい。

▲剣道の特性や、基本動作、対人的技能、試合へ移行する段階的な指導が必要であるため、授業時数は最低15～20時間程度の配当が必要である。

▲各学年において同じ時期に実施する場合は、施設や剣道具などの使用が集中するため、竹刀の破損やひも類の消耗などの点検整備を怠らず、安全面に留意する。

▲共通して使用する面や小手などは、衛生面から乾燥させる期間が必要である。したがって、実施する時期（梅雨、真冬は避ける）を考慮するなど、事前対策が必要である。

②１年間を通して実施する場合

△年間を通して継続的に学習できることは、技能や学習意欲を高めるのに効果的である。

△毎週同じ間隔で学習できるので、習熟効果が見込まれる。

▲剣道を重視したために偏りが生じ、他の種目の厳選と授業時数の配分に工夫が必要である。

▲武道場などの専用に使用できる施設があることや、剣道の指導ができる教師が複数必要である。

▲竹刀や剣道具が豊富に必要である。

③分散して実施する場合

△集中して行う場合や継続的に行う場合とは違う方法で、①1年間を2～3時期に分散する場合と、②学年別で時期を分けて実施する場合が考えられる。

△①は中学校で第1学年に剣道を含めた武道種目とダンスのいずれかを選択させる場合は、柔道、相撲などの学習も組み入れやすくなる。

△②は剣道の指導者が1人の場合や他の武道種目を組み入れることにより、生徒の選択できる種目が増える。

△①②は1年間を通して、剣道指導者や武道場、剣道具などの有効な活用ができる。

▲①は他の種目の関連から、授業時数が5～7時間程度になるため、基本動作や素振りだけの学習にならないよう内容の工夫が必要である。

▲①は実施時期との間隔があるため、段階的・発展的な学習よりも、前の時期に行った内容の繰り返しにならないようにする。

▲②は学年別で剣道を中心に実施できるが、授業時数は10～15時間程度の配当になるため、内容の厳選が必要である。

▲②は何学年がどの時期に実施するかによって、厳しい時期に他学年が実施することになる。

Q5 剣道の学習過程はどのように組めばよいのですか？

A 剣道の学習過程を考える場合、生徒は武道またはダンスのいずれかを選択し、そのうえで種目を選択して剣道を履修することになる。

生徒に対しては、今もっている力量を考慮したグループを編成することや、女子が選択する可能性があることから男女共習などの学習形態を工夫する必要がある。また、生徒それぞれの学習段階に応じて、学習の場や活動の条件を整えるなど、その状況にふさわしい学習過程を工夫し、すべての生徒が意欲的に課題を見つけ、それを解決していくような学習の道すじを構成することが必要である。

そのために、学習過程は基本的に次のように2段階で構成することが望ましい。

単元の学習過程は、「ねらい①」として、今もっている自分の力で運動の楽しさや喜びを味わう段階と、「ねらい②」として、高まった力に応じて新しい工夫を加えて運動を楽しむ段階で構成する。そして、「ねらい①」で十分な学習体験を通して運動の特性に触れる楽しさを味わい、そのことが「ねらい②」でその学習に影響を及ぼすといった過程が、単元での学習を通して連続的に展開できるようにすることが大切である。

ただし、剣道の学習内容は、中学校において初めて示される内容であることから、「ねらい①」での今もっている自分の力には限界がある。運動の基礎となる基本動作や対人的技能の習得においては、教師の支援の創意工夫や安全に対する配慮が、他の種目よりも必要であることを理解しておかなければならない。

しかしながら、学習過程では他の運動種目と同様に、まず今できることで十分に楽しむ内容から、少し工夫すればできそうなことに挑戦する内容という過程をたどることが求められている。そして、このような学習過程は、生徒の学習意欲を高めることに有効に作用すると考えられる。

●具体的な学習工夫について

剣道には、対人的な運動空間から生まれる技を完成させる達成的なものと、試合において相手に勝つ競争的なものがある。生徒と運動の結びつきの質的変化はひとつのまとまり（ねらい①、②）として構成することができる。

各段階における道すじについて例を示すと、以下のとおりである。

①やさしい段階

ねらい①	基本動作を身に付け、礼儀作法を大切にして安全に練習ができる
ねらい②	身に付けた基本動作と対人的技能の技を生かして、練習や試合ができる

②やや進んだ段階

ねらい①	今までに身に付けたいろいろな技を使って練習や試合ができる
ねらい②	得意技を身に付け、それを生かして練習や試合ができる

③進んだ段階

ねらい①	得意技を身に付け、いろいろな人と練習や試合ができる
ねらい②	自己の能力に適した技を習得するための練習や試合の仕方を工夫することができる

以上のことなどが考えられる。「ねらい①」の学習過程での経験が、「ねらい②」での学習活動の基礎となり、1つの単元が計画的、継続的に進められることになる。したがって、身に付けたい技や技能に応じた練習や試合の仕方など、自分に適した課題をもたせることが重要である。

●学習過程における教師の支援

剣道の学習は、対人的技能の攻防が中核となることから、常に相手を自己形成の協力者として尊重する態度や礼儀作法を身に付ける必要がある。また、竹刀、剣道具の手入れや武道場の整備を怠らず、ルールを守り、試合での勝敗に対して公正な態度を取るとともに、勝敗の原因を考え、課題解決のための練習や試合の仕方について、互いに協力して、教え合ったり工夫したりするように支援しなければならない。

Q6 剣道では、一人ひとりの個性を生かす教育をどのように工夫すべきですか？

A 具体的な方法については、初めての単元や学習経験が浅い場合は「個に合わせる」ことが中心で、学習経験が高まってきた場合は「個を伸ばす」ことに重点をおいた内容が必要となる。個人の力に応じて運動を楽しみ、深めていけるよう工夫しなければならない。

●剣道の楽しみ方

剣道の学習における楽しみ方には、対人的な運動空間から生まれる技を完成させる達成的な場合と、試合において相手に勝つ競争的な場合が考えられる。個人とその運動の結びつきの質的変化はひとつのまとまり（ねらい①．②）として構成することができる。

①達成的なもので構成する場合

ねらい①──今できる技で楽しむ

ねらい②──新しい技を身に付けたり、できる技をさらに工夫し、練習して楽しむ

②競争→達成、または達成→競争で構成する場合

ねらい①──正しい基本動作や対人的技能を身に付け、対戦相手を選んで練習や試合ができるようにする

ねらい②──得意技を身に付け、いろいろな人と得意技を生かした練習や試合ができるようにする。

③競争と達成の特性を選択させて進める場合

個人が運動する楽しさと喜びを求める欲求や関心は、競争と達成の２つに分かれる場合が考えられる。この場合は、どちらかを選択して展開する学習過程も工夫できるが,剣道の学習においては、この２つを独立させた展開は困難であり、関連を図りながら進めることが重要である。

●効果的な学習方法

生徒一人ひとりの個性を生かしながら効果的な学習を進めるために、以下の事項を理解しておく必要がある。

①剣道は、年齢や体力に応じた学習内容で継続的に経験することができ、学校体育の役割である「積極的に運動に（生涯にわたって計画的に）親しむ資質や能力の育成」「健康の保持増進のための実践力の育成」「体力の向上」の３つの要素をもち合わせている。したがって、生涯を通して楽しく充実した生活を営むための生涯体育・スポーツとして最適な運動種目である。

②剣道の対人的場面における相手との対応は、自分だけの力で行うものである。どのような状況においても、常に相手と正面から向かい合って攻防を繰り広げていかなければならない。したがって、いろいろな技を身に付ける学習では、相手と自己の取り組み方がその技の上達度に影響するのである。

③竹刀操作と身体動作の結合運動を円滑に行うためには、敏捷性と巧緻性が必要であり、筋力を背景にした瞬発力が発揮されなければならない。また、呼気運動となるかけ声を伴い、短時間に激しい打突を断続的に繰り返す運動は持久力を養い、基本の構え方や打突したときの姿勢は、独特の形と適応性が要求される。

④基本動作の練習において、素振り、固定した目標を打つ運動や空間打突などは、技術を向上させるための身体的諸能力を高める基礎的な学習方法であるが、剣道の技術は、自分との対応によって変化する相手を攻めて,隙を見つけたり、構えを崩して打突する運動との関係でとらえなければならない。

⑤剣道は、格闘形式による対人的技能の攻防が中核となる。したがって、相手を自己形成の協力者として尊重する態度や礼儀作法を身に付ける必要がある。また、使用する竹刀、剣道具や武道場などの手入れや整備を怠らずに、ルールを守り,勝敗に対して公正な態度を取るとともに、試合での勝敗の原因を考えての学習方法などについて、生徒同士が協力したり、工夫したりする態度を養うことが必要である。

⑥しかけ技や応じ技を効果的に学習する場合は、剣道形の打太刀と仕太刀の相互関係を活用することが望ましい。剣道形は、打太刀側（元立ち）

の気持ち（思いやり、真剣味）や動き（機会、速さ調節）が大切である。技を学習するときは、特に元立ちの相手に対するこれらの態度が大切な役割を担っている。さらに、2人1組の学習の機会が多くなるため、互いに教え合い、学び合える環境がつくられる。
⑦2人1組での体ほぐしの運動や対人的技能を効果的に身に付けるためには、生徒の状況によって、ゲーム的な要素のある運動を導入することも必要である。
⑧試合では、勝敗にこだわるのではなく、その内容や結果から新たな課題を見出し、個人やグループにおいて、その解決のための学習内容や学習計画を工夫する。

Q7 中学校と高等学校で、剣道の学習内容に違いはあるのですか？

A 体育の目標としては、中学校では、「生徒が自己の能力に適した課題を解決するなどにより運動の楽しさや喜びを味わい、生涯を通じて運動に親しみ、生活を明るく健全で豊かなものにするための態度を育てること」「適切な運動の実践によって、体ほぐしをしたり、体力の向上を図ったりすることの必要性を示すとともに、たくましい心身を育てること」などである。

高等学校では、「運動技能を高め、運動の楽しさや喜びを深く味わうこと」「体ほぐしをしたり、体力の向上を図ったりすること」「公正、協力、責任などの態度を育てること」「生涯を通じて継続的に運動に親しむことができる資質や能力を育てること」などである。

中学校・高等学校の共通の目標は、「自らが、運動をする意欲を培い、生涯にわたって積極的に運動に親しむ資質や能力を育成すること」と言える。そこで、生徒がこのような態度、資質、能力などを確実に身に付けることが、体育の基礎・基本を習得することにつながり、そのために最も重視すべき学習内容は、今回から新たに示された「学び方」であると考えられる。

剣道における学び方の具体的な内容としては、中学校では「自己の能力に適した技を習得するための練習の仕方や試合の仕方を工夫することができるようにする」とある。高等学校では「自己の能力に応じた技を習得するための計画的な練習の仕方や試合の仕方を工夫することができるようにする」とある。

したがって、「自己の能力に適した技を習得するための」と「自己の能力に応じた技を習得するための計画的な」のように、差異がみられるものの、「練習の仕方や試合の仕方を工夫することができるようにする」などは、同じ内容になっている。

●中学校と高等学校の「学び方」の内容について

①中学校

・中学校で初めて示される内容であることから、運動の特性を十分に理解する。
・基本動作と対人的技能との関連を図りながら、自己の能力に応じて得意技を身に付けていくことができるように、かかり練習や約束練習を工夫したり、隙を見つけ、崩して打突するなど、自由練習（互格稽古）や試合の仕方を計画的・継続的に工夫する。
・試合には、個人・団体形式、簡易試合や技能別の試合などがあり、判定の基準や審判の仕方を工夫する。
・試合では、その結果だけにこだわるのではなく、生徒が身に付けた技を試す機会として活用し、その内容から新しい課題を見出す。
・課題を見つけるため、また喜びや楽しみを味わうためには、新しい技や得意技を身に付ける達成的なものと、試合をして相手に勝つ競争的なものがある。この2つのどちらかを選択して学習を展開することもできるが、可能な限り両者の関連を図りながら進める。

②高等学校

・中学校における経験を考慮して、基本動作を確実に習得しながら、自己の能力に応じた技を選び、得意技を身に付けることができるよう計画的に練習や試合の仕方を工夫する。

・練習や試合を自主的に行うために、対人的技能との関連で基本動作を確実に習得し、系統的に分類した技の中から生徒自ら学習する課題を設定し、練習する内容や方法を考え、自主的、計画的に学習する。
・試合では、学習段階を適切に判断して、試合の方法や規則などを工夫し、試合をその目的に合わせて、楽しく安全に行う。
・試合を通して学習を振り返り、学習内容や方法などを修正したり、新しい課題を発見したりすることに役立てる。
・試合の結果にとらわれることなく、試合の内容や試合までの学習の過程を大切にできる態度を育てるようにする。

「学び方」の内容には、両者とも基本動作と対人的技能の関連を図りながら、最終的に試合への発展を予測しての指導内容、方法、形式などを工夫することが望まれている。

しかしながら、学年別のねらいや配当授業時数などは、示されていない。したがって、中学校・高等学校での剣道の指導では、生徒の発達段階や経験の有無などを考慮して、「やさしい段階」「やや進んだ段階」「進んだ段階」の3つの段階（本節Q5参照）に分けて、それぞれにねらいを設定した学習過程を組むことが必要である。

Q8 剣道は、いつから学校で行われるようになったのですか？

A 明治維新には、藩校において文武両道の教育が受け継がれていたが、明治4（1871）年の廃藩置県により藩校が廃止され、武芸教育は消滅した。同年に文部省が設立され、翌年には学制を公布した。学校における近代的な体育方法を確立するため、明治11（1878）年に体操伝習所が設立された。文部省は明治23（1890）年の「本邦学校体操科施設沿革略」において、「二術ノ利トスル方」5件、「害若クハ不便トスル方」9件を述べ、武道を心身の発達から正科とすることは不適当とした。

●武道の正科編入への道のり

学校体育の正科に武道を導入する運動は、明治29（1896）年の帝国第10議会を皮切りに行われ、明治41（1908）年の第24議会で「中学程度ノ諸学校ニ、体育上正科トシテ、剣術・柔術練胆操術（木剣体操）、孰レカ其ノ一ヲ教習セシムヘシ」が可決され、正科編入への建議運動が実を結んだのである。しかし、明治44（1911）年の「中学校令施行規則第13条」では「体操ハ教練及体操ヲ授クベシ。又撃剣及柔術ヲ加フルコトヲ得」と改められたが、「加フルコトヲ得」であって、正科としてではなく随意科目にすぎなかった。

大正2（1913）年に「学校体操教授要目」が公布された。ここでの武道は、教練・遊戯とともに体操以外の教材として位置づけられたが、実質的には随意科目として認められただけで、「撃剣及柔術」は授業時間外に行わせる意向であった。大正15（1926）年に「同要目」が改正されたが、「剣道及柔道」と改められただけであった。

昭和6（1931）年の「中学校令施行規則」には、「剣道及柔道ハ之ヲ体育ニ於テ必修セシムルコトナセリ、是レ剣道及柔道ガ我ガ国固有ノ武道ニシテ質実剛健ナル国民精神ヲ涵養シ、心身ヲ鍛錬スルニ適切ナルヲ認メタルガ為ニシテ両者又ハ其ノ一ヲ必修セシメントス」とあり、初めて必修として法令化された。昭和11（1936）年の「学校教練教授要目」には、基本動作、応用動作、形および講話が配当されていた。注目すべきは、講話が配当されたことである。これは武道独特のもので、武道に日本の伝統性を認め、「道」的要素が強調されていたからである。

昭和12（1937）年の日華事変を契機に政局は急変し、そのことはそのまま学校体育にも反映された。昭和17（1942）年に「国民学校体練科教授要項及びその実施要目」が制定され、体練科は体操と武道の2本立てで、5年生以上の男子には武道が必修となり、武道教育を戦争遂行の目的と一致させた。

終戦後、文部省は武道の取り扱いについて、最高指令部民間情報教育部（C・I・E）と折衝を続けたが、昭和20（1945）年11月の「終戦ニ伴ナウ体錬科教授要目（綱）ノ取扱ニ関スル件」に、「体錬科武道（剣道・柔道・薙刀・弓道）ノ授業ハ中止スルコト。尚正課外ニ於テモ校友会ノ武道ニ関スル部班等ヲ編成セザルコト」とあり、武道は全面的に禁止された。その後、柔道を中心に文部省とC・I・Eへ歎願を続け、柔道は昭和25（1950）年に、弓道は昭和26（1951）年にそれぞれ復活した。

●剣道の復活

文部省は、昭和28（1953）年に学校剣道研究会を設け、どのような形で学校教育に採用すべきかの検討を行った。その結果、学校剣道の基本的理念は「剣道は武道としてではなく、体育スポーツとして、他の体育スポーツと同等の立場において学生生徒の心身の発達に寄与し、豊かな人間性を作り上げることを目標とする」とした。そして、同年の文部次官通知により、「高等学校以上の実施可能な学校においては、これを行ってもよい」となった。これが剣道として、戦後、学校教育に復活した最初である。

昭和32（1957）年に「学校剣道の実施について」が発令され、「学校剣道」として中学校・高等学校で実施できるようになった。

昭和37（1962）年の中学校、翌年の高等学校指導要領の改訂により、格技領域の中から1種目以上の必修化がなされた。昭和47（1972）年と翌年、昭和56（1981）年と翌年の中学校と高等学校の改訂では、体育教材として比重の拡大と大幅な時間数の増加が決定された。

平成元（1989）年には、領域名を格技から武道に改称した。平成10（1998）年と翌年の中学校と高等学校の改訂では、学校体育の目標を「心と体を一体としてとらえることを重視し、生涯にわたる豊かなスポーツライフの実現及び自らの健康を適切に管理し、改善していくための資質や能力を培うこと」と明確にした。

現在では、中学校と高等学校において、この目標を実現するために、武道領域の剣道が必要不可欠な存在となっている。

Q9 剣道の男女共習授業は可能ですか？

A 新学習指導要領にある体育分野の「内容の取扱い」について、中学校では、武道とダンスのいずれかを「選択して履修できるようにすること」、高等学校では、同様に「いずれかを含むようにすること」が定められている。したがって、女子が武道を選択することが考えられ、剣道においても男女共習の授業展開が予想される。

学習内容の観点からは、中学校では剣道が初めて示され、高等学校では中学校での経験を考慮する内容であることや男女の体格、体力などの特性の違いを踏まえて、基本的には性による特性の違いとしてではなく、個人の能力の違いとしてとらえなければならない。

●学習過程での教師の支援

学習過程での「やさしい段階」では、1人で行う体ほぐし運動や基本動作、対人的技能の学習においては柔道、相撲のように体が接触する場合はほとんどなく、男女混成の2人1組やグループによる形態で何ら問題なく展開することができる。しかし、「やや進んだ段階」や「進んだ段階」では、対人的技能での体当たりを伴った技や、総合練習での打ち込み稽古、かかり稽古などで体が接触する場合がある。また、互格稽古や試合では予想がつかない接触も考えられる。

剣道の経験のある女子であれば、積極的に男子に対して打ち込むことができる生徒もいるだろうが、ほとんどは男子に対して消極的になってしまう。さらに、男子の多くは、女子に対して遠慮しながら打ち込むことが考えられる。

体当たりを伴う技は、自らが打突した後の余勢を生かして、つばぜり合いの体勢から相手の力に応じて退かせたり、相手の力を利用して自らが退いたりして打突する場合がある。したがって、男子が女子に対して体当たりを伴う技を使っても、女子が相手の力を利用して退きながら打突する機会を得ることもできるが、可能な限り両者の体格や体力差を考慮しなければならない。

また、男女による運動能力や意識に差が出てしまうことが考えられる。このような場合は、臨機応変に男女別の２人１組やグループの形態をとることが望ましい。

そこで、教師は生徒同士が意見を出し合い、強制されない環境の中で、練習の仕方を工夫したり、試合でのルールを決めたりして、自主的・意欲的に学習できる能力や互いに教え合い学び合う態度をいかに身に付けていくかに重点をおいた支援が必要である。

●生徒の発育発達的な特性

この時期は、心身ともに成長が著しく、女子は柔軟性が優れ、男子は筋力や瞬発力が優れている。使用する竹刀は、全日本剣道連盟が長さや重さを男女別で規定しているが、先革や竹などの破損など安全に留意して適切に取り扱う必要がある。

また、男女別で使用する剣道具は、安全に学習できるよう確実につけさせることが大切である。保管についても、１つの剣道具を複数の生徒が使用することが多いため、衛生面に留意し、常に清潔にして混在しないよう管理する必要がある。

●課題解決学習の観点

いろいろな生徒との学習を通して、得意技を身に付けたり、つまずきの原因を理解し、それらを解決しながら、男女が尊重し協力し合いながら学習に取り組める環境をつくることが必要である。

「やや進んだ段階」や「進んだ段階」での対人的技能の学習において体当たりを伴う技や、パターン練習、かかり稽古などの総合的な練習をする場合には、男女混成の２人１組の形態では考慮する必要があるが、互格稽古や試合などでは、体当たりを伴う技を使わなくとも十分に楽しむことができる。また、お互い同士が納得し、それぞれが使える技を選んでの互格稽古や試合を行うことは可能である。

●意欲を高める教材

身体接触の解消や新しい技を開発するためには、日本剣道形を利用しての学習が最適であると思われる。比較的に理解しやすい１本目、２本目、５本目などを選択しての学習は、その動作が抜き技、すり上げ技などの約束されたものである。したがって、相手の動きに対して、自分がどのように対応するかが事前にわかっているため、スムーズな体さばきと木刀さばきが可能になる。また、本節 Q6 でも述べたように、対人的技能を効果的に学習する方法としては最適な教材と言える。

さらに、身体接触の全くない剣道形では２人１組の学習活動が中心になるため、体力的、経験度に差異があっても、生徒同士で教え合い学び合える機会が多くつくられる。

男女共習での授業展開は、最終的に、それぞれの特性を生かしながら、剣道の楽しさや喜びを味わうことができるとともに、男女が協力して学習の課題を達成していくことが大切である。

Q10 総合的な学習の時間と剣道の関連をどのように図るべきですか？

A 総合的な学習のねらいは、各学校の創意工夫を生かした横断的・総合的な学習や生徒の興味・関心に基づく学習などから、自ら課題を見つけ、自ら学び、自ら考え、主体的に判断し、よりよく問題が解決できる資質や能力を育てることである。

また、情報の集め方、調べ方、まとめ方、報告や発表・討論の仕方などの学び方やものの考え方を身に付けること、問題の解決や探究活動に主体的、創造的に取り組む態度を育成すること、自己の生き方についての自覚を深めることなどが挙げられる。

実施方法は、各学校において、週あたり2～3単位時間程度で、ある時期に集中的に行うなど、この時間が弾力的に設定できるようにする。これとともに、グループ学習や異年齢集団による学習などの多様な学習形態や、外部の人材の協力を受けながら、異なる教科の教師が協力し、一体となって指導にあたるなど、指導体制を工夫する必要がある。

また、校内にとどまらず地域の豊かな教材や学習環境を積極的に活用することを考慮することも望まれている。

このことから、教科の枠にとらわれた考え方では決して対応できない学習活動であり、各学校や生徒の実態にふさわしい総合的な学習の展開のあり方について研究開発していくことが求められる。

●総合的な学習の時間について

教科体育としての関わり方には、従来の教科の目標である、体力づくり、運動技能の共有、スポーツの生活化、健康安全への態度の養成などが集約されたものと、合わせて新しい教科の目標を指向したスポーツ文化享受能力というものが考えられる。

これらの対象は、身体操作や運動能力の向上に関心が集中した従来の「するスポーツ」ばかりでなく、レベルの高い競技の観戦や仲間同士の活動を側面から見て評価したりする「みるスポーツ」がある。そして、いろいろなイベントを企画したり、多くの情報の収集・作成・発信をしたりする「つくるスポーツ」がある。さらには、種々のスポンサーシップやスポーツへの愛好的な態度の形成に関わる「ささえるスポーツ」など、多様なスポーツへの関心が広まっていくと思われる。

剣道においては、前述の「みる・つくる・ささえるスポーツ」との関連から見てみると、「みるスポーツ」は「見取り稽古」がそのひとつである。

見る目が養われてくると、ひと目見ただけで、簡単にその人の力量を判断することができるようになり、その人の長所、欠点が一目瞭然にわかるようになる。したがって、第3者の立場から、生徒同士や高段者同士の稽古や試合などを見学し、技を打ち出すタイミングやその場の雰囲気などを理解するために、これまでも重視されていた稽古法である。

「つくるスポーツ」は、『学習指導要領解説』に、「競技会の企画や運営についても取り上げるようにする」と示されているように、すでに「進んだ段階」の学習などでは、学内で生徒同士が役割を分担し協力して、積極的に取り組んでいる。さらに、「ささえるスポーツ」は「つくるスポーツ」をより一層発展させて、学外の公共施設を利用しての競技会や発表会を実施することである。そして、地域の剣道経験者や保護者などの協力と施設使用の手続きや資金援助などの社会的財政的な関わりの学習活動が可能である。

具体的な総合的な学習の時間の進め方は、テーマ設定（現在の日本体育学会にある13専門分科会の原理、歴史学、社会学、心理学、運動生理学、バイオメカニクス、経営管理、発育発達、測定評価、方法学、保健、教育学、人類学などからアプローチが可能である）→学習目標・内容・計画の決定→学習の実際（資料収集、調査研究の方法）→結果・考察→まとめ・発表会→反省・感想→新たな課題への一連の流れが考えられる。

例えば、歴史学分野からテーマを「郷土の剣道史」に設定した場合、資料の収集が重要な活動となる。そのときの留意点は、

①活動の場は、学内外を問わず図書館、資料館、博物館など広範囲に求めることになる（授業時間内に行動できない場合は休日や夏休みなどを利用する）
②豊富な資料を収集・整理し、それらを比較し検討する
③資料の出典先を明確にしておく
④疑問があれば解決するまで意欲的に収集する
⑤グループ間で共有できる資料は交流する

などが考えられる。

以上のように、総合的な学習の時間への関わり方は、剣道の特性やその分析方法から、取り扱うことができる内容が豊富である。また、剣道それ自体が、多種多様な関わりをもって成り立っていることから、具体的に学習を進めるうえで、好個な運動領域であると思われる。

第２節
学習指導に関する事項

Q1 剣道の授業で、体ほぐしの運動をどのように工夫すべきですか？

A 新学習指導要領では、児童生徒の体力などの現状を踏まえ、心と体をより一体としてとらえる観点から、新たに自分の体に気づき、体の調子を整えるなどの体ほぐしに関わる内容が示されている。そして、指導にあたっては、運動を通して仲間との交流を深め、他人と協調し思いやる心を育むことに配慮するように記されている。

つまり、体ほぐしとは、各運動領域で心と体をより一体としてとらえながら、自他の体に気づき、その運動特性に触れつつ、仲間との交流を深め、協調し思いやることを通して、コンディションを整え、コミュニケーションを図ることを主眼としたものである。

なお、体ほぐしと準備運動は違った意味をもつことに注意する必要がある。準備運動とは、あくまで主運動を効率的に行い、障害を防止するという観点から、体温を高めておくとか、関節可動域を広げておくなどの準備を整えることを目的とした運動のことである。

●剣道と体ほぐしの運動

剣道における体ほぐしの運動を考えるとき、剣道の基本動作を活用することが望ましい。例えば、いろいろな足さばきで方向を変えたり、スピードを調整したり、自由自在に移動したりする。剣道の足さばきは、特異的な運動であるため、少し動作の似たスキップ動作などで体をほぐしながら結びつけていくとよい。

２人１組で向かい合い、呼吸を合わせ、スピードを調整しながら、すり足を行うなどの運動も考えられる。さらに、グループごとに呼吸を合わせて、大きくゆっくりとした動作で、同時に素振りを行うのもひとつである。

また、剣道は対人的競技であることから、対人関係を利用した運動で、なおかつ、棒や竹刀を扱いながら互いにコミュニケーションを図る運動などを工夫するのもよい。

剣道は、元来、武道として体と心を結びつける文化を発展させてきた。もともと“心と体を一体としてとらえる”考え方がされてきたと言える。そして、剣道は、継続的な経験を積むことによって体力的要素よりも精神的要素を基盤とした技能の占める割合が多くなり、加齢とともに、心と体の関連が実感できるとも言われている。これらのことからも、体育の授業で剣道を実施することそれ自体が「心と体の一体化」を図ることにつながっているとも言える。

●剣道の心と体の具体例

- 気剣体一致の打突をめざす。剣道の打突は、充実した気勢や適正な姿勢などが伴っていなければならない。つまり、心と体を一体にして表現することになる。
- 打突後は必ず「残心」を示す。剣道では、殺人剣ではなく活人剣がめざされ、いわゆる勝敗よりも、正しい生き方を伝統的に重視してきた。つまり、「打てばよい。叩けばよい。勝てばよい」というふうには扱われてきていない。試合においてもガッツポーズを禁止するなど、勝者がその喜びを敗者の面前で現すことは慎むべきとされている。打突後の「残心」によって相手に対する思いやりや、次の展開への準備を表現する。

・立ち会いでの「相互の礼」を正しく行う。試合を行う者の関係は「道（人間としての生き方、在り方）」をともに学び合う仲間同士であり、自分が勝つことができたのは相手がいたからであり、互いがめざす目標は「道」を極めることであって、勝負にこだわることは慎むべきとされている。そこで、まず「相互の礼」を正しく行う。「相互の礼」は、相手とのコミュニケーションを図る導入のきっかけともなり、また自他の心身の様子に気づくことにもなる。
・「打ち合いは礼節を保ちながら」行う。対人的競技である剣道は、激しい身体接触に加えて、体にある程度の痛みを伴いながら、互いに技を磨き合うため、一歩誤ると乱暴で暴慢になってしまう。そのため、「打ち合いは礼節を保ちながら」行い、自分の行動・言動を見つめ、相手の人格を尊重することが大切である。
・正座時の黙想などで、「呼吸法」を工夫する。ゆっくりと息を吐く（呼気）を学ばせ、「呼吸法」で高まった気の鎮め方を工夫することで、心と体の調整も可能となる。

Q2 剣道を楽しく学ばせるには、どのように工夫すればよいのでしょうか？

A 剣道の授業を楽しくするには、まず生徒が自主的、主体的に取り組むことができるようにすることである。そのためには、剣道の特性である攻防の楽しさを生徒に味わわせることを中心に、学習過程を工夫する必要がある。単に、基本動作の習得に終始することなく、早い時期から対人的技能や試合を学ぶことができるように学習の道すじを工夫する。また、態度や学び方の内容についても十分に配慮することが大切となる。

そこで、よりよい授業を展開するために、これまでの剣道の授業で指摘されてきた、いくつかの不評の原因を取りあげ、その解決策について考えてみよう。不評の原因として、以下のような指摘がされている。

①学習過程が明らかになされていない。
②画一的な基本動作の学習に多くの時間が割かれている。
③多種多様な技を教え過ぎて、学習者に消化不良が起こっている。
④「一足一刀の間合(いっそくいっとうのまあい)※」からの大きな動作による指導を重視し過ぎる。
⑤指導者の詳細、かつ冗長な説明が長い。
⑥剣道は怖い、痛い。

※一足一刀の間合とは自分と相手との距離を言う。「一足一刀の間」とは１歩踏み込めば相手を打突でき、１歩退けば相手の打突をかわすことができる距離で、基本の間合とされている。また、これより近い間合を「近間（ちかま）」、遠い間合を「遠間（とおま）」と言う。

●工夫上のポイント

①剣道の授業では、相手との技の攻防を楽しみながら試合ができるようにすることをひとつの目標とする。そこで、そのために必要な学習過程（学習の道すじ）と、何をどの程度学習するのかといった学習内容を明確にした単元計画を立てる必要がある。
②何事においても、基礎・基本なくして応用はありえない。基本動作の学習は、極めて重要である。しかし、基本動作に終始することなく、基本動作と対人的技能、さらにその応用である試合の組み合わせを常に工夫する必要がある。また、全員そろっての画一的な学習方法をなるべく避け、自主的、主体的に生徒が参加できるよう､比較的早期からグループ学習を行うとよい。例えば、打突ができなくても、グループ対抗の簡単なドリルゲームや「すり足競争」「面着け試合」などが考えられる。グループ内で協力し合い、教え合う中での学習効果が期待される。
③限られた時間内で剣道の楽しさを味わわせるためには、むやみに多種多様な技を指導するので

はなく、自分に適した技を見つけさせながら練習させ、そのための打ち方・受け方を繰り返し反復練習させると効果的である。

④初心者指導において、基本の間合とされる「一足一刀の間合」の距離を固守し過ぎる傾向が見られる。一足一刀の間合は、初心者にとっては距離的に遠く、初めからその距離で打とうとすると剣体の不一致を招くことになりかねない。初心者指導の原則は、一般的に「近い→遠い」「容易・簡単な動作→困難・複雑な動作」「ゆっくりとした動作→速い動作」と考えられるため、これらの原則を踏まえた指導が必要となる。

⑤授業中の指導者による詳細かつ冗長な説明は、生徒の運動量の確保からも避けたいところである。竹刀の持ち方や、構え方、足さばきなど、授業の中で繰り返し行われる動作の説明は、授業時間の確保からも最小限にする。また、細かい動作についての情報を、生徒に一度に与えても消化不良を起こし、混乱を招くだけである。

⑥初心者には、打たれたら痛いと思っている者が多い。恐怖心や不安感を与えないような指導上の工夫を必要とする。まずは、適切な打突強度を理解させる。次に、打ち方だけや攻撃のみの学習に終わらないように、正しい受け方や応じ技を並行して学習させることによって、こうした不安感を除去していくようにする。

以上のような事柄に留意し、剣道の学習内容である基本動作、対人的技能および試合を、単に順序性をもつものとして指導するのではなく、これらの学習内容を一体化した授業を工夫する必要がある。また、技能の学習が安全に楽しくできるためには、礼儀作法、公正な態度などに留意させ、伝統的な行動の仕方を身に付けさせる必要がある。武道としての敷居ばかりが高く、奥深さを強調するが故に、生徒に剣道の楽しさを味わわせられないような授業を行うことに留意しなければならない。

Q3 「痛い」「臭い」というような生徒の反応に、どう対応したらよいですか？

A　授業で剣道を体験した中学生・高校生から、「剣道はやたらに青あざができるから、あんなことは二度とやりたくない」という感想が聞かれることがある。一方では、「剣道は面白かった」「またやってみたい」「初段を取りたい」といった感想も多く紹介されている。

当然のことながら、指導者としては単元の後に、「面白かった。またやってみたい」という感想が生徒から聞かれるような授業を実践したいと願っている。

そこで、生徒たちから最も嫌われている剣道の痛さ、臭さへの対策を紹介する。

●痛さへの対策

初めて剣道をする生徒にとっては、「どの程度の強度で打つ」のかといった情報が全く入っていない。なかには、強く打てば打つほど評価が高いと思っている生徒も多い。

そこで、効果的な打ちとはどのようなものかを初めに理解させ、イメージのズレをなくすことが痛さの克服の第１段階である。

具体的には、「ポン」打ち指導が効果的である。「ポン」打ちとは、面や小手を「バシーッ」と打つのではなく、小さく軽く「ポン」と打つ動作のことである。つまり、従来から行われている剣道の固定的な指導法を見直し、改善する必要性がある。

面打ちの指導の際、大きく振りかぶって面を打つことを強調しすぎると、自然と打ちが強くなってしまい、肩関節を起点とした腕と竹刀の回転の大きさは竹刀の重さに加速度が加わり、打ちが強くなってしまうのは当然のことである。

大きく振りかぶって面を打つ動作と、小さく素早く面を打つ動作は、運動学的にも明らかに相違があり、その結果、使う筋肉も異なってくる。そこで、竹刀を振るという素振りの動作は別として、面打ちの指導に関しては、大きく振りかぶって面を打たせることを固守する必要はない。むしろ、生徒の「痛い」という潜在意識の改革のためにも「ポン」打ち動作から入り、ある程度、動作に慣れさせた後、次第に大きな動作へと移行しながら打突強度の調整ができるようにさせるとよい。

この「痛い」の感覚は、特に小手打ちで顕著に現れることが多い。痛い小手打ちは剣道嫌いをつくる原因ともなり、不必要に大きな振りかぶり動作で小手を打たせることは初心者には禁物である。打突の際の「手の内」は、初心者にとって容易に習得できるものではない。初めの段階で、できるだけ打突部位に当てると同時に手首のスナップを生かして手掌を絞り、心地よく竹刀が跳ね返ってくる感覚をつかませることが大切である。

基本打ちの指導では、この痛さの対応から、最初に胴打ちを指導して効果が見られた授業実践もある。また、打ち方の指導と同時に、痛さへの対応として、受け方の指導も工夫する必要がある。さらに、痛さは授業時期とも関連しており、冬季の授業では、寒さのために他の時期に比べてより多くの痛みや苦痛を感じる傾向がある。したがって、可能な限り冬季時の授業は避けるようにしたい。

一方、練習するうえで留意させなければならない点は、打突部位への打突が外れたときの対応である。お互いのミスを認め合い、誤って剣道具以外の身体部分を打突した際には、直ちに相手に対して謝る態度を学ばせることが大切である。

●臭さへの対応策

臭さの根源は、汗にある。梅雨時や夏の時期に、前の時間の授業で他人の使用した小手を着けることや面を被ることは、大変な不快感を伴うことになる。授業では、可能な限り夏場の汗をかきやすい時期に剣道具をつけさせることを避け、適切な時期を選択する必要がある。

それでも、時期を選べない場合は、汗の処理法として市販の小手下（木綿地で手袋のようになったもの）、あごあて（面のあごあての型になっている物、または手ぬぐいを半分に切り折りたたんだ物、図 I-2-1）、また市販されている消臭スプレーなどを活用するとよい。

そして、剣道具は、常に風通しのよい乾燥する場所で保管させるようにする。

[図 I -2-1]

Q4 剣道具の数が不足している場合、どのような対処をしたらよいですか？

A 剣道の授業を行うときに最も問題となるのが、必要とする剣道具数の確保とその準備である。剣道具は高価なものであり、安いものでも１式３～４万円はかかる。授業のために生徒に自己負担で準備させるのは、経済的負担が大きすぎるため、通常は体育用具として学校で準備することになる。

では、学校に剣道具がない場合にはどうすればよいのか。まず、地域に武道推進校等の研究発表を行ったような学校があれば、そういった学校では剣道具が十分に満たされている可能性が高いので、使用させてもらえないかどうか問い合わせてみる。また、地域の中学校で剣道の授業を行っている学校があれば、その学校に連絡を取り、剣道具を借用することもひとつの方法である。ただし、その際、相手校が剣道の授業を実施している時期と重ならないように配慮し、年間指導計画を立てる必要がある。また、地域の複数の中学校から、剣道具の個数をそろえ、互いに借用し合う方法も考えられる。

●基本動作の習得には打ち込み棒を利用する

剣道具数が十分でない場合、特に、基本動作の学習では最初から面をつけて行うことはできない状況もあることから、限られた剣道具数で授業を工夫することはできる。こうした状況では、剣道具をつけずに素面の状態で、打突の仕方や受け方を打ち込み棒を利用して行ったり、形練習的に行わせたりするとよい。

打ち込み棒を利用した打ち込み練習の具体的な方法を図I-2-2に示した。3人元立ちで連続面の打ち込みや小手―面などの練習をさせる。

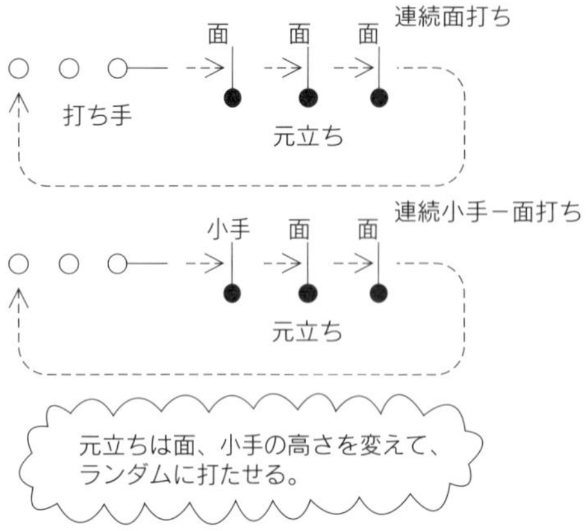

[図I-2-2] 打ち込み棒を利用した練習方法

●少ない剣道具数で展開する授業例

例えば、10個の剣道具で、30人の生徒に30時間の剣道の授業をすると仮定する。

まず、生徒を10名ずつA～Cの3つのグループに分け、各グループが1時間ごとに交代で剣道具をつけるように指示し、3回に1回の授業の割合で剣道具をつけるようにする。基本的には、グループごとに、基本動作から竹刀打ちを中心とした打ち込み練習を行う。

また、授業の中で、防具をつけているAグループが元に立ち、BとCのそれぞれのグループが、剣道具をつけたAグループ（元立ち）に交代で打ち込み練習をする。このとき、Aは打たせ方を学習し、B・Cはそれぞれ打ち込み練習をしながら、他のグループの打ち込みを見て学習することができることになる。

その後、再びグループごとに分かれ、Aは防具をつけ、お互いに打ち込み練習や総合的な練習をする。B・Cは打ち込み練習の反省をもとに、各自の課題をもって、お互いに竹刀打ちや素振り、足さばき、体さばきを練習する。

さらにこのとき、Aに対して打ち込み練習をしていた様子をVTR撮影をしておくと、そのVTRを見ながら課題練習に取り組むことができるのでより効果的である。そして1時間ごとに剣道具をつけるグループを交代する（図I-2-3）。

また、グループ対抗試合を行うときには、試合の3時間程度前に各グループに剣道具を3つずつ与え、グループごとに練習を工夫させる。さらに、試合の際には、試合をする2グループと、審判（5～7名程度）、時計、記録などをする1グループに分け、試合をする2グループにはそれぞれ剣道具を5つずつ与え、順番に着用し試合に備えさせる。そして、審判と試合をする各グループを交代して、総当たりで対抗試合を行うようにすると、互いに他グループの試合を観戦しながら試合の学び方ができる。

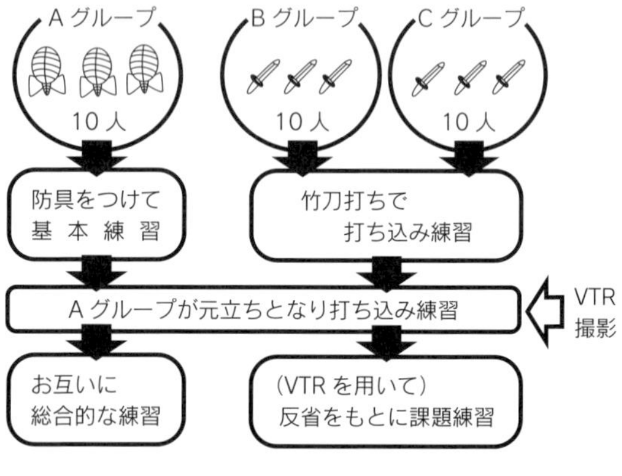

[図I-2-3] 1時間の授業の流れ

Q5 授業で剣道着や袴を使わせる必要があるのでしょうか？　また、竹刀は個人で買わせたほうがよいのでしょうか？

A 一般的には、剣道着や袴を購入させる必要はない。通常の体育時に使用するトレーニングウエアの上から剣道具を着用すれば、剣道の授業を行うことは可能である（図I-2-4）。

[図 I -2-4]

体育の授業では、トレーニングウエアのほうが経済的にも衛生的にも容易である。さらに、安全面においても袴を踏んで転倒することもなく、初心者にとっては扱いやすいと言える。さらに、安全面を考慮し、できるだけ長袖、長ズボンのトレーニングウエアを使用することで、打突が打突部位から外れた場合に少しでも痛みを和らげることができる。

しかし、季節によっては温度差が激しいため、時期的なことも考える必要がある。ただし、トレーニングウエアの場合でも、剣道着の場合でも、衛生面については十分に配慮し、授業後の体操服や剣道着は必ず洗濯をして、次の授業に準備するように指導することが大切である。

しかしながら、その一方で、特に高等学校などで3年間通しての履修が見込まれるような場合や、初段の取得を念頭においた場合には、できるだけ剣道着を着用させたほうがよい。

着装の指導だけで、かなりの時間を要する。多くの生徒が剣道に惹かれる理由は、やはり剣道着に剣道具をつけた姿であり、トレーニングウエアに剣道具をつけた様子とは見た目もイメージもかなり異なってくる。生徒のモチベーションを高めるためにも、時間的、経済的にゆとりがある場合には剣道着の着用が望ましい。また、初段の取得を念頭においた場合には、正しい着装も審査基準となっているため、剣道着の着用は必修となる。

剣道着を着用する際の注意事項として、特に未経験者の場合には着装の乱れが考えられるため、初期の段階では、剣道着の下に半袖のトレーニングウエアや短パンなどをつけさせるなどの工夫が必要である。

●竹刀の場合

3年以上の継続的なの履修が見込まれる場合には、個人持ちで購入させることが望ましい。

ただし、選択制の授業や、授業時数が年間10時間程度であるならば、学校で購入し管理しておくことがよい。竹刀の保管には、竹刀立てを購入するか、作ると便利である（図I-2-5）。また、このとき誰が竹刀の手入れを行うのかが問題となるが、その手入れや管理は指導者が行わなくてはならない。これは、バドミントンラケットのガットの張り替えやシャトルの保管方法と似ている。もちろん、授業の前の竹刀の点検については、個人持ちまたは学校備品に限らず、生徒に毎回必ず授業の前後に行わせることが大切である。なお、竹刀の各部位と名称については、p140を参照されたい。

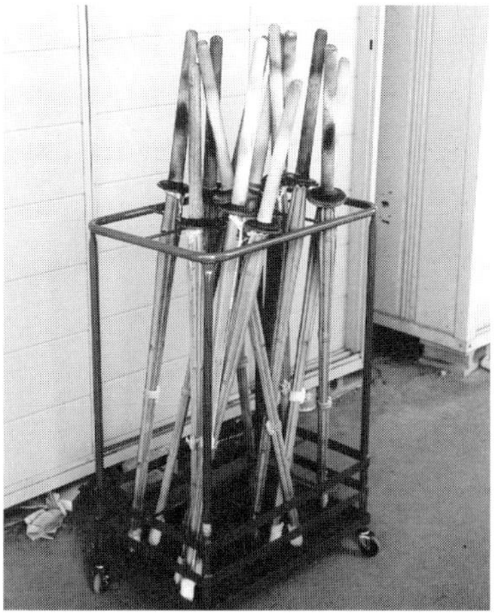

[図 I -2-5]

また、竹刀の基準については、校種別・男女別に、全日本剣道連盟の公式試合での竹刀の長さと重さ（p140参照）がある。初心者や未経験者を対象とした場合には、規程よりも多少軽めの重さの竹刀を用いると、生徒にとっては扱いやすく、安全面からも望ましい。

Q6 剣道具のつけ方に時間がかかってしまうのですが、どうしたらよいですか？

A 授業では、伝統的な剣道具の着用の仕方をそのまま採用するのではなく、初心者が素早くつけられるように工夫する必要がある。

近年、紐（ひも）を結ぶということが当たり前にできない生徒が増えており、特に、後ろで紐を結ぶことが難しい様子である。

学習活動として、この「ひもを結ぶ」という動作に重点をおくか否かは、論議の分かれるところである。しかし、単元計画の中で、技能学習により多くの時間を割くことに重点をおくとすれば、多くの時間を要する伝統的な紐の結び方に固執しないで、安全で効果的な着用法を工夫することが必要である。

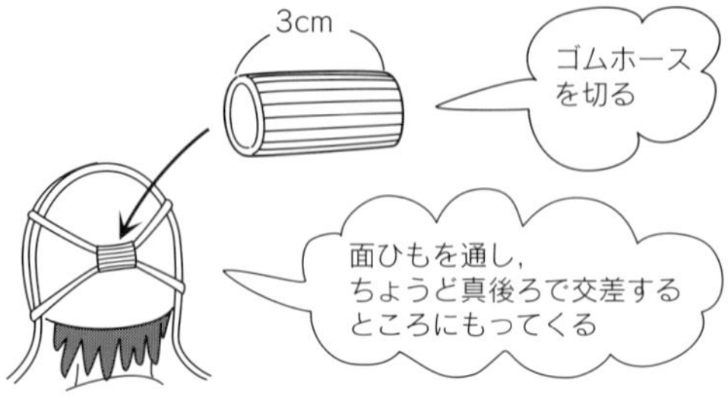

[図Ⅰ-2-6]

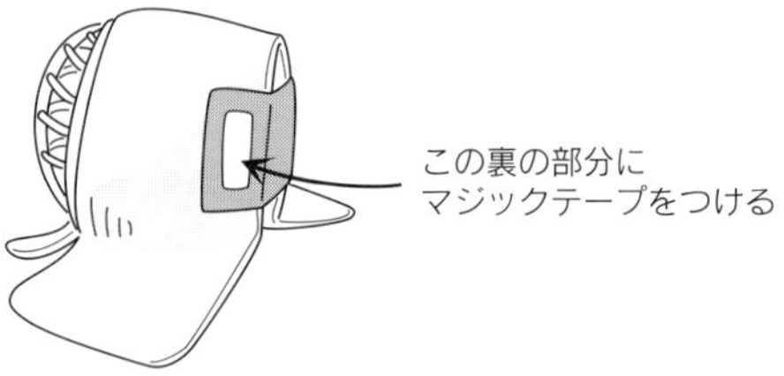

[図Ⅰ-2-7]

●面の場合

面ひもの結び方を以下に示す。うまくひもを結べない場合には、お互いにグループで協力し合い、結び合うようにするとよい。

さらに、面ひもの掛け合わせの部分に長さ3cm程度のゴムホース（直径2cm程度の水道ホース）を通す（図Ⅰ-2-6）と、初心者が面を装着する際に起こりやすい面ひものたるみなどを解消することができる。

業者に依頼し、面ひもなしのワンタッチ式マジックテープで装着できる面を準備することも考えられる（図Ⅰ-2-7）。

●胴の場合

胴ひもの簡易な結び方を以下に示す。胴ひもは結び個所が3個所あり、また、初心者はしっかりと結べずにすぐに外れる傾向がある。簡単で、外れにくい方法が求められる。まず、胴ひもを乳革に通し、首の後ろで蝶結びにする仕方（図Ⅰ-2-8）である。

[図Ⅰ-2-8]

●小手の場合

小手ひもを締め過ぎて小手を腕に密着させ過ぎると、打たれた際に痛いので注意が必要である。小手ひもはあまり引っ張らないように指示する。

●協力し合ってつけさせる

剣道具の着装は、最初は、早く装着した生徒がうまくできない生徒を手伝うなど、グループで協力し合い助け合って行うようにさせる。こうしたことにより、剣道具の装着時間が短縮され、また、仲間との交流やコミュニケーションを図ることができるようになる。

Q7 剣道の授業の進め方はどうしたらよいですか？ また、何から教えたらよいですか？

A 授業の進め方については、剣道の特性を考慮しながら、互いに打突を競い合うための対人的技能の学習を中核とするようにする。つまり、その基礎となる基本動作の指導については、常に対人的技能への発展に結びつけながら取り扱うように留意する。特に、得意とする対人的技能（技）を習得させ、相手との攻防の楽しさを味わえるようにすることが肝要である。

●学習内容の取り扱い

学習のねらいを達成するために必要な学習の道すじを踏まえて、「基本動作を身に付け、礼儀作法を大切にして安全に練習ができる」ように指導し、「身に付けた基本動作と対人的技能を生かして、練習や試合ができる」ように展開していくことが大切である。このような考え方に基づいて指導を具体化していくにあたっては、次のような学習内容を考慮する必要がある。

①対人動作の中で基本動作を練習する

基本動作の学習では、常に対人意識の高揚を図りながら取り扱うことが必要である。具体的には、2人1組で面打ちをするとき、互いにまっすぐに構えて向かい合い、元立ちが隙を作った瞬間に、打ち手が打ち込むように指導する。このようにすることにより、互いに真剣に向き合い、呼吸を合わせ、相手の隙に対して素早く反応する技能が養われる。小手、胴に対しても同様に練習をさせる。

②中段の構えを基本とする

剣道の構えには、上段、中段、下段、八相、脇構えの5つ（五行の構え、図Ⅰ-2-9）があるが、中段の構えは剣道における動作のすべての基となるものである。したがって、授業では中段の構えを基本とする。

③適切な隙を与えて打たせる

打ち方の指導とは反対に、打たせ方や受け方の指導はとかくおろそかになりがちである。打ち方の指導効果を上げるためには、特に打たせる側に注目した指導がポイントとなる。打たせる側には常にリードしていく立場をとらせ、真剣な態度で立ち向かい、間合の取り方などにも留意させながら、適切な隙を与えて相手方に打突しやすいようにさせる。例えば、面打ちでは、中段の構えから竹刀を斜め右下に開き、「面来い！」と促す方法もある。

[図Ⅰ-2-9] 剣道の構え（左から中段、八相、下段、上段、脇構え）

④気剣体一致の打突をめざす

剣道で有効打突とされる要件は、気剣体の一致した打突であるため、練習では常にこの気剣体の一致した打突をめざすようにさせなければならない。

この指導の手順の具体的な方法のひとつを以下に示す。

まず、すり足と踏み込みの足さばき練習に時間を割き、踏み込みと送り足がスムーズに行えるようにする。次に、竹刀を使用して、手足の動作、竹刀の動きを分解しながら説明し、次第に竹刀の振り下ろしと踏み込みを一致させながら剣体一致の動作を学習させる。

「気」の部分に該当する発声については、踏み込み打ちの動作学習の際には要求せず、ある程度この動作ができるようになった段階で試みるようにさせる。剣道の発声は、思春期の女子生徒にとっては大きな声を出すことに対し恥ずかしいと感じるようである。したがって、発声の意義を理解させると同時に、日頃から大きな声を出せる環境や人間関係をつくっておくことに留意する必要がある。

Q8　剣道では、どのようなけがが起きていますか？　また、その処置と予防策は？

A　剣道は、他のスポーツと比較して、けがの発生頻度は極めて少ないと言える。日本体育・学校保健センターによる「体育的活動の負傷」の調査（1997）でも剣道のけがはわずか1.4％であった。しかし、他のスポーツと比較して少ないとは言うものの、そのけがの予防と対策に十分に配慮することは大切である。

剣道における傷害やけがで最も頻度が高いのは、手足の表皮傷害（手のひらや足の裏のまめ、たこ、ひび割れ、裂け傷、表皮剥離、化膿など）であり、次いで、関節傷害（足首の捻挫、突き指）や打ち身（右肘、後頭部、その他の部位の打撲）、突き傷、すり傷などである。その他に、竹刀のささくれが手足の指に刺さる。指の爪が剥がれるなどがある。また、稀にアキレス腱断裂や鼓膜の破れ、肉離れやけいれんが起こることがある。夏季の授業では、熱中症の対策も必要である。以下に主なけがの応急処置を示す。

●まめができた場合

まめは、剣道をすれば誰もが必ず１～２度は経験するものである。これは竹刀と手掌、床と足底との摩擦によりできるものである。

〈症状〉皮膚が発疹を起こし、皮膚の表皮と真皮の間にリンパ液がたまり水疱を作る。表皮が裂けて、下の真皮が赤く見えるようになると、痛みを伴う。

〈手当て〉水疱ができたら、十分に消毒した針を用い、中の液を除去し、消毒液などを塗っておく。その後、乾かすようにしたほうが治りは早い。足底など厚めの表皮が剥がれてしまい、真皮がむき出しとなって痛みが伴う場合には、消毒後にアロエ軟膏などを多めに塗り、脱脂綿とテーピングで固定しておくと比較的早く痛みがとれる。また、化膿した場合には、専門医に見せなければならない。

〈予防〉剣道をする限り、まめを予防することは困難である。ただ、不必要な力を入れない竹刀さばきや足さばきを身に付けること、破れた小手を使用しないことは大切な予防のポイントとなる。

●生爪をはがした場合

剣道は素足で行う競技であるため、足は最も損傷を受けやすい場所となる。爪が伸びていると相手の足に傷を負わせるだけでなく、自分の爪も損傷することとなる。

〈症状〉重傷の場合は爪が爪床より浮き上がり、グラグラになるが、たいていの場合は、爪部に内出血を起こす程度である。

〈手当て〉浮き上がった爪を元に戻して、マキロンなどの消毒液を塗り包帯で縛っておくか、テーピングで固定しておく。

〈予防〉とにかく爪はしっかりと切っておかなければならない。

●肉離れや足がけいれんした場合

剣道では、飛び込んだ瞬間や体をかわしたときなどに、ふくらはぎ（下腿三頭節）に肉離れやけいれんを起こすことがある。肉離れの原因は、筋の収縮不調和や過伸展などであるが、けいれんの原因は過労や寒さ、暑さや発汗による塩分喪失などである。

〈症状〉 肉離れを起こすと、運動中に突然疼痛が走り、運動の継続が不可能になり、次第に腫れてくる。けいれんは、急激に筋肉が収縮するために運動が継続できなくなる。

〈手当て〉 肉離れは、痛みの程度にもよるが、まず安静にして、患部を氷や冷水で冷やし、その後、冷湿布をして圧迫包帯で固定する。あとは医療機関に委ねる。けいれんは、受傷筋を手掌などで圧迫しながら伸ばすことが必要だが、無理に伸展してはいけない。次いで軽くマッサージをし、血流をよくする。

〈予防〉 肉離れ、けいれんともに、運動を開始する前に十分な準備運動を行って、使う筋肉を暖めておくことが大切である。また、睡眠不足や過労の状態では稽古を行わないようにする必要がある。

> 救急箱の中身は？
> 〈衛生材料〉
> 滅菌ガーゼ、カット絆、テーピング、脱脂綿、三角巾
> 〈器具〉
> ピンセット、はさみ、針、とげ抜き、氷のう（アイシング用）
> 〈薬品〉
> マキロン（創傷の消毒）、オキシドール（洗浄消毒）、シップ剤（捻挫、打撲の消炎、鎮痛、内出血の防止）、サロメチール、アロエ軟膏

Q9 剣道を専門にやっていない教員や女性でも、授業で教えられるのでしょうか？また、男女共習で配慮すべき点は何でしょうか？

A 剣道をやったこともないのに、いきなり剣道の授業で生徒を指導するとなると、いくら保健体育教師といえども無理である。ある程度の技能や知識は当然必要である。

では、剣道は、剣道専門の教員でないと教えられないのであろうか。もちろん、答えはノーである。サッカーであってもバレーボールであっても、いずれの種目においても、体育ではその専門の教員以外においても指導されている。したがって、同等に体育の中で位置づけられている剣道の指導を特別扱いする必要は全くない。

しかし、現実には多くの教員が剣道の指導を苦手としている。サッカーなどの種目が得意でなくても指導はできるのに、剣道の指導ができないとする理由は何であろうか。この答えは教員の実技能力の問題というよりも、剣道の学習指導法に問題があると思われる。

剣道の学習指導法は、一般的に、体育教員にとって非常にわかりづらく、何を教えたらよいのかがとらえにくいとされている。そこで、「剣道を専門としない教員が、より効果的で楽しい剣道の授業を展開することができるように」という本書の大きな目的が掲げられることになった。授業実践については、第Ⅱ部の実技編において詳しく、具体的に示されている。技術的な指導法についても、具体的な授業展開や技術習得のための練習方法など、指導のポイント、生徒のつまずき点とその解決法が示されている。こうした学習指導法を展開することによって、剣道技能が必ずしも高くなくても、指導することは可能となると思われる。

同様に、女性教員でも教えられるかについても、答えはイエスである。体育の授業では、すでに選択制男女共習の授業が展開されており、ますます、女性教師が担当する機会は増加すると思われる。

●男女共習における指導上の留意点

女子の履修と指導上の留意点については、武道は従来は主として男子が履修することになっていたが、平成元年の学習指導要領の改訂により、男女とも選択して履修することができることとなった。したがって、これからは女子が剣道を履修することがこれまで以上に多くなると思われる。

女子の剣道の履修にあたって留意すべきことは、基本的には男子と同様であるが、その発達的特性を踏まえて、体の発育の特徴や心理的な特性などについて十分に配慮しながら、剣道の楽しさを味わうことができるような学習指導を工夫していくことである。基本的には、性による特性の違いとしてではなく、可能な限り個の能力差の相違としてとらえなければならない。

しかし、実際に指導するにあたって、以下に示すような項目が配慮すべき点としてあげられる。

・成長の著しい時期であり、男女の体力差が大きくなる。一般的に柔軟性は女子が優れ、筋力や瞬発力は女子が劣る特徴がある。
・成長期の女子の場合、胴打ちを受ける際に、胸部の痛みを訴えることがある。少し右方向へ体をひねるようにして、胴を打たせるよう指導する。
・竹刀の重さには、対象者別、男女別の目安（p140参照）があり、適切な取り扱いが必要となる。
・剣道具を清潔に取り扱わせ、確実に装着させるようにする。
・しっかりとした発声ができるようにさせる。
・小さな動作にならないように留意させる。
・技術指導での男女の相違はないので、女子においても基本動作や対人的技能を身に付け、練習や試合ができるようにする。
・体当たりを伴った技の練習、打ち込み稽古、かかり稽古などでは、体が接触する機会がたびたび生じる。剣道経験のある女子にとっては積極的に男子に対して打ち込むことができるが、ほとんどの女子生徒は男子に対して消極的になる。また、男子も女子に対して遠慮しながら打ち込む傾向があり、男女による運動能力や意識に顕著な差が出てしまう。このような場合には男女別の練習形態をとることが望ましい。

Q10 授業の評価はどのように工夫したらよいですか？

A　評価は、生徒に対する学習の評価であると同時に、指導者自身の授業に対するものでもある。授業のねらいと評価は表裏一体の関係にあり、まず、授業のねらいが何であるのかを明確にし、次に、授業のねらいが達成できたかどうかを評価されなければならない。その際、自発的・自主的な学習の実態に即した生徒自身の自己評価や相互評価による各単元へのフィードバック機能をもつことが大切である。

学校体育の評価では、「運動や健康・安全への意欲・関心・態度」「運動や健康・安全についての思考・判断」「運動の技能」「運動や健康・安全についての知識・理解」に関する4つの観点から総合的に判断が行われる。新学習指導要領における体育の評価では、「運動・スポーツに積極的に取り組もうとする生徒の意欲に高い評価を与える」というように、意欲・関心・態度についても十分な評価をしなくてはならない。

●剣道の具体的評価規準

剣道の具体的評価規準については、生徒の実態や各校の状況を踏まえ、時間ごとに授業のねらいと内容に対応したものを指導者が定めなくてはならない。実技指導の妨げにならないように、短時間に、かつ正確に判断することのできる評価規準を必要とする。以下にその具体的な観点を紹介する。

①関心・意欲・態度

・剣道に関心をもって基本動作を学ぼうとする。
・安全に留意し、竹刀や道場の点検をしている。
・既習の技を使って剣道を楽しもうとしている。
・互いに協力し、自分の課題に応じた技を身に付けようとする。
・礼儀正しい態度で、試合を楽しもうとする。

②思考・判断

・自分の課題を見つけ、それを解決する練習の仕方を考えている。
・得意技を身に付けるための練習の仕方を工夫している。

・簡易な試合を楽しみながら、自分の課題を見つけている。
・打突の機会を考え、技に応じた練習の仕方を工夫している。
・試合観戦の楽しみ方を工夫している。

③技能

・面、胴、小手打ちとそれぞれの受け方ができる。
・気剣体一致の打突を身に付けている。
・簡易な試合で使える得意技を身に付けている。
・相手の攻めに適した応じ技を身に付けている。
・試合で練習した技を使うことができる。

④知識・理解

・剣道の歴史や特性について知っている。
・伝統的な行動の仕方について理解している。
・基本動作、対人的技能の練習の仕方を理解している。
・試合のルールや審判法を理解している。
・「残心」について知っている。

●資料の準備

また、指導者の評価だけでなく、生徒の自己評価、相互評価を記入することができる学習カードや評価表を準備するとよい。学習カードを通して、生徒が目標や課題に照らし合わせながら自己を振り返り評価し、次時の活動へつなげられるためのものを工夫する。

参考資料として、学習記録用の学習カード例を図 I-2-10 に示す。

（　）年（　）組（　）番　氏名（　　　　　）

月／日	目　標	がんばり（A/B/C）		上達したこと	感想	次の課題
			10			

［図 I -2-10］剣道学習カード

第3節
剣道に関する事項

Q1 武道の「礼に始まり礼に終わる」の意義は、どのようなことですか？

A　「礼」は、相手に対して尊敬する心と相手の存在や立場を認める心を形に表すものであり、人が生きていく中で、社会秩序を保つために必要な守るべき社会的規範である。

●『新学習指導要領』に示されている内容

中学校においての武道の「態度の内容」には、

①自分で自分を律する「克己」の心を養うとともに、相手を尊重する態度で練習や試合ができるようにする

②礼儀作法は単に形のまねに終わるのではなく、「克己」の結果としての心を表すものとして、また、相手を尊重する方法としてこれを行うようにする

とある。

高等学校においても、同様に礼儀作法に関する内容の解説が、新たに示されている。

●剣道における礼の意義について

剣道では、礼法の丁寧さや形の正確さが大変厳しくされている。スポーツでは、勝った瞬間にガッツポーズをしたり、ゲームが終了したときに互いの健闘を称える意味で握手をしたりすることがある。もし健闘を称えるだけであれば、剣道のように礼法を厳しく扱う必要はないのである。

剣道では、「礼に始まり礼に終わる」とよく言われている。これは、互いに稽古の始めと終わりに礼をするというだけのことではなく、「礼をもって終始せよ」という考え方である。

また、礼には「人を惜しむ」という意味がある。これは相手を思いやり、尊重することはいうまでもなく、相手がともに剣道を学び合う仲間であり、自分の人格や技能を向上させてくれるよきパートナーであるという考え方が根底にある。

さらに、剣道における礼は相手にだけ向けられるものではなく、自分自身の内面にも向けなければならないのである。

実際の剣道の学習では、相手に対して否定的であったり攻撃的であったりする。しかし、これは、あくまでもしかけ技や応じ技を使っての攻防を手段にした剣道の運動特性である。剣道では、激しい打ち合いによって気持ちが興奮しているときであっても、丁寧な礼法や正確な礼の形が求められるのである。これらを実践することによって、自分の内面にある感情を抑制することができる。そして、自分の感情を自己制御できることは、人間として身に付けなければならないモラルであり、これからの自分自身の生き方にもつながってくる大切なことである。

したがって、「礼に始まり礼に終わる」という意義や礼儀においては、正しい作法で行うことはもちろんのこと、「克己」の心が伴ったものでなければならないことが強調されている。

●儒学思想の経典に見られる礼について

前述の礼に関する考え方は、中国の儒教思想の影響を強く受けている。その儒教における礼は、人間にとって最も重要な道徳的観念であり、相手に対する単なる儀礼的な範囲に止まることなく、社会秩序を安泰に維持するために、生き方の基盤としてなくてはならないものと位置づけられている。

そこで、儒学思想の経典である『四書五経』などに見られる礼に関するものを抜粋して列挙する

と以下のとおりである。

①『論語』

・「勇にして礼なければ則ち乱す」

勇気のあることは大切なことである。しかし、その勇気に礼節がなければ乱暴な人間となり、社会秩序を乱してしまうのである。

・「礼と云い礼と云う、玉帛を云わんや」

礼というのは、玉（宝石）帛（布）などの礼物ではなく、敬うという心が根本である。

・「礼を学ばざれば、以て立つこと無し」

社会生活の規範としての礼を身に付けなければ、人として身を立て世に処することができない。人が世に立つためには礼は欠かせないものである。

②『礼記』

・「礼義の始めは、容体を正しくし、顔色を斉え、辞令を順にするに在り」

礼と義において、最初にすべきことは、まず姿勢と態度を正しくし、顔を整えて、言葉を丁寧に使うことである。

・「礼は往来を尚ぶ」

礼は、一方通行であってはならないのである。

③『春秋左氏伝』

・「礼は身の幹なり。敬は身の基なり」

礼は、体の背骨のようなもので、人の世に立つ所以であり、敬は、人間の行動の基本となるものである。

④『史記』

・「礼は未然の前に禁じ、法は已然の後に施す」

礼儀は、事がまだ起こる前に禁ずるためのものであり、法は、事がすでに起こってしまってから適用するものである。

Q2 「残心」とは、どのようなことですか？

A 「残心」は、相手に打突した直後に心身の備えをすることであり、打突した後も引き続いて相手に心を残し、もし相手が再び打突を起こせば、すぐに応じられる身構えと心構えを備えていなければならないことである。

●剣道の試合規則にある「残心」について

『剣道試合・審判規則、同細則』にある「残心」の説明には、有効打突を取り消す場合として、①打突した後に、相手に対して身構え気構えがないとき、②打突した後に、必要以上の余勢や有効などについて誇示したとき、の２点があげられている。

剣道の試合において、打突した後に残心のない場合は有効打突として認められず、試合規則からは絶対に必要な条件とされている。

●いろいろな残心のとらえ方について

１つ目には、相手に打突したときに、安心して心をゆるめず、その後に相手に対して素早く正対し、相手に心を残して、もし再び打突をするところを見たり感じたりしたら、すぐにこれに対応できることである。打突した後は、常に油断のない心を保つことを教えている。

２つ目には、相手に対して心を残さずに無心で打突することも残心ということができる。実際には、自分のすべての力を出し切って打突しても、なおかつ残心があるのが剣道の正しい姿である。矛盾するようだが、心を残さず完全に力を出し切れば、その後は心身ともにリラックスした状態になり、再び打突できるものである。つまり雑念を捨てて打突するからこそ、残心をとることができるのであり、真の勝利を得ることができるのである。

３つ目には、前述と同様なとらえ方であるが、相手に対して慢心を捨てて一気に打突すると、初太刀にて勝つことができる。たとえその打突した技が無効であっても、二の太刀への縁がつながるものである。自分から意図的に心を残すのではなく、無心になって捨身で打突したほうが相手に対して効果的である。また、相手に受け止められた打突は、その反動によって、自分の有利な力となって自然にはね返るのである。その力を利用して、素早く打突することが大切である。

4つ目には、一心不乱に打ち込むというものがある。これは、決して気負い過ぎて打突してはいけないのである。自分が勝てる機会を見極めてから、そこで何の疑いもなく一気に打突することである。このときは、ひとつの打突で勝ちを得ることではない。打ち込んでいる間に、相手が変化したら、それに対応して勝ちを得ることである。しかし、それが予想のできない変化であっても、相手の動きに対応して、勝てる機会と判断したときは、どこまでも一心不乱に打ち込むことである。このときに注意すべきことは、一発不留ということがある。あまり打ち過ぎて、かえって相手に隙を与えないように注意しなければならない。「残心は、斬新につながる大徳を秘するものである」との教えどおりに、そこから次々と新しい技が生まれてくるのである。

●日本剣道形における「残心」の意味

日本剣道形において、1本目、5本目などに見られる残心の動作は、仕太刀が打太刀の技に対応し、正面を打突した後に、左上段に構えることである。このように、形（かたち）に表れた残心を示さなければならない。

これは剣道の試合においても、前述のとおり、打突の後に残心（中段の構え）を示さなければならない。相手を確実に打突したとしても、そこで気を緩めてはいけない。審判員が有効打突として認めなければ、試合は続行されるのである。その後に相手から有効打突を奪われれば、負けることになる。

打突した後は、有効打突であろうがなかろうが、さらに打突を続けるか、少なくとも相手の打突に備えることを怠ってはいけないのである。

●日常生活に見られる「残心」の意味

残心を示すという考え方は、日本剣道形や剣道の打突に関するものだけではない。

例えば、授業やクラブ活動において、互いに稽古の後に、相手をしてもらった礼とそのときの内容での長所・短所の指摘やできばえの再確認などのために、あいさつを交わしたり、そのことをメモにとったりすることも大切な残心のひとつである。

また、稽古に使用した竹刀や剣道具を結束して収納したり、竹刀立てに戻したり、武道場の掃除をしたり、竹刀の手入れをすることなども残心に含まれている。さらには、部屋に扉を開けて入ったときにその扉を開けたままにせずにすみやかに元の状態にするために閉じることや、読んだ本を本箱に戻すことなど、後片付けも形を変えた残心と言える。

以上のとおり、広くは日常生活においても必要不可欠なものである。

Q3 竹刀の長さは、どのように変わってきたのですか？

A 竹刀の起源は、最も古いものとして、『日本書紀―神代・下―』に、「時に竹刀を以て其の児の臍を截りつ」とあり、「アヲヒエ」と読まれていた。また、室町末期から江戸中期にかけては、槍術の稽古槍のことを「竹刀」と書き、「チクトウ」と読まれるものが存在していた。現在の竹刀に近いものとしては、安永4（1775）年の『組太刀意見書』に、「木刀の勝負、竹刀の勝負」という表現が「竹刀得失論」に見られる。また、長さについては、『一刀流聞書』に、「二尺二寸五分の定寸の竹刀用ひ候へば、竹刀にては短く覚え候」などの表現が見られる。これが四ツ割りの竹であったかは、断定できない。しかし、「シナイ」と読まれるようになったのは江戸後期になってからである。

●江戸期の竹刀の長さ

当時の剣術の稽古では、主に木刀や袋しない[注1]を使用していたが、四ツ割りの竹を、柄、中結、先革で束ね、つるで結んだ竹刀が普及したのは、柳川藩剣術・槍術師範の大石進が、2度にわたり、江戸に滞在し、5尺3寸余の長竹刀で、江戸の有名な剣術家に打ち勝ったことが大きなきっかけになっている。これ以降、袋しないに変わって、四ツ割り竹刀で、4～5尺もある長竹刀が流行した。これに対して、藤田東湖は、「然るに近来試合剣術の中甚だ長きしなひもて片手にて刺突を専らとすること流行せり。試合も如此なりゆきては又実用に遠く形剣術と同日の論なり」と、体格に合わない長竹刀を使って、片手突きを繰り返すなどの悪い風潮を批判している。この長竹刀の流行に歯止めをかけたのが、安政3（1856）年に幕府によって創設された講武所である。当時、師範役に任命されていた男谷精一郎らは、『講武所規則覚書』に、「一、自分持参之道具たりとも、撓柄共総長さ曲尺にて三尺八寸より長きは不相成、たんぽは革にて円径三寸五分より小さきは相ならず候事」として、これまで竹刀の長さは、様々であったが、ここで、3尺8寸より長いものは禁止された。

●明治期以降の竹刀の長さ

明治期に入り、文明開化や廃刀令などの影響を受けて剣術は衰退していった。そこで、講武所の師範役であった榊原健吉らは、明治6（1873）年に江戸において、撃剣興行を行った。そのときに採用した竹刀について、「一、他ヨリ試合相望ミ候輩ハ前々日ニ名札ヲ以テ可申出。竹刀之儀ハ三尺八寸ニ相候様仕度事」とあり、長さを3尺8寸に統一していた。これは、榊原が男谷精一郎の弟子であったことから当然のことである。また、長竹刀を支持する意見として、根岸信五郎は、「竹刀ハ真剣ニ模製シテ代用スルモノナレトモ平常演習ノトキニ在ツテハ四尺以上ノ寸法ヲ用ヒサレハ技術ノ進歩ニ害アリ」としている。この考え方は当時の警察剣道にも影響を与え、稽古時には常に4尺未満の竹刀を使用していた。明治28（1895）年に創設された大日本武徳会では、明治40（1907）年に「剣術講習規定」を制定し、「竹刀ハ三尺八寸ヲ度トス」と定めた。その後、昭和18（1943）年の「大日本武徳会剣道試合審判規定」には、「竹刀ノ長サ三尺六寸以内（柄一尺以内、鍔下九寸以内）トス」と真剣に近い長さに定めている。また、「学徒剣道試合規定」では、「竹刀ノ長サ三尺六寸以内」と定めた。これは、戦技化の影響を受けていたためである。

●全日本剣道連盟が定めた竹刀の長さ

戦後一時禁止されていた剣道は、昭和28（1953）年から高等学校以上で実施できるようになった。全日本剣道連盟が昭和29（1954）年に結成され、翌年に「全日本剣道連盟試合規則」を制定し、「長さは、三尺九寸（119cm）以内とし」と定めた。昭和35（1960）年の改正では、長さや重さの基準を、中学、高等学校、大学および一般に区分して定めた。

現在、竹刀の基準は、平成11（1999）年の『剣道試合・審判規則剣道試合・審判細則』に、「竹刀は、竹または全日本剣道連盟が認めた竹に代わる化学製品のものとする。竹刀の構造、長さ（男女とも、中学114cm以下、高校117cm以下）、重さ（中学・男440g以上、女400g以上。高校・男480g以上、女420g以上）、太さ、つば（鍔）の規格などは、細則に定める」とあり、また、「竹刀先革の長さは、50mm以上とする。中結の位置は、剣先から全長の約4分の1とする」の指導指針が示されている。

注1）

柳生新陰流では、「宗矩の撓は、長さ三尺三寸に切り、柄七寸、小太刀は一尺九寸に切り、柄四寸にして、各竹と袋革の先に三分ほど間を置かれしとなり」、また、「宗冬の撓は、三尺三寸に切り、柄八寸、小太刀は二尺に切り、柄五寸にして、各革さきを突詰にせられしとなり」とあり、3尺3寸の長さのものを使用していた。戦後に考案された撓競技においても、「撓の長さは1.15m（約三尺八寸）以内とする」の袋しないを使用していた。

Q4 素振りや切り返しには、どのような効用があるのですか？

A 『中学校学習指導要領解説』には、「生徒の体力等の現状を踏まえ、心と体を一体としてとらえる観点から、新たに自分の体に気付き、体の調子を整えたり、仲間と交流したりするねらいをもった『体ほぐし』にかかわる内容を従前の『体操』領域に示した」とある。また、「体ほぐし運動」は、各運動領域において「関連を図って指導することができる」とある。さらに、その行い方には、「のびのびとした動作で用具などを用いた運動を行う、リズムに乗った体操など心が弾むような動作で運動を行う、いろいろな動作などでウオーキングやジョギングを行う」などの例が示されている。

剣道においては、学習段階の初期にある基本動作が、体ほぐし運動として活用することが可能である。例えば、竹刀を使用しての素振りは、上下振りや斜め振りを、呼吸を整えて大きくゆっくりした動作で行ったり、また、いろいろな足さばきで方向を変えたり、速さを調節したりして、自由に移動する運動として考えられる。

●素振りの目的とその方法について

素振りは、竹刀や木刀を用いて、上下・斜め上下にその場で振る場合と移動しながら振る場合がある。また、剣道の初歩的な段階では欠くことのできない重要な稽古法のひとつである。

その目的は、竹刀操作や竹刀の正しい動きの方向（刃筋）の習得、打突に必要な手の内の習得、足さばき（体さばき）と関連させて打突の基礎の習得、準備運動と整理運動としての活用などがあげられる。学習過程のやさしい段階では、大きくゆっくりした動作で行い、段階に応じて、速さや回数などを考慮して行うことが大切である。

素振りには、移動の方法に２種類がある。例を示すと以下のとおりである。

①中段の構えから、

①その場で、大きく振りかぶる。

②1 歩送り足で前へ移動すると同時に振り下ろす。

③その場で、大きく振りかぶる。

④1 歩送り足で後へ移動すると同時に振り下ろす。

②中段の構えから、

（前進の場合）

①大きく振りかぶると同時に右足のみ１歩前に出す。

②振り下ろすと同時に左足を引きつける。

（後退の場合）

①大きく振りかぶると同時に左足のみを１歩後に退く。

②振り下ろすと同時に右足を引きつける。

竹刀と体の一体的な動作を身に付け、次の段階にある踏み込み足による基本打突や、対人的技能への移行を考えた場合には、②の方法が適当である。

●切り返しの目的ついて

切り返しは、稽古の中で、剣道の構え方（姿勢）、打突の仕方（刃筋や手の内の作用）、足さばき、間合の取り方、呼吸法と、強靭な体力や旺盛な気力を養い、気剣体一致の打突などを習得することを目的としている。さらに、悪い癖の矯正やその予防のためにも行われる。そして、準備運動や整理運動としても、素振りと同様に大切な運動として取りあげられている。

●切り返しの効用について

〈切り返しを行う側の効果〉

・姿勢がよくなる。業が激しくなる
・息が長くなる
・打ちが強く確実になる
・肩の関節が柔軟になる
・手の内の冴えが出てくる
・腕の働きが自由自在になる
・体が軽く自在になる
・竹刀が自由に使えるようになる
・体勢が崩れないようになる
・視野が広くなる

・業が速くなる
・足さばきがよくなる
・心が静かになる
・打ち間が明らかになる
・太刀筋が正しくなる
・遠間から打ち込めるようになる
・気分が強くなる
・腕が丈夫になる
・体が丈夫になる

〈切り返しを受ける側の効果〉

・姿勢がよくなる
・体が軽捷自在となる
・視野が広くなる
・敵の太刀筋が明らかになる
・間合が明らかになる
・応じ方が理解できる
・手の内がしまり、打ちが冴える
・心静かになり落ち着きが生じる

以上のように、行う側も受ける側も双方において、技術の上達のためには必要な稽古法である。

●初心者にとっての大切な稽古法

初心者は、互格稽古や試合のときには技術の拙劣を顧みず、打突部位の面、胴、小手のみに視線がいき、ただ打ちたいという気持ちが強くなる傾向にある。このような場合は、姿勢が崩れ、太刀筋が乱れる。例えば、胴打ちでは平打ち（刃筋が立たない）になりやすく、気合も入れず、体も働かさず、手先だけの打突になってしまう。

したがって、初心者は、互格稽古や試合などでの勝ち負けにこだわらず、姿勢を正しくし、動きを機敏にし、手の内を柔らかくして、思い通りの竹刀操作が自然にできるようになるまで、素振りや切り返しを十分に行うことが大切である。

Q5 剣道形は、どのように活用すればよいのですか？

A 武道の修行過程を表す言葉に、「守・破・離」というものがある。これは、まず形を学び、それを身に付ける。次に、その形を自分のものとして活用できるようにする。最終的には、その形から離れ、個人が自由な発想のもとに技をつくり出すことを教えたものである。

例えば、スポーツの技を身に付ける学習では、易しいものから難しいものへ、単純なものから複雑なものへと段階的に、生徒の興味や関心を優先させて合理的に行われている。しかし、武道では、決められたひとつの動き（形）を何度も繰り返して行い、精神面を鍛練することを重視しながら、その結果として、相手との間合の関係や技の理合などが理解できるようになる。

剣道形は、その運動構造が約束されたものであり、剣道具をつけて激しく動いたり実際に打突し合ったりしないため、興味（面白さがない）や集団的指導（木刀による対人動作が危険）などの点において問題がある。

しかし、生徒にとっては、その運動が約束されたものであるため、相手の動きや気持ちを読み取ることが可能となり、正しい技の刀法、間合、姿勢、体さばき、手の内、理合などが理解できるようになる。また、気品、風格、気位などが備わってくるため、剣道形の果たす役割は大きいと言える。

●剣道形の意義や目的について

全日本剣道連盟は、剣道形の取り扱いについて、「伝統的文化遺産である日本剣道形を正しく継承し、次代に伝えることは意義がある。剣道形は、技術力の向上を大きなねらいとして実施するのであるが、剣道形を繰り返し修練することによって、剣道の基本的な礼儀作法や技術、剣の理法を修得することができる。さらに、内面的な気の働きや気位といった剣道の原理原則を会得でき、剣道の規範となる」としている。

一方、古流における小野派一刀流組太刀での大太刀１本目（１つ勝）の理合を見ると、相互の取り組み方について、打方（打太刀）は「打方は常に自らが心気を奮起して発動し、打突の技を出して攻める。仕方がこれに応ずる心気を育て、機会を見出させ、理に適うほどよい場合で打たせ、勝つところはここぞと仕方に覚えさせる」とあり、仕方（仕太刀）は「勝つ技を学ぶ位であるが、常に打方の動作に従い応じるものである。しかし、心気で攻め進むところは常に先でなければならない。打方に逆らわず、起こす技の浮ついた太刀を取り、また、打方に技を尽くさせ、その尽きたところを抑えなどして、完全に勝てるところで堂々と大きく威をもつて強く正しく打つ」としている。

さらに、形と併用しながら剣道の稽古を続けていれば、高齢者になっても道が開けて、すべての者を相手に稽古を楽しむことができるとして、「形は稽古の如く、稽古は形の如く」という考え方を心がけるよう奨励している。

●剣道形から得られる効果について

剣道形は、打太刀と仕太刀（先生と生徒）の役割を保ちながら、定められた動作（常に打太刀が先に始動する）と順序に従い、勝敗を決める理合を示すものである。定められた動作と順序を守りながら、その範囲内で自由に動作を行い、形の制約を超越した気持ちで繰り返し稽古をしなければならない。

剣道形によって得られる効果についてまとめると以下のとおりである。

①正しい姿勢が養われ、礼儀と落ち着いた態度が身に付くようになる。
②相手の気持ちや動きを読み取ることができ、体さばき、呼吸法、打突の機会、残心の内容などが理解できる。
③正しい太刀筋が理解でき、そのための木刀の使い方と正しい打突が身に付くようになる。
④剣道での間合と技の理合が理解できる。
⑤形の稽古を重ねることによって、気品・風格・気位などが備わってくる。

Q6 剣道で打突すべき機会とは、どのようなときですか？

A　相手と立ち合ってすぐに打突して、有効打突を得ようとしても、かなりの技量の差がなければ簡単にそれを得ることは難しい。なぜならば、自分が打突しようと思っているときは、相手もその打突を防いで有効打突を得ようと考えているからである。したがって、自分から攻め、またはいろいろな技を使って相手の心を乱し、隙をつくらせてその瞬間に適切な技で打突することにより、勝ちを得ることができるのである。

●打突すべき機会について

有効打突が決まる機会を理解するためには、本章第1節Q3で述べた、剣道の特性を熟知しておく必要がある。さらに、気剣体一致（本節Q7参照）の高度な調整能力も身に付けていなければならない。

ここでは、有効打突が生まれる可能性の高い場面（状況、現象）を紹介する。

①出頭（出ばな）

相手が攻めに出るところ、または打突の技を出すところや出そうとする起こりばなを素早く打突する。

②引くところ

攻められた相手が不利と思い、その場から備えなしに後退するところを追い込んで打突する。横に開く場合も同じである。

③居付いたところ

相手が攻められて苦しくなり、心の働きがなくなったとき、また、相手がどのようにして打突しようかと考えたり、いろいろな場面で心身の働きがとどまったところを打突する。

④技の尽きたところ

1本打突して不成功のときは、次から次へと確実に打突できるまで連打すべきである。しかし、そう連打できるものではない。その技の尽きたところ、または、次の技に移ろうとする切れ目のところを打突する。

⑤受け止めたところ

自分が相手の打突を受け止めたとき、すぐに技の変化に出るか、攻めに出るかをしない限り、心が受け止めたところにとどまり、隙となるところを打突される。

⑥心の乱れたところ

自分に驚懼疑惑の心が生じたり、どのように打突しよう、または、どのようにして守ろうなどと無心でなくなり、心が邪念によって乱れたところを打突される。

⑦実を失って、虚となったところ

自分が何かの動揺によって充実した気力が薄れ、力が入らなくなり、心身が空虚となって弛緩したところを打突される。

さらに、「三つの許さぬところ」という教えがあり、出頭・引くところ・居付いたところの3つは、最も重要な打突すべき機会とされている。

これらは、形に表れた場面のみを見て、絶対に打突すべき機会とは言い切れないときがある。相手がこれらの場面の後に備えができているところを単純に打突すれば、それが効を奏しないばかりか、直ちに裏をかかれて打突されてしまうので、それが隙であるか否かを瞬時に判断しなければならない。

●現象面と内容面から見た打突の勝機について

打突の勝機について、初心者は対人的技能のしかけ技と応じ技に分けて研究し練習することで、現象面からの勝機を容易に理解することができる。しかし、内容面からの勝機は精神面を重視した剣道の本質的な勝機であるため、稽古を重ねるごとに工夫研究し、習得していくことが肝要である（表Ⅰ-2-1）。

また、内容面からの勝機については、日本剣道形における理合が、内容面から「先々の先」と「後の先」との2つの場面に限定して、それぞれを具体的に示し、その原理を教えている。対人による攻防を中核とする剣道のような瞬間的に勝敗

［表Ⅰ-2-1］勝機について

現象面からの勝機	内容面からの勝機
①自分から先に打突する（しかけ技）	イ．読みによる勝機（先々の先） ロ．反射的に行う勝機（後の先）
②彼我ともに打突する（相打ち）	イ．読みによる勝機（先々の先） ロ．反射的に行う勝機（後の先）
③相手の打突に応じて打突する（応じ技）	イ．読みによる勝機（先々の先） ロ．反射的に行う勝機（後の先）

［表Ⅰ-2-2］内容面からの勝機

	分類	種類	方法	具体例
内容面からの勝機	読みによる勝機	しかけ技	①攻めにより相手にすきが生じることを読んで打突して勝つ	①小手を攻めて、面打ちで勝つ
			②相手自身によってすきが生じることを読んで打突して勝つ	②出ばなによる面のすきを読んで打突して勝つ
		応じ技	①相手が打突動作を起こす前に、その打突を感知（読む）して、応じ技で勝つ	①日本剣道形の1本目で、仕太刀が抜き面打ちで勝つ
	反射による勝機	しかけ技	①彼我の攻防状態から相手のすきを条件反射で打突して勝つ	①相手が攻め込むところを反射的に面を打って勝つ
		応じ技	①相手の打突を予知しないで、動作が起こってからとっさに応じ技で勝つ	①日本剣道形の6本目で、仕太刀がすり上げ小手で勝つ

［表Ⅰ-2-3］現象面からの勝機

	類別	勝機の要素	具体例
現象面からの勝機	しかけ技	相手の構え方、動き、精神面などから相手にすきが生じる	①構えから面にすきが生じたとき面を打つ ②出ばなを打つ ③注意が注がれていない部位を打突する
	応じ技	相手の打突を感知する	相手が面を打ってくるところをすり上げて、面を打つ

が決まるスポーツにおける勝機は、「読み」か「条件反射」によるもののいずれかに区分され、それ以外には、勝機はないと考えられる（表 I-2-2）。

さらに、現象面からの勝機をしかけ技と応じ技の場合に分けて、勝機が生まれる要素と具体例は表 I-2-3 のとおりである。

Q7 「気剣体一致の打突」とは、どのようなことですか？

A　剣道において、有効打突としての必要条件のひとつが、「気剣体一致の打突」である。打突するときに、打突しようとする意志・気力と、竹刀を振る操作と踏み込む動作を含めた体さばきがタイミングよく完全に一致した打突だけが、有効な「1本」としての条件を満すことになる。

●「気剣体一致」について

「気剣体」の気は、気合であり、気勢である。剣は、自分の竹刀である。体は、言うまでもなく体を運ぶ動きである。この3つが一体となって動作に表れるときに初めて完全な打突と言えるのである。形ばかりで気合のない打突や、気合ばかりが先走って竹刀と体が伴わない打突は、有効打突にはならないのである。したがって、剣道を学ぶ者は、常にこの3者が一致一体となることに心がけなければならない。

古来より「心・気・力の一致」と言われるものも異語同義である。同様に、気とは、心の動的状態であって、意志を決定しようとする気力である。剣とは、竹刀を正確に操作する技術の意味であり、剣の活用のことである。体とは、正しい姿勢のことであって、動作が機敏にできる体勢のことである。これらの3つの必須条件が一体のごとく一致して活動するとき、初めて完全な打突ができるのである。

●初心者と熟練者の打突の差異について

初心者は、足の踏み込み動作と竹刀の打ちがずれて一致しない。先に足を踏み込んでから打つ動作になり、また、その逆の場合もある。これは「気剣体の不一致」である。稽古を積み、上達するにつれて、踏み込みと打ちが同時に行えるようになって気剣体一致の打突ができるのである。

一方、試合において、有効打突が決まった瞬間の写真やテレビ放映の VTR での打突動作、さらには武道学会での研究発表にある実験の測定結果を見ると、熟練者や高段者の打突は、踏み込む右足が着地する前に竹刀が相手の打突部位をとらえている場合が多く見られる。

したがって、気剣体一致とは、時間的に一致しているということだけではなく、打突する気持ちと下半身を中心とする体の動き、そして上半身による竹刀の操作が打つべき機会をとらえて、調和のとれた打突をすることである。

例えば、試合の中で、偶然に相手の打突部位に自分の竹刀が当たる場合がある。これが有効打突と認められないのは、気・剣・体の気の部分が欠けているからである。気は、目に見えないが、有効打突の判定において、それはかけ声（気合）で判断される。発声を伴わない打突が有効にならないのはそのためである。したがって、面を打突しようとして、「メン」と発声しながら、偶然に、小手に当たったような場合に、有効打突にするのは、いささか問題があるのかもしれない。

また、つばぜり合いや近い間合にいる相手に対して、その場で打突したときには、竹刀の打突部で相手をとらえていても有効打突にはならない。これは体のさばきが伴わないからで、体が欠けているからである。

●「心気力の一致」について

前述の気剣体一致と異語同義である。心は、精神の働きや判断力の動的なものであり、気は、気力、気迫や意志力の静的なものであり、力は、体の移動と竹刀の操作を含めた打突する力の3つの要素が瞬時に一致することである。この2語の違いは、気剣体の一致が充実した気力で体さばきを伴わせ、合理的な動作で打突することであり（表I-2-4）、心気力の一致も同様に気力を充実させて打突することであるが、さらに、相手の隙をタイミングよく打突する機会を正確に判断できることも含めた教えである（表I-2-5）。

さらに、試合においての「会心の一打」とは、勝ちたい気持ちが強いときは、心が平静さを失い、体に力が入り過ぎ、うまく竹刀操作や体さばきができない。無心の境地でいれば、旺盛な気迫がありながらも、心は常に冷静な判断力を保ちながら、体が自然に動くものである。このような心と体の関係から生まれる打突のことである。

［表Ⅰ-2-4］気・剣・体の一致

	内容	ねらい
気	意欲（充実した気力）	打突力を強くする
剣	竹刀操作	合理的な竹刀の操作をする
体	主に体さばき	安定した姿勢

［表Ⅰ-2-5］心・気・力の一致

	内容	ねらい
心	判断力 イ．大脳で行う ロ．反射神経で行う	効果的な打突を行うために、相手のすきを正確に判断する
気	意欲（充実した気力）	打突力を強くする
力	イ．竹刀操作 ロ．主な体さばき	効果的な打突動作

Q8 試合のルールは、どのように変わってきたのですか？

A 明治6（1873）年4月に浅草左衛門河岸で行われた撃剣興行の試合のルールについて、「撃剣興行ニ付概略仕法奉申上候」に、試合場についての記述が見られる。「中央三間ニ四間ノ板ノ間ヲ以テ試合場ニ捕理」とあり、長方形（5.45m × 7.27m）の板間の試合場であったことがうかがい知ることができる。また、試合方法は、「私門人ヲ東西ニ分ケ竹刀槍薙刀ヲ取交セ一本試合三番勝負ニ仕リ、一日ニ相定メ行司相立勝負ヲ分明ニイタシ」とあり、1本勝負を3回行い、相撲の行司のような検証人の存在があった。この記事は、幕末から明治期に流行した竹刀打込剣術による試合形式を知るうえで貴重な資料となっている。

試合のルールの変遷はいろいろな観点からのアプローチが必要であるが、この項では、試合場の広さと試合方法（審判員の構成を含む）の2点について述べることとする。

●試合場について

昭和10（1935）年5月に行われた「第一回関東軍剣術大会」では「屋外に一面10mほどの正方形の試合場を六面」の例はあるものの、区画を定めたのは戦後である。昭和28（1953）年に制定された「全日本剣道連盟試合審判規則」に、「二、試合場 ①試合場は平坦な板間を原則とする。②試合場の広さは縦六間（10.91m）横五間（9.09m）以内とする」と定められた。昭和35（1960）年の改正では、それまで長方形の試合場であったものが、正方形（9～11m）に定められた。そして、試合場の外側に1.5m以上の余地を設けた。その後、中心の印の変更や開始線の廃止などが繰り返され、現在では、試合場の広さや余地ゾーンには変化はないが、中心の印（0.3m～0.4m）は×印とし、開始線を中心から両側の1.4mの位置に0.5mの長さで設けている（詳細はp195参照）。

●明治期から昭和期の戦前までの試合方法について

明治32（1899）年の「剣術審判員心得」「剣術試合者心得」には、「試合一組毎ニ表審判員裏審判員ノ二人トシ（中略）試合ハ三本勝負ヲ定則トスレトモ場合ニ依引分モシクハ一本勝負ト為スコトモ得」、「試合ノ勝負ハ三本トス。然レトモ場合ニ依リ審判員ニ於テ若シクハ一本勝負ト為スコトアルヘシ」と定められているように、明治・大正期はほとんどが3本勝負の形式で行われ、審判は2名で担当していた。

これまでの3本勝負の形式が1本勝負に変更さ

れたのは、昭和14（1939）年3月に改正された「大日本武徳會剣道試合審判規程」に、「第一条剣道ノ試合ニハ通例一名ノ審判員ヲ置ク。第二条試合ハ特ニ指定スル場合ノ外一本勝負トス」と定められたときからである。また、同年6月に「凡ての競技は一本勝負が妥当」との持論を唱える石黒文部次官が、岩原体育課長にその調査・研究を命じたことから一段とその傾向が強くなった。しかし、昭和15（1940）年6月に開催された「皇紀二千六百年奉祝昭和天覧試合」では、「同試合審判規定」に、2名の審判員で3本勝負で行われ、武徳会の審判規程が「一本勝負」となったからといって、すぐに1本勝負に統一されたわけではなかった。それは、武道の戦技化と歩調を合わせながら、同年11月の「第一回全国壮丁訓練武道大会剣道部規則」と昭和18（1943）年の「学徒剣道試合規定」には、「適正有効ナル斬突一本ヲ以テ勝者ヲ決シ（中略）審判員ハ一名ヲ原則トス」とある。また、同年の「大日本武徳会剣道試合審判規定」には、「試合ハ適正有効ナル斬突一本ヲ以テ勝負ヲ決シ（中略）審判員ハ一名ヲ原則トス」とあり、審判員1名で1本勝負の形式が次第に採用されていった。

特殊な方法としては、隈元實道が考案した「剣術試合審判」に示されているポイント制「面（真向又は左右側面若しくは切り返し打ち込みの類10点）（中略）胴（左右飛び込み又は離れ際引き胴若しくは切り返し胴の類6点）（中略）晴眼小手（巻き込み又は掠め撃の類2点）」による判定法の試合があった。

●戦後から現在までの試合方法について

前出の昭和28年の「全剣連試合・審判規定」に、「三本勝負を原則とする（中略）審判員の構成は原則として表審判、裏審判及び陪審の三名を以って組織する」と明示され、権限に軽重のある審判員3名によって3本勝負で行われていた。しかし、翌年には、「有効打突の表示に関しては三者同等の権限を有する」と改正された。その後は、昭和54（1979）年の改正でも、また、現行の『剣道試合・審判規則』のとおり、「3本勝負を原則とする。（中略）審判員は、主審1名、副審2名を原則とし、有効打突およびその他の判定については、同等の権限を有する」と定められ、試合での3本勝負や審判員3名が同等の権限を有することなどは、昭和29（1954）年の改正の内容が現在まで継承されている。

Q9　剣道段位審査会とは、どのようなものですか？

A　剣道の段位制度については、剣道の技術の進歩に段位や級を設けることは奨励法としても効果的であり、また、実際の指導のうえからも必要なことである。したがって、段位・級の審査会を行う場合は、厳正にかつ慎重に審議を行わなければならないとされ、段位制度が剣道の奨励と普及に大きな役割を担っているのである。

この項では、初段の審査を受審する者（ただし、1級保持者）にとって役立つように、具体的な審査の仕組みについて触れてみたい。ただし、初段から5段までの審査会は、都道府県別で実施されているため、審査の方法などには若干の差異があると思われるが、ここでは滋賀県の例に基づいて紹介する。

審査会の回数は、年間3回（おおむね6、9、2月）行われ、開催地も県内の地理的条件を考慮して行われている。

審査の内容は、実技審査、形審査、学科審査の3種である。審査委員は5名（初～3段）で、進行（立会）は2名1組で行う。

●実技審査

①実技審査の方法

初段の場合は、10人1組か5人1組単位で、受審番号1番と2番、2番と3番……10番と1番の順に、切り返し（正面打ちから体当たりをして、前進4歩後退5歩で左右面を打つ。これを2

回繰り返して、最後に正面を打ち切って、残心を示す）を1回行い、稽古を2回行う。

②合否の決定

実技審査終了後、審査員は全員が直ちに会議室に集合し、審査会場ごとに合否を決定する。

③合否の規準

初段は、3票以上で合格とする。

④合否の発表

合否の結果について、審査会場ごとに合格者の受審番号を掲示し発表する。

＊合格者は次に形審査を受審しなければならない。

●形審査

①形審査の方法

初段の場合、実技合格者は5組10人単位で、太刀の形の1～3本目まで行う。

②合格の決定

形審査終了後、審査員は全員直ちに会議室に集合し、審査会場ごとに実技審査と同様に合否を決定する。

③合否の規準

初段は、3票以上で合格とする。

④合格の発表

合否の結果について、審査会場ごとに形不合格者の番号を、先に発表した実技合格者発表に用いた掲示物から×印で抹消し発表する。

⑤形審査不合格者へ

形不合格者は、「剣道段位審査規則第10条第3項」による「形不合格者の取扱いについて」に従って、再審査が受審できる。

①掲示完了後、事務局は、形審査不合格者を直ちに本部に集合させ、再受審の要領を「剣道形または学科審査不合格者の再受審申し込みの手続きについて」の資料を配布し、次回（1年以内に1回のみ）の形と学科審査を受審できることを説明する。

②事務局は、形不合格者氏名を該当郡市連盟（協会）に通知する。

＊形合格者は、次に学科審査を受審しなければならない。

●学科審査

①学科審査の方法

事前に、初段、2・3段、4・5段の受審者に対して、それぞれに設問「A理論編（2問）」「B実技編（2問）」の問題を公開している。当日は、A、Bから1問ずつを事務局が決め、解答させる。

学科審査終了後、すみやかに解答用紙を提出すると同時に、証書・登録費などを事務局に納める。

②合否の規準

①審査員3名で審査し、合否を決定する。

② 40点以上の者は合格とする。

③学科審査不合格者へ

事務局は、本人、所属団体、該当郡市連盟に通達し、あらかじめ納めた証書・登録費などを返金する。その際に、「剣道形または学科審査不合格者の再受審申し込みの手続きについて」の資料を配布し、形不合格者と同様に学科審査のみを受審できることを説明する。

④学科審査合格者へ

事務局は、初段合格者のリストを作成し、全日本剣道連盟（全剣連）に報告する。後日、初段の合格証書が全剣連から県連盟に送付される。県連盟から該当郡市連盟を経由して所属団体に配布され、本人の手元に届くことになる。

Q10 初段に合格するためには、どのようなことが必要ですか？

A 本節Q9で紹介した、段位審査会において行われる初段の審査内容の留意すべき点を、審査員の視点に立って述べてみたい。ただし、先にも述べたが、初段の審査方法は都道府県連盟によって差異があり、ここで示す内容は一応の目安である。

まず、1級を取得する必要がある。この1級審査会は、1年に3回（2、6、9月）行われる段位審査会の約1ヵ月前に、郡市の所属連盟単位で実施されている。内容は、午前に剣道形講習会、午後に切り返しと稽古2回の初段と同じ内容の実技審査を行い、終了後すぐに合否の発表がある。これに合格した者は、1ヵ月以降に行われる段位審査会から受審資格を得ることになる。

●段位審査会での審査項目

①実技審査、②剣道形審査、③学科審査の3種の審査が、①から③の順に行われる。なお、滋賀県では、審査員の意思統一を図るため、受審者を無作為に選んで試技をさせて合格の基準を確認した後に、実技審査を行っている。

●実技審査の具体的な内容と留意点

①着装、剣道具のつけ方、礼法

①稽古着は、襟首が下がらずに、背中で膨らまないようにする。袴は裾が長すぎたり、短すぎたりせず、前下がりになるよう着装する。

②面は、面金の上から6・7本目の間に目の位置を合わせ、特に面ひもの長さは結び目から40cm以内でそろえる。胴のひももそろえて結ぶようにする。

③立合は、相手と9歩の間で向かい合い、立礼した後、3歩進んで開始線の位置で竹刀を抜きながら蹲踞し、「はじめ」の合図を待つ。「やめ」の合図があれば、元の位置に戻り、蹲踞をして竹刀を納め、5歩で後退して立礼をする。これらは、常に相手と気持ちを合わせて行う。

②実技審査での切り返し

審査員には、「正しい切り返しができれば初段の価値あり」との意見は多い。慌てず、大きな声であまり多く息をつがず、大きな動作で相手の竹刀を打突するのではなく、正しく物打ちで相手の左右面をとらえる意識をもつことである。特に最後の正面打突は、しっかりとした打ち込み動作、その後の送り足での素早い打ち切り動作、そして、最後に相手に対して残心を示すことに留意する。

また、受け方は、自分の左右面の位置に近いところから、相手が連続的に打突しやすくなるように打ち落としの要領で受けるのが望ましい。

③実技審査での2回の稽古

仲間と稽古をして、そのできばえについて反省するとき、互いに優劣を確認することが困難なときがある。それは、互いの評価基準（有効打突の質と量、攻め合いでの優劣など）が同一でないためである。このような場合、「有効打突の本数では」「気合の入っていたのは」などの基準を設ければ、その場の優劣を判定することが容易になる。

そこで、実技審査では、一定の決められた課題（例えば、2種類の技が決まったから、有効打突が5本取れたから、など）がクリアできれば合格できるものではなく、審判員の総合的な判断が合否を決定する。したがって、あらかじめ審査員一人ひとりは初段合格の基準を定めていると思われる。その基準（条件・目安・観点など）を列挙すると、以下のとおりである。

・竹刀の正しい握り方
・正しい中段の構え
・かけ声の大きさ
・正しい足さばき
・相手とのスムーズな対応動作
・しっかりとした踏み込み動作
・正しい間合からの基本打突（しかけ技の面打ち、小手打ち、胴打ち、小手面の二段打ち、応じ技の小手抜き面、面抜き胴など）
・正しい残心を示す

初段においては、これらのすべてを満たすのではなく、このうちのいくつかの項目が満たされていれば合格できると思われる。

2回の稽古では、両方とも優勢に進められれば、まず確実に合格できる。たとえどちらか1回でも優勢に進められれば、合格の可能性は十分にある。したがって、1回目につまずいたとしても、2回目での挽回は十分に可能である。焦らずに自信をもって取り組めば、必ず合格できるものである。

●剣道形審査

日本剣道形の順序や留意点は「補章　1. 日本剣道形」を参照されたい。形審査では、目付け、呼吸法、気合、物打ちに意識して順序を間違えることなく発表できれば、必ず合格できる。

●学科審査

学科審査の問題は「補章　2. 剣道段位審査会学科審査の問題例」（p204）を参照されたい。

審査においては、解答用紙の決められた個所に受審番号や氏名を明記し、解答するときは問題をよく読み、時間を十分に使って、最後まで諦めないで、丁寧な文字で、できるだけ知る限りを書き尽くすことが大切である。

第３章

新しい時代の体育の課題〈各種目共通の内容〉

第1節
これからの体育のめざす方向

1 ［生きる力］をはぐくむ体育の学習指導

［生きる力］をはぐくむことの重要性を指摘したのは、平成8（1996）年7月、中央教育審議会第一次答申（「21世紀を展望した我が国の教育の在り方について」）である。このことが指摘された背景については、「先行き不透明な社会にあって、その時々の状況を踏まえつつ、考えたり、判断する力が一層重要となっている。（中略）入手した知識・情報を使ってもっと価値ある新しいものを生み出す創造性が強く求められるようになっている。」（同答申）からである。この答申に基づいて、平成10年7月、教育課程審議会❶が「幼稚園、小学校、中学校、高等学校、盲学校、聾学校及び養護学校の教育課程の基準の改善について」答申している。これらの答申の趣旨や教育課程の実施状況などをふまえて、今次の学習指導要領は改訂（平成10年12月中学校の改訂告示、平成11年3月高等学校の改訂告示）されている。

したがって、各学校・生徒の実態などに応じて、各教科等学校教育活動全体を通じて、すべての生徒たちに［生きる力］をはぐくんでいかなければならない。

［生きる力］とは何か。

①自ら学び、自ら考えるなどの資質や能力（自分で課題を見つけ、自ら学び、自ら考え、主体的に判断、行動し、よりよく問題を解決する資質や能力）
②豊かな人間性（自らを律しつつ、他人とともに協調し、他人を思いやる心や感動する心など豊かな人間性）
③たくましく生きるための健康や体力

体育においては、当然のことながらたくましく生きるための健康や体力を高めていくが、運動の課題を自ら見出し、教師の適時・適切な指導・援助の下、その課題を解決して運動の楽しさや喜びを味わうことができるようにする。さらに、体育の学習活動は、たとえ個人的なスポーツであっても、基本的に相手がいてはじめて学習が成立する教科であり、ここに他人を思いやる心など、自他の関係をさまざまに学ぶことができる。

このように、これからの体育のめざす方向は、これまでの「丈夫な体をつくる」ことだけでなく、心と体を一体としてとらえ❷、生涯にわたって

❶教育課程審議会
中央教育審議会の答申（主として教育理念）をふまえ、学校の教育内容の組織・編成のための具体的な内容を審議し、提言を行う。これらの答申をふまえ、文部科学省（旧文部省）が、学校教育法施行規則に基づき、学習指導要領を定めて告示するものである。現在、平成13年1月の省庁再編に伴い、中央教育審議会初等中等教育分科会として位置付いている。

❷心と体を一体としてとらえる
生徒の心身ともに健全な発達を促すためには心と体を一体としてとらえた指導が重要であることから、今回の改訂で強調されたものである。心と体の発達の状態をふまえて、運動による心と体への効果や健康、特に心の健康が運動と密接に関連していることなどを理解することの大切さを示している。そのために、「体ほぐしの運動」など具体的な活動を通して心と体が深くかかわっていることを体得するよう指導することが必要である。

仲間とともに積極的に運動に親しむことができるようにすることといえる。

2 運動に親しむ資質や能力の育成

これまで、技能の向上が生涯にわたってスポーツに親しむことができるといわれてきた。このことを否定するものではないが、すべての生徒に一律に技能の向上を求めても難しい。人にはそれぞれ能力と適性がある。自己の能力と適性などに応じて運動を選び、運動の楽しさや喜びを味わうことができるようにすることが大切である。

では、運動に親しむことのできる資質や能力❸とは何か。

①運動への関心や自ら運動をする意欲
②仲間と仲よく運動をすること
③運動の楽しさや喜びを味わえるよう練習の仕方や試合等の仕方を工夫する力
④運動の技能
⑤運動の知識・理解

以上のことからもわかるように、運動に親しむことのできる資質や能力をただ単に技能とはとらえていない。むしろ、運動への関心や意欲という、いわば情意領域を重要な要素ととらえている。また、運動の楽しさや喜びは、仲間とともに頑張ったときに得られたり、自分なりに課題を解決して技能が高まったりしたときに味わうことができる。その技能も教師の適時・適切な指導・援助のもと、さまざまに練習や試合等の仕方を工夫して得られたとすれば、その喜びはいっそう大きいものがある。運動についての知識・理解も重要である。これらは有機的に関連し合うものであって、運動に親しむことのできる資質や能力としている。

では、このような資質や能力はどのようにして育てていけばよいか。そのためには、各学校の施設・設備、教員数などの実態および生徒の能力・適性等に応じて、適時に、運動を選ぶことができるようにすることである。そして、どのような技能をどのような方法で身に付けていけばよいか、自分なりの課題を見出し、解決していくことができるような学習過程を工夫することである。教師主導ではこのような資質や能力を身に付けさせることは難しいし、自ら運動をする意欲を引き出すことや運動の課題を解決する力を養うことは難しいと言わざるを得ない。基礎的・基本的な内容については教えるべき内容として繰り返し指導するなどその徹底を図るとともに、生徒一人ひとりが自己の課題を解決できるよう認め、励ましていくことが求められる。

❸運動に親しむ資質や能力
新しい学習指導要領における保健体育科の具体的目標は3つである。すなわち、①運動に親しむ資質や能力の育成、②健康の保持増進のための実践力の育成、③体力の向上。したがって、学習指導においては、運動に親しむことのできる資質や能力とは具体的にはどういうことを意味しているのかしっかりと把握しておかなければならない。

3 活力ある生活を支えたくましく生きるための体力の向上

文部省（現文部科学省）が毎年実施している体力・運動能力調査報告書によると、昭和 60（1985）年以降今日まで、体力・運動能力の低下傾向が続いていることは周知の通りである。その理由についてはさまざまなことが指摘できるだろうが、つまるところ、「日常生活において、体を使っての遊びなど基本的な運動の機会が著しく減少していることに起因する」（中央教育審議会第一次答申、平成 8 年 7 月）。このようなことから、［生きる力］の重要な柱のひとつとして「たくましく生きるための健康や体力」が強調されているのである。

しかも、「運動に興味をもち活発に運動をする者とそうでない者に二極化していたり、生活習慣の乱れやストレス及び不安感が高まっている現状」（教育課程審議会答申、平成 10 年 7 月）が指摘されている。このように体だけでなく、心に起因する課題も指摘されているところである。

今後、体力の向上❹を図ることについては、これまで以上に重要な課題といえる。一般的に、体力があるといえば、筋力や背筋力があるとか、持久力があるとか、いわば体力の要素に着目した見方が生徒および保護者に少なくない。

❹体力の向上
平成 14 年 9 月の中央教育審議会答申「子どもの体力向上のための総合的な方策」においても、子どもの体力向上のための具体的な取り組みが行政、家庭、学校、地域社会などにおいて、相互に連携を図りながら進められることを強く望むとして危機感を募らせている。そのために、「体を動かそう全国キャンペーン（仮称）」が展開されることとなっている。

したがって、体力をどのように意味付けするかということがきわめて重要になる。学習指導要領の改訂において、体力は活力ある生活を支えるもの、あるいはたくましく生きるためのものというとらえ方がなされている。つまり、「活力ある生活を支え、たくましく生きるための体力」というとらえ方をしていることに着目する必要がある。

さて、今回の改訂で、「体ほぐしの運動」が導入されている。これは、前述したように、運動をする者とそうでない者との二極化、精神的なストレスなど児童生徒の体力等の現状をふまえ、心と体を一体としてとらえ、自分の体に気付き、体の調子を整えるなどのねらいをもった運動として新たに位置付けられたものである。この「体ほぐしの運動」は運動そのものの楽しさや心地よさを求めるものであって、技能の向上とか直接的に体力を高めるための運動ではない。むしろ、仲間とともに運動に親しむことなどによって、すべての児童・生徒が運動そのものの楽しさ・心地よさを味わい、結果として、体力を高めようと自ら気付いたり、運動やスポーツに親しむ意欲や態度を身に付けることをめざしているものである。

体力を高めるためにはどのようにすればよいか。「鉄は熱いうちに打て」「体力は必要」ということから、たとえ面白くなくとも一定の運動を教師主導で画一的に指導してきた嫌いがある。しかし、児童生徒の体力や運動への関心・意欲等の実態はさまざまである。運動そのものの楽しさがなければ内発的な意欲は高まらない。

したがって、①学校や生徒の実態などに応じて、教師のほうから「体ほぐしの運動」としてさまざまな運動を提示してその面白さを体験させた後、生徒たちにもいろいろな活動例を工夫させてみるなど積極的に行う、②個に応じた体力トレーニングのメニューを教師の指導援助のもと自ら計画を立て、仲間とともに活動の仕方を工夫するなど目的をもって自ら進んで行う、③運動を日常生活の中に積極的に取り入れ、生活の重要な一部にする、など、体力の向上を図るための実践力を身に付けるようにすることである。

4 基礎的・基本的な内容の徹底と個に応じた指導の充実

「楽しい体育」論、あるいは、生徒自身による課題解決型の学習指導が強調されたことから、教師が「指導」してはいけないかのごとく誤った見方がある。その結果、生徒たちが基礎的・基本的な内容を身に付けていないなどの指摘がある。

体育の学習内容として各種の運動があるが、どの運動についてもそれぞれ個々の基礎的・基本的な内容がある。その基礎的・基本的な内容については、当然のことながら教師のほうで適時・適切に「指導」したり、生徒自身に気付かせていくよう「指導」したりする必要がある。このことなくして、生徒自身が自己の能力等に応じて運動の課題を解決するなど、課題解決型の学習はおろか、発展的な内容を身に付けていくことができないのは自明のことである。教師は「教えはぐくんでいく」ものである。

したがって、生徒の実態や状況などに応じて、教師が全体に対して、一定の基礎的・基本的な内容を繰り返し指導するなどして、その徹底を図ることも大切なことである。しかし、生徒一人ひとりの運動経験や能力・適性等がさまざまであることから、一人ひとりの生徒に適切に対応した指導で、すべての生徒が運動の楽しさや喜びを味わい、それぞれのよさや可能性を伸ばすことができるようにしていかなければならない。一斉指導[5]と個に応じた指導[6]の兼ね合い。ここに教師の専門性が求められる。

基礎・基本の徹底と個に応じた指導、その兼ね合いをどのようにすればよいだろうか。

指導と評価の面でまず大切なことは実態の把握である。単元の「はじめ」において、生徒たちの運動経験の有無、運動の楽しさ体験、技能の程度、運動への関心・意欲等について把握することである。実態を把握することもなく、本校には本校の、私には私のやり方があるとばかりに一斉指導に入ることは避けなければならない。

次に大切なことは、単元の「中間まとめ」のところである。一定の授業時数で評価を含む学習指導を展開してきたことをふまえ、どの程度の基礎的・基本的な内容が定着したのか、どの程度の発展的な内容が身に付いたのかを、教師による評価および生徒の自己評価、生徒同士による相互評価などによって適切に確認し合うことである。この中間まとめを後半の学習指導に生かしていく。

また、単元の「まとめ」において総括的に評価し、次の学年（単元）につなげていくようにする。もとより状況に応じて、生徒自身が自己の運動の課題を解決することができるよう、毎時間、適時・適切に全体に対する

❺一斉指導
学習集団の子どもに対して、同じ内容を同じ方法で一斉に指導をすることである。これまでもっとも多く行われてきた指導法・指導形態である。効率的ではあるが、個に応じた指導という観点から課題がある。

❻個に応じた指導
一斉指導に対して、子どもたち一人ひとりが必要とする学習は違っているという前提に立った指導のことである。個に応じた指導では、子どもたち一人ひとりの学習に重点が置かれ、学習課題が一人ひとりまったく違ったものを与えられる場合と、同じ学習のねらいの下にあって、違った課題が与えられる場合とがある。

指導や個に応じた指導をすることは大切である。このような学習指導を3年間を見通して、あるいは中学校から高等学校の発展を考慮してスパイラルのように「積み重ね」ていくことがきわめて重要である。また、指導体制の面から、各学校の実態に応じてティームティーチング[7]を導入することも効果的である。

この他、個に応じた指導で重要なことは、選択制授業を位置付けた年間計画の作成はもとより、カリキュラムの面から必修教科（科目）との関連を図った選択教科（科目）保健体育の開設である。各学校の特色ある教育課程の編成・実施として、創意工夫が求められる。体育・スポーツに関心の強い生徒、得意ではないが、もっと時間をかけて体育・スポーツに親しみたい生徒などの多様なニーズにこたえるとともに、生涯にわたるスポーツライフの基礎づくりを図っていく。

❼ティームティーチング
基礎・基本を確実に身に付けることができるよう、個別指導やグループ別指導、ティームティーチングなどがある。ティームティーチングは、教師が協力して指導に当たる指導法・指導形態のひとつである。

第２節
指導計画作成の視点

指導計画は、教科保健体育の目標を実現するうえで重要な役割を果たすものである。指導計画には、年間計画、単元計画、さらには１単位時間の時案があるが、教科の目標、その目標を受けて具体的な学習内容をどのようなねらいで、どのように展開していくかの道すじをそれぞれ示したものである。したがって、指導計画作成にあたっては、各学校の実態などをふまえ、学習指導要領に即して行わなければならない。

1 教科等の目標

保健体育の目標[8]や体育分野・科目体育の目標は、単なる「お題目」ではなく、実現されなければならないものである。固有の目標があればこそ、学校教育の重要な教科のひとつとして学習指導要領に位置付いているのである。

小学校体育の目標	中学校保健体育の目標	高等学校保健体育の目標
心と体を一体としてとらえ、適切な運動の経験と健康・安全や運動についての理解を通して、 ①運動に親しむ資質や能力を育てるとともに、 ②健康の保持増進と ③体力の向上を図り、 楽しく明るい生活を営む態度を育てる。	心と体を一体としてとらえ、運動や健康・安全についての理解と運動の合理的な実践を通して、 ①積極的に運動に親しむ資質や能力を育てるとともに、 ②健康の保持増進のための実践力の育成と ③体力の向上を図り、 明るく豊かな生活を営む態度を育てる。	心と体を一体としてとらえ、健康・安全についての理解と運動の合理的な実践を通して、 ①生涯にわたって計画的に運動に親しむ資質や能力を育てるとともに、 ②健康の保持増進のための実践力の育成と ③体力の向上を図り、 明るく豊かで活力ある生活を営む態度を育てる。

中学校体育分野の目標	高等学校科目体育の目標
①課題を解決するなどにより運動の楽しさや喜びを味わうとともに運動技能を高めることができるようにすること ②自己の体の変化に気付き、体の調子を整えるとともに、体力の向上を図り、たくましい心身を育てること ③公正、協力、責任などの態度および健康・安全に対する態度を育てること	①(自己の能力に適した課題を解決するなどにより）運動技能を高め、運動の楽しさや喜びを深く味わうことができるようにすること ②体の調子を整え、体力の向上を図ること ③公正、協力、責任などの態度を育てること

❽保健体育の目標
保健体育の目標（中学校）を構造化すると次のようになっている。

内容・方法	心と体を一体としてとらえ、運動や健康・安全についての理解と運動の合理的な実践
↓	
具体的目標	①積極的に運動に親しむ資質や能力の育成 ②健康の保持増進のための実践力の育成 ③体力の向上
↓	
究極的目標	明るく豊かな生活を営む態度の育成

教科の目標については、心と体を一体としてとらえることを重視し、生涯にわたる豊かなスポーツライフの実現および自らの健康を適切に管理し、改善していくための資質や能力を培うことをめざしている。

体育分野、科目体育の目標については、教科の目標を受けて、生涯にわたる豊かなスポーツライフの基礎づくり、体ほぐしと体力の向上、いわゆる社会的な態度と健康・安全に関する態度の育成をめざしている。

2 年間計画作成の基本的な考え方

年間計画については、1年間の学習の見通しを明確にした計画であり、教科等の目標を実現するためにも、中学校3年間あるいは高等学校を卒業する年次まで視野に入れて作成することが必要である。

そのうえで、本章第1節で述べたように、これからの体育のめざす方向、言葉を換えて言えば、［生きる力］をはぐくむ体育の学習指導、つまり「体育」の目標の実現をめざして、①運動に親しむ資質や能力の育成、②活力ある生活を支え、たくましく生きるための体力の向上、③基礎的・基本的な内容の徹底と個に応じた指導の具現化を図るよう、どのような内容（運動領域・種目）を、どのようなまとまり（単元）として、いつ、どのように指導するのか、創意・工夫を加えて計画していかなければならない。

その際、各学校の実態などに応じて、どのような生徒を育てていくのか、その生徒像を具体的に明らかにしていくことが大切である。このことから各学校の特色ある教育課程の編成および体育の年間計画の作成が明確になるものと考えられる。

なお、特別活動[9]（特に体育的活動などの学校行事）や運動部活動[10]など学校教育活動全体との関連を図ることはいうまでもない。

このようにして作成された年間計画をすべての生徒に配布することが肝要である。生徒自身が在学中にどのように体育を学んでいくのか見通しをもつことができるようにすることが自主的な学習活動につながるからである。

❾特別活動
望ましい集団活動を通して、心身の調和のとれた発達と個性の伸長を図り、集団や社会の一員としてよりよい生活を築こうとする自主的、実践的な態度を育てるとともに、人間としての生き方（高校では、在り方生き方）についての自覚を深め、自己を生かす能力を養うことが目標である。このための内容として、学級活動（高校では、ホームルーム活動）、生徒会活動、学校行事の3つで構成されている（新学習指導要領による）。

❿運動部活動
学校において計画する教育活動であり、より高い水準の技能や記録に挑戦する中で、運動の楽しさや喜びを味わい、豊かな学校生活を経験する活動であるとともに、体力の向上や健康の増進にもきわめて効果的な活動である。

3 年間計画作成上の留意点

どのような内容（運動領域・種目）を取り扱うかについては、各学校ともその実態などをふまえつつ、国としての基準である学習指導要領の趣旨を生かしていかなければならない。どのようなまとまり（単元の構成・規模）として、いつ、どのように指導するのかについては各学校の創意・工夫である。

したがって、年間計画を作成するにあたっては、各学校のめざす生徒像、生徒数・教員数、施設・設備、地域性など、生徒の運動に対する関心・意欲、体力や技能の程度、運動の楽しさ体験、目標の実現状況などに留意していくこととなる。

[表 I-3-1] 中学校体育分野の領域および内容(運動種目等)の取り扱い⓫

<table>
<tr><th rowspan="2">領域</th><th rowspan="2">内　容</th><th colspan="3">領域の取り扱い</th><th>内容の取り扱い</th></tr>
<tr><th>1年</th><th>2年</th><th>3年</th><th>1・2・3年</th></tr>
<tr><td>A
体つくり運動</td><td>ア　体ほぐしの運動
イ　体力を高める運動
(ア) 体の柔らかさおよびたくみな動きを高めるための運動
(イ) 力強い動きを高めるための運動
(ウ) 動きを持続する能力を高めるための運動</td><td>必修</td><td>必修</td><td>必修</td><td>ア、イ必修。イの運動については(ウ)に重点をおくことができる。</td></tr>
<tr><td>B
器械運動</td><td>ア　マット運動
イ　鉄棒運動
ウ　平均台運動
エ　跳び箱運動</td><td>必修</td><td rowspan="3">B、CおよびDから①または②選択</td><td rowspan="3">2年に同じ</td><td>ア～エから選択</td></tr>
<tr><td>C
陸上競技</td><td>ア　短距離走・リレー、長距離走またはハードル走
イ　走り幅跳びまたは走り高跳び</td><td>必修</td><td>アおよびイのそれぞれから選択</td></tr>
<tr><td>D
水泳</td><td>ア　クロール
イ　平泳ぎ
ウ　背泳ぎ</td><td>必修</td><td>ア～ウから選択</td></tr>
<tr><td>E
球技</td><td>ア　バスケットボールまたはハンドボール
イ　サッカー
ウ　バレーボール
エ　テニス、卓球またはバドミントン
オ　ソフトボール</td><td>必修</td><td rowspan="3">E、FおよびGから②選択</td><td rowspan="3">2年に同じ</td><td>ア～オから②選択</td></tr>
<tr><td>F
武道</td><td>ア　柔道
イ　剣道
ウ　相撲</td><td rowspan="2">FおよびGから①選択</td><td>ア～ウから①選択</td></tr>
<tr><td>G
ダンス</td><td>ア　創作ダンス
イ　フォークダンス
ウ　現代的なリズムのダンス</td><td>ア～ウから選択</td></tr>
<tr><td>H
体育に関する知識</td><td>(1) 運動の特性と学び方
(2) 体ほぐし・体力の意義と運動の効果</td><td>必修</td><td>必修</td><td>必修</td><td>(1)、(2)必修</td></tr>
</table>

⓫内容の取り扱い
各運動領域に示された内容をどのように取り扱うかについては、表の通りであるが、球技は2種目を、武道の場合は1種目を選択することが明示されている。しかし、器械運動、陸上競技、水泳、ダンスにおいてはただ単に「選択」として示されているに過ぎない。これらの運動については、球技や武道のように種目としての明確な違いがなく、相互に関連していることをふまえた取り扱いになっていることのあらわれととらえることができる。たとえば、器械運動では4種目を履修させてもよいし、その中の1種目だけ履修させてもよいのである。

⓬入学年次など
これまでは、第１学年などとしていた。しかし、高等学校教育の多様化に伴い、定時制高等学校はもとより、学年制をとらない単位制の高等学校などがある。これらの多様化に対応するために、入学年次、その次の年次などと称するように改められたものである。

［表 I-3-2］高等学校科目体育の領域及び内容（運動種目等）の取り扱い

<table>
<tr><th rowspan="2">領域</th><th rowspan="2">内容</th><th colspan="3">領域の取り扱い</th><th>内容の取り扱い</th></tr>
<tr><th>入学年次⓬</th><th>その次の年次</th><th>それ以降の年次</th><th>各年次</th></tr>
<tr><td>A
体つくり運動</td><td>ア　体ほぐしの運動
イ　体力を高める運動</td><td>必修</td><td>必修</td><td>必修</td><td>ア、イ必修</td></tr>
<tr><td>B
器械運動</td><td>ア　マット運動
イ　鉄棒運動
ウ　平均台運動
エ　跳び箱運動</td><td rowspan="6">B、C、D、E、FおよびGから③または④選択
その際FまたはGのいずれかを含む</td><td rowspan="6">入学年次に同じ</td><td rowspan="6">B、C、D、E、FおよびGから②～④選択
その際FまたはGのいずれかを含む</td><td>ア～エから選択</td></tr>
<tr><td>C
陸上競技</td><td>ア　競走
イ　跳躍
ウ　投てき</td><td>ア～ウから選択</td></tr>
<tr><td>D
水泳</td><td>ア　クロール
イ　平泳ぎ
ウ　背泳ぎ
エ　バタフライ
オ　横泳ぎ</td><td>ア～オから選択</td></tr>
<tr><td>E
球技</td><td>ア　バスケットボール
イ　ハンドボール
ウ　サッカー
エ　ラグビー
オ　バレーボール
カ　テニス
キ　卓球
ク　バドミントン
ケ　ソフトボール</td><td>ア～ケから②選択</td></tr>
<tr><td>F
武道</td><td>ア　柔道
イ　剣道</td><td>ア、イから①選択</td></tr>
<tr><td>G
ダンス</td><td>ア　創作ダンス
イ　フォークダンス
ウ　現代的なリズムのダンス</td><td>ア～ウから選択</td></tr>
<tr><td>H
体育理論</td><td>(1) 社会の変化とスポーツ
(2) 運動技能の構造と運動の学び方
(3) 体ほぐしの意義と体力の高め方</td><td>必修</td><td>必修</td><td>必修</td><td>(1)、(2)、(3) 必修</td></tr>
</table>

以上のように各種の運動領域・種目の選択履修については、個に応じた指導の観点等から相当弾力化が図られている。したがって、生徒自身が自らの運動の課題を解決するなどして運動を得意にしていくためにも、多くの運動種目を学校が与えていく（学校選択）のではなく、生徒が自己の能力等に応じて運動種目を選んでいくこと（生徒選択）ができるよう留意することが大切である。

このことから、生徒自ら運動種目を選び自ら課題を解決していくことをめざす選択制授業をどのように位置付けていくか、また改善・充実を図っていくか、各学校に課せられた重要な課題である。

4　単元計画作成上の留意点

単元計画は、一定の学習のまとまりとして年間計画に位置付いた運動をどのように展開していくかの見通しを明らかにしたものである。この見通しが明確であれば、生徒の自発的・自主的な学習活動をうながすことができる。「先生、今日の体育はどこで何をするんですか」と体育委員などが尋ねてくるようでは意図的・計画的な学習とはいえない。

したがって、単元計画において、その運動の特性はどこにあるのか、その運動固有の楽しさや喜び（機能的特性）はどこにあるのかを明らかにし、その特性に迫るためには、その単元で何をねらいとして、どのような内容を、どのように指導しようとするのかと同時に、生徒に何をどのように学ばせ（課題を解決させ）ていこうとするのかを、1枚の用紙で一覧できるようにすることである。これを保健体育科の教員全員と生徒が共有することによって、質の高い授業の積み重ねにつながっていく。すなわち、この単元計画に基づいた学習活動の展開によって、生徒の学び方が計画的に身に付いていく。これらのことに十分留意することが大切である。

単元のねらい⓭を立てるにあたっては、大きく2つのことを考えることができる。1つは、体育学習の中核である「技能」、公正・協力などの社会的態度や健康・安全に関する態度などの「態度」、そして「学び方」の3つに関する内容である。もう1つは、評価の観点⓮である。つまり、運動に関する「関心・意欲・態度」「思考・判断」「技能」「知識・理解」という4つの評価の観点である。これらの柱を参考にして、それぞれのねらいを明確にしていくよう留意するとよい。

次に学習の道すじ、つまり学習過程の工夫についてである。学習過程は単元のねらいを達成するための学習の道すじであり、学習活動を展開するうえでのステップである。教師の適時・適切な指導の下、生徒自らが課題を解決して運動の楽しさや喜びを味わうために効果的と思われる学習過程は、2つのステージで構成される。それは、「今もっている力で運動を楽しむ段階（ねらい①）」と「高まった力に応じて新しい工夫を加えて運動を楽しむ段階（ねらい②）」の2つである。

たとえば、器械運動のように毎時間新しい技の習得をめざして学習（達成型）を展開する場合は例1（ここでは、特に「めあて①」「めあて②」

（例1）

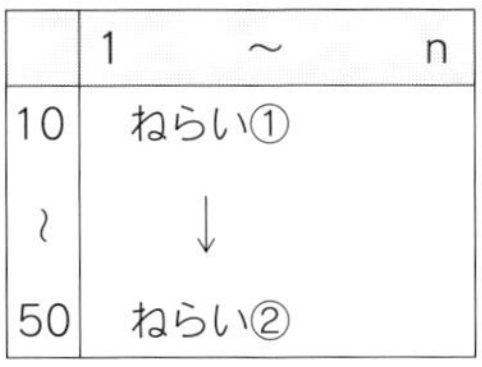

（例2）

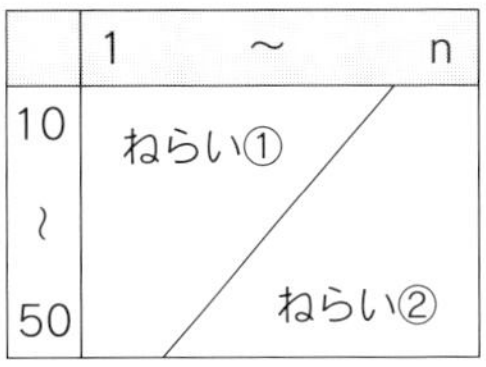

（例3）

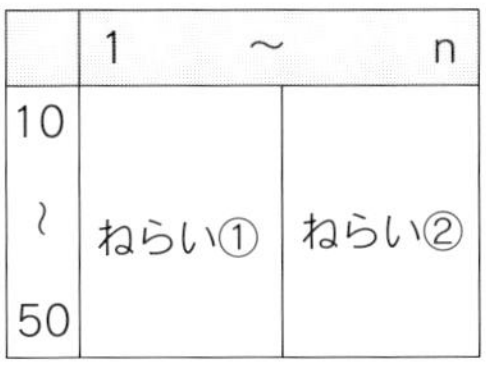

⓭単元のねらい
単元計画の中で最も重要なねらい、つまり単元の目標のことである。各学校として育てる生徒像に迫るためには、その単元でどのような指導をすればよいか、その方向性を明確にすることが必要である。その際、体育の基礎・基本である「技能」「態度」「学び方」の3つの柱で単元の目標を立てていくのがよい。

⓮評価の観点
学校の教育活動は、計画、実践、評価という一連の活動が繰り返されながら展開されるものである。指導と評価の一体化ということである。したがって、「関心・意欲・態度」「思考・判断」「技能」「知識・理解」の4つの観点から単元の目標を立てていくこともできる。

⑮**達成型**
自己の目標記録を達成することの喜びや、目標とする技を獲得することの喜びを味わうことをめざした運動の特性をいう。

⑯**競争型**
むしろ、相手や相手チームと競争して勝つことの楽しさや喜びを味わうことをめざした運動の特性をいう。

と言い換えることが一般的である）を、陸上競技や武道などのように自己の運動課題を達成していく達成型[15]と競争する楽しさである競争型[16]の両方を楽しもうとする場合は例2を、球技のように一定のレベルで競争型の運動を楽しもうとする場合は例3を参考として計画を立てるよう留意するとよい。もとよりこの他の効果的な学習の道すじが開発されてもよいだろう。

5 単位時間計画（指導案、時案）作成上の留意点

単位時間計画は、一般的に指導案または時案などといわれており、単元計画のねらいを受けて、その単元のうちのある1単位時間分の授業の見通しを明らかにしたものである。

ここでは、本時のねらいが明確であり、そのねらいを達成するために生徒の学習活動（予想される生徒の活動）がどのように展開されるのか、教師の指導、援助などがどのように行われるのか、これらの学習指導に対する適切な評価活動はどうかなどが浮き彫りになっていることが肝要である。教師の意図的・計画的な指導はもとより、生徒の自発的・自主的な学習活動につながるように留意して作成することが大切である。

生徒の自発的・自主的な学習活動につながるように留意したい

第3節
男女共習に対する考え方

1 男女共習の背景

学校教育、特に高等学校においては、同じ時間帯に男子は武道を学び、女子は家庭科を学んできた経緯がある。しかし、平成元（1989）年の高等学校学習指導要領の改訂において、男女とも武道を履修することができるようになり、かつ家庭科を男女とも必修とすることになった。

この背景としては、やはり社会の変化に伴う男女平等の考え方が基本にある。男女共同参画社会の構築⑰に向けた学校教育の改善である。

男女差というとらえ方ではなく、男女ともそれぞれに特性があり、その特性を認め合い、尊重し合うという見方や考え方が大切である。

したがって、体育の学習活動においても、小学校における展開と同様に、基本的に男女一緒にともに学び合うという意義が尊重される必要がある。

⑰男女共同参画社会の構築
昭和61（1986）年から施行された「男女雇用機会均等法」による。これは、雇用の分野において男女の均等な機会および待遇の確保を目的として制定された法律であり、学校教育においても、平成元（1989）年学習指導要領改訂の折、基本的に男女の区別なく履修することができるよう改善が図られた。

2 選択制授業における男女共習

平成元年の学習指導要領の改訂から、体育においては、生徒自身が自己の能力・適性、興味・関心等に応じて一定の範囲の中から運動領域（種目）を選択し、自己の運動課題を自ら解決していくことをめざす学習活動を展開する「選択制授業」が推進されている。今回の改訂においてもその充実・発展が期されている。

この選択制授業を展開するにあたっては、たとえば2クラスを3～4展開、3クラスを4～5展開するなど、多クラス多展開を行っているところである。したがって、選択制授業においては自ずと男女共習になる。同一クラスに所属する男女がそれぞれ自己の能力等に応じて選んだ種目ごとに分かれ、さらには運動の課題ごとなどねらいをもった班編成を工夫しながら学習活動を展開し、それぞれのよさを生かし合っていくこととなる。

3 男女の性差ではなく、個の特性ととらえること

中学校および高等学校の体育の授業は、これまでは男女別々に行うことが一般的であった。それは、発達段階から小学校のときとは違って、性差

はもとより、体格・体力的な差が大きくなることや、体力差に伴って技能の差も大きくなるという指摘などによるものといえる。体力差や技能の差が大きいまま、同時に学習活動を展開すると、最初から勝敗が決まっており、そのための学習への意欲の問題や安全確保の問題などの指摘である。

しかし、一概に男女の差として、すべてを理解することはできない。男子であろうが、女子であろうが、それぞれ個々に見ていくと一人ひとりに特性がある。また、男女共同参画社会の世の中にあって、男女がそれぞれのよさや特性を尊重し合って、一定の目的を達成していくことはきわめて大きい意義がある。

したがって、男女による性差ととらえるよりも、個の特性ととらえることがよいと考える。このようにとらえることによって個に応じた指導が生きてくるのである。これからの中学校以上の体育の授業においても、小学校と同様、原則としては男女が一緒に活動し、それぞれのよさが発揮できるようにすることが望まれる。もとより柔道の固め技のように学習内容や展開によっては、男女が別々に活動を行ったほうがよい場合もある。各学校の実態に応じた指導の工夫が求められる。いずれにしても、今後、選択制授業を充実・発展させていくにあたっては、男女共習は避けて通れないところである。

男女共習を取り入れている学校（研究指定校[18]など）の報告などによると、「男女の教え合いができるようになったことから、男女の特性を相互に認め合うことができるようになった」「女子の技能や体力の向上に効果的であった」「男子が思い切って運動することができていない」「運動する内容によって男女共習が行いやすかったり、しにくかったりする」などの指摘があがっている。

⑱研究指定校
文部科学省（旧文部省）や各都道府県教育委員会などから、一定の教育課題などについての指導のあり方などを先進的に研究開発することを委嘱された学校をいう。

4　男女共習は中学校第１学年から行うと効果的であること

自己の能力等に応じて運動種目を選択する選択制授業が中学校第２学年から行われていることから、男女共習も同学年から行われている実態が多い。しかし、中学校第１学年の１年間とはいえ、男女別習を行ってきた経緯から、心理的にも男女差の意識が強くなる傾向にあるといわれる。

その意味から、小学校における体育との関連を深める観点からも、基本的には中学校第１学年から男女共習で体育の授業を展開したほうが効果的である。小学校の体育のように男女共習をごく自然な感覚で行うようにしていくとよい。

5　男女共習の展開は弾力的に行うこと

男女共習を形式的に導入しても生徒の学習意欲は高まらない。たとえば、男女共習とはいえ、器械運動やバスケットボールなどの授業において男女別で班（チーム）を編成し、練習したりゲームを行ったりするなど、学習の場を共有しているに過ぎないことから、あまり意欲的でない実態もある。

したがって、チーム編成[19]を工夫し、単元全体を通じて男女共習で学習を展開していくことを基本としながらも、運動領域や種目の特性に応じて弾力的に取り扱っていくのもよい。たとえば、単元の前半で男女混成のチームを編成して学び合う中で、「今もっている力」でバスケットボールの楽しさや喜びを味わい、技能や体力を高めていく。単元の後半では男女別にチームを編成し直し、男女ともそれぞれひと味違った思い切ったプレーを楽しんだり、男子チーム対女子チームのゲームを単元の最後に経験したりするなどの工夫もあってよい。このように生徒とともにどのような方法で学んでいくか、柔軟な発想で学習過程を工夫したい。

⑲チーム編成
個人的なスポーツであれ、集団的なスポーツであれ、いかにチームを編成するかは重要な教育活動である。単元としてのまとまりや、学習のねらいに即した意図的なチーム編成が求められる。安易なチーム編成は避けなければならない。基本的には、各チームの力が拮抗するように編成する。特に、競争型の運動の楽しさや喜びを味わうときには大切なことである。

第4節
評価に対する考え方

1 これからの評価の基本的な考え方

これまで、学力については、知識や技能の量のみでとらえてきた経緯がある。しかし、平成元年度の学習指導要領の改訂に伴う評価の基本的な考え方として、「自ら学ぶ意欲や、思考力、判断力、表現力などを学力の基本とする学力観に立って教育を進めることが肝要」（小学校教育課程一般指導資料「新しい学力観に立つ教育課程の創造と展開」平成5年文部省）として、新しい学力観に立つ教育への転換を図ってきた。

つまり、これまで知識や技能を共通的に身に付けさせることをめざしてきた学習指導の在り方を根本的に見直し、児童生徒が自ら課題をみつけ、自ら考え、主体的に判断したり、表現したりして、解決することができる資質や能力の育成を重視する学習指導へと転換を図ってきたところである。

平成10年度の学習指導要領の改訂においても、この基本的な考え方をさらに進め、知識や技能の量的側面だけでなく、自ら学ぶ意欲や思考力、判断力、表現力など、いわば学力の質の向上をねらっている。つまり、教育課程審議会答申では、これからの評価の基本的な考え方として、「学力を知識の量のみでとらえるのではなく、学習指導要領に示す基礎的・基本的な内容を確実に身に付けることはもとより、それにとどまることなく、自ら学び自ら考える力などの［生きる力］がはぐくまれているかどうかによってとらえる必要がある」としている。

これを受け、評価においては知識や技能の到達度を的確に評価することはもとより、自ら学ぶ意欲や思考力、判断力、表現力などの資質や能力までを含めた学習の到達度を適切に評価していくこととなる。したがって、学習指導要領に示す目標に照らしてその実現状況を見る評価（いわゆる絶対評価[20]）をいっそう重視しなければならない。その際、観点別学習状況の評価[21]を基本として、児童生徒の学習の到達度を適切に評価していくことが大切である。さらに、児童生徒のよい点や可能性、進歩の状況などを評価する個人内評価を工夫することも大切である。これまでの集団に準拠した評価（相対評価[22]）からの脱却が求められているのである。

評価の観点については基本的にこれまでと同様である。体育においては、技能だけでなく、自ら進んで運動の楽しさや喜びを体得しようとする意欲や運動の課題解決のための思考力、判断力などの資質や能力までを含めた学習の到達度を適切に評価していくため、「運動への関心・意欲・態度」

⑳絶対評価
学習指導要領に示す目標に照らしてその実現状況をみる評価。学習指導要領に示す基礎的・基本的な内容の確実な習得を図るなどの観点から、学習指導要領に示す目標を実現しているかどうかの評価、つまり、目標に準拠した評価に今次改訂された（高等学校は従前から絶対評価）。

㉑観点別学習状況の評価
各教科の観点別学習状況は、学習指導要領に示す各教科の目標に照らして評価の観点を設け、その実現状況を評価するものである。今次の改訂においても指導要録の評価の観点は、体育の場合、「関心・意欲・態度」「思考・判断」「技能」「知識・理解」の4観点によって構成されている。なお、小学校および中学校においては、学年や分野ごとに具体的な評価規準を設定する際の参考とするため、指導要録の付属資料として「観点別学習状況評価のための参考資料」を添付している。

㉒相対評価
学習指導要領に示す目標に照らしてその実現状況をみるというよりも、ある一定の学習集団の中での相対的な位置付けによって児童生徒の学習の状況を評価する、いわゆる集団に準拠した評価。学習指導要領に示す基礎的・基本的な内容を確実に習得し、目標を実現しているかどうかの状況や、一人ひとりの児童・生徒のよい点や可能性、進歩の状況について直接把握することには適していない。

「運動についての思考・判断」「運動の技能」「運動についての知識・理解」の4つの観点で評価していくこととしている。これら4つの観点は個々にあるのではなく、相互に密接に関連し合って目標の実現をめざしていることに留意することが必要である。

2 教師による評価

日常の教育活動は、計画、実践、評価という一連の活動として常にフィードバックされながら子どもたちのよりよい成長をめざして行われるものである。したがって、評価は学習の結果に対して行うだけでなく、学習指導の過程における評価をその後の実践に生かすなど、指導に生かす評価の考え方を重視する必要がある。つまり、指導と評価の一体化が大切である。

体育の場合、[生きる力]の育成、保健体育の目標、体育分野の目標および内容の改訂などを考慮して、現行の4つの観点に基づいて実現の状況を3段階で評価することを維持している。しかし、観点の趣旨については、新しい学習指導要領の趣旨を生かした指導と評価の工夫という立場から改善を図っている。今後の重要な課題として、各単元の学習過程における評価の改善・充実はもとより、単元ごとの観点別評価をどのように集約して年間（学期）を通した観点別の評価に結びつけていくのか、さらに、最終的にどのように集約して5段階の絶対評価（評定）に結びつけていくのかということがある。

したがって、各学校では、これからの評価(学力)の基本的な考え方について教員間で共通理解を深めるとともに、関係機関などで研究開発された「内容のまとまりごとの評価規準㉓」などを参考に、それぞれの実態等に応じて各単元の評価規準の作成およびその適切な評価活動の実施が求められる。

㉓内容のまとまりごとの評価規準
小学校および中学校においては、指導要録改訂の通知に示される「評価の観点及び趣旨」「学年別、分野別の観点及び趣旨」（「観点別学習状況評価のための参考資料」に相当）に基づき、学習指導要領に示された内容のまとまりごと（体育の場合、体つくり運動～体育に関する知識までの領域ごと）に「おおむね満足できる状況」を示したものをいう。

3 生徒にとっての評価の意味

生徒にとっての評価は、単に教師から評価される立場という消極的なとらえ方ではなく、生徒自らの学習活動や学び方を高めていくための営みであるという積極的な意味をもたせることが肝要である。つまり、「児童生徒にとって評価は、自らの学習状況に気付き、自分を見つめ直すきっかけとなり、その後の学習や発達を促す」（同上教課審答申）という意義がある。この意義を教師も生徒も十分理解することによって、新しい時代における新しい体育の学習活動の展開が期待できる。

4 生徒による自己評価と生徒同士の相互評価

体育においては、これまで以上に、自ら運動の課題を見出し、その課題をいかに解決していくか、そのための練習の仕方や試合の仕方の工夫、実践、学習過程における評価、これらの一連の学習活動を通して自ら学ぶ意欲や思考力・判断力などを高めていかなければならない。

したがって、生徒自身が自分の学習活動を適切に評価したり、生徒相互の認め励まし合う評価活動を大切にすることの意味はきわめて大きい。さらに、仲間とともに学び合うことのよさにも気付かせることができる。

このように生徒による自己評価や相互評価は、自ら学ぶ意欲や自分自身を評価する力、他人からの評価を柔軟に受けとめる力を身に付け、自己の能力・適性等を自分で確認することにつながる。

■引用・参考文献一覧

［第1章］
・文部省『中学校学習指導要領解説保健体育編』東山書房　1999年
・文部省『高等学校学習指導要領解説保健体育編体育編』東山書房　1999年
・文部省『学校体育実技指導資料第1集剣道指導の手引（改訂版）』1993年
・文部省『学校教育課程一般指導資料　教育課程の編成と学習指導の工夫』1991年
・宇土正彦監修『学校体育授業事典』大修館書店　1995年
・片岡暁夫他『改訂学習指導要領の基本的な考え方』学校体育52巻8号　1999年
・杉山・高橋・園山・細江・本村編集『新学習指導要領による高等学校体育の授業下巻』大修館書店　2001年
・杉山・高橋・園山・細江・本村編集『新学習指導要領による中学校体育の授業下巻』大修館書店　2001年
・本村清人・戸田芳雄編著『中学校学習指導要領の展開―保健体育科編』明治図書　1999年
・本村清人・戸田芳雄編著『高等学校学習指導要領の展開―保健体育科編』明治図書　2000年
・大修館書店編集部編『アクティブスポーツ2003（総合版）』大修館書店　2003年
・二木・入江・加藤編『日本史小百科＜武道＞』東京堂出版　1994年
・全日本剣道連盟編『剣道和英辞典』2000年
［第2章］
・文部省『中学校学習指導要領解説保健体育編』東山書房　1999年
・文部省『高等学校学習指導要領解説保健体育編体育編』東山書房　1999年
・文部省『学校体育実技指導資料第1集剣道指導の手引き（改訂版）』1993年
・文部省『中学校保健体育指導資料指導計画の作成と学習指導の工夫』東山書房　1991年
・成田十次郎他『中学校体育・スポーツ教育実践講座第10巻』ニチブン　1998年
・杉山・高橋・園山・細江・本村編集『新学習指導要領による中学校体育の授業上巻』大修館書店　2001年
・杉山・高橋・園山・細江・本村編集『新学習指導要領による中学校体育の授業下巻』大修館書店　2001年
・本村清人・戸田芳雄編著『中学校学習指導要領の展開―保健体育科編』明治図書　1999年
・岸野雄三他『近代日本学校体育史』日本図書センター　1983年
・井上一男『学校体育制度史』大修館書店　1970年
・澤田和明『体育・保健体育こそ､学びの宝庫』体育科教育49巻7号　2001年
・杤堀申二監修『図解中学体育』暁教育図書　2000年
・恵土孝吉他『実践剣道』大修館書店　1985年
・大矢稔『小森園正雄剣道口述委録「冷暖自知」』体育とスポーツ出版社　1997年
・鎌田正他『故事成語名言大辞典』大修館書店　1988年
・高野佐三郎『剣道』（覆刻版）書房高原　1973年
・笹森順造『一刀流極意』一刀流極意刊行会　1965年
・中村民雄『剣道事典』島津書房　1994年
・中村民雄『史料近代剣道史』島津書房　1985年
・富永堅吾『剣道五百年史』百泉書房　1972年
・野間恒『剣道読本』講談社　1976年
・佐藤忠三『剣道の学び方』体育とスポーツ出版社　1979年
・剣道教育研究会『剣道解説』西東社出版部　1993年
・剣道教育研究会『剣道解説』西東社出版部　1983年
・斎村五郎・金子近次『新制剣道教科書』精文館　1931年
・全国教育系大学剣道連盟編『剣道の学習指導』不味堂出版　1987年
・全国教育系大学剣道連盟編『ゼミナール現代剣道』1992年
・岐阜県学校剣道連盟編『三橋秀三先生遺稿集「不動智」』1986年
・滋賀県剣道連盟編『称号･段位審査規則 称号･段位審査細則』2000年
・全日本剣道連盟編『幼少年剣道指導要領（改訂版）』1985年
・全日本剣道連盟編『剣道社会体育教本（改訂版）』2001年
・全日本剣道連盟編『剣道試合・審判規則、剣道試合・審判細則』1999年
・全剣連三十年記念史編集委員会編『全日本剣道連盟三十年史』1982年
［第3章］
・文部省『中学校学習指導要領解説保健体育編』東山書房 1999年
・文部省『高等学校学習指導要領解説保健体育編体育編』東山書房　1999年
・文部省中央教育審議会第一次答申『21世紀を展望した我が国の教育の在り方について』1996年
・文部省教育課程審議会答申『幼稚園、小学校、中学校、高等学校、盲学校、聾学校及び養護学校の教育課程の基準の改善について』1998年
・文部省『学校体育実技指導資料第2集柔道指導の手引き（改訂版）』1993年
・文部省『中学校保健体育指導資料指導計画の作成と学習指導の工夫』1991年
・文部省『高等学校保健体育指導資料指導計画の作成と学習指導の工夫』1992年
・文部省教育課程審議会答申『児童生徒の学習と教育課程の実施状況の評価の在り方について』2000年
・文部科学省中央教育審議会答申『子どもの体力向上のための総合的な方策について』2002年
・杉山・高橋・園山・細江・本村編集『中学校体育の授業上・下巻』大修館書店　2001年
・杉山・高橋・園山・細江・本村編集『高等学校体育の授業上・下巻』大修館書店　2001年
・本村清人・戸田芳雄編著『中学校学習指導要領の展開保健体育科編』明治図書　1999年
・本村清人・戸田芳雄編著『高等学校学習指導要領の展開保健体育科編』明治図書　2000年
・本村清人・戸田芳雄編著『中学校新保健体育科授業の基本用語辞典』明治図書　2000年

第Ⅱ部
実技編

第 1 章

新しい視点に立った単元計画の例と学習指導の展開例

第1節　第１ステージ
「剣道を体験しよう」

▶対象（初めて剣道を体験する生徒）

1 学習指導の進め方

このステージは、中学校や高等学校で初めて剣道を選択する生徒を対象とする。剣道は陸上競技や球技などの領域の運動と比べると、多くの生徒にあまり知られていない運動で、次のようなイメージをもたれている。

○相手と打ち合うのが楽しそう
○剣道具をつけている姿がかっこいい
○礼儀正しそう
●竹刀で打たれると痛そう
●剣道具をつけるので窮屈そう

剣道を初めて学習する生徒には、機能的特性を十分に味わわせることが大切である。自己との対応によって変化する相手と攻防し合うという剣道の特性から、基本動作と対人的技能とを関連づけて指導する。

2 単元計画と学習の道すじ　－15時間の具体例－

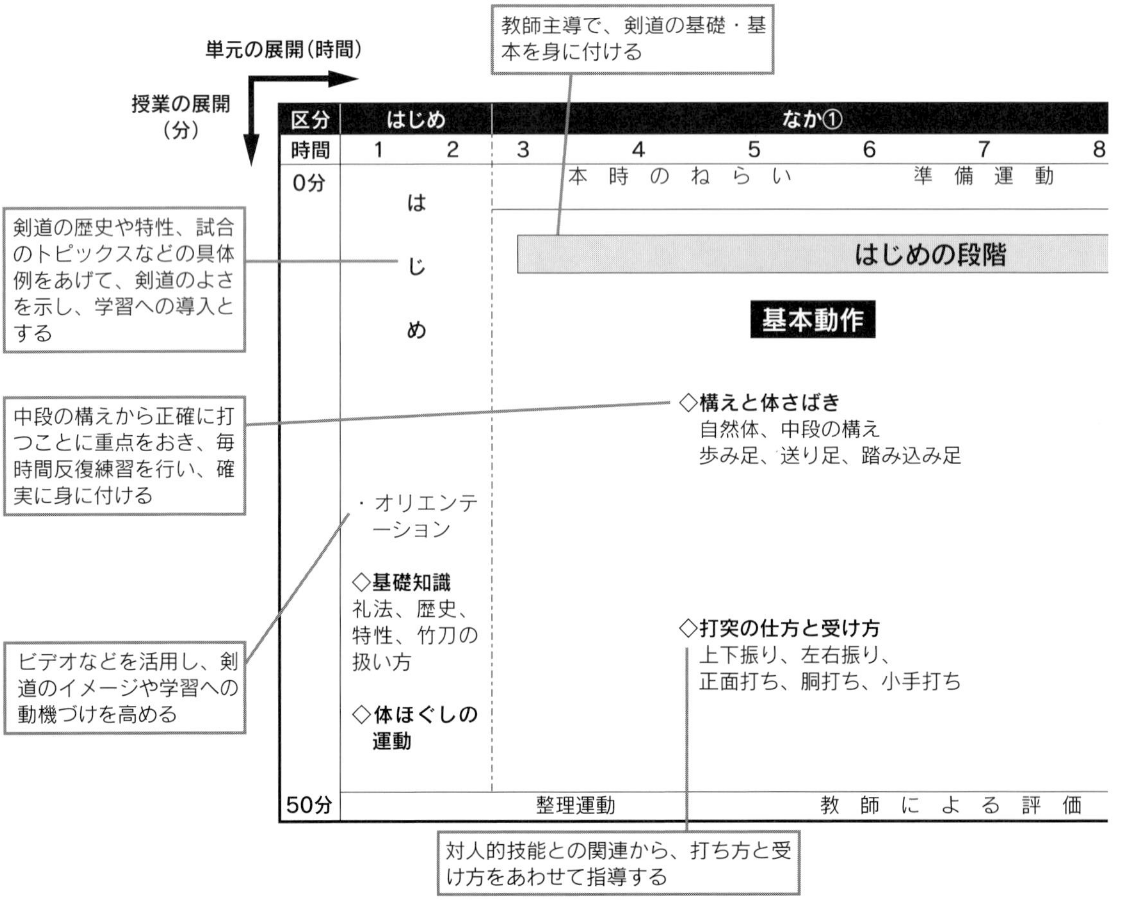

教師主導で、剣道の基礎・基本を身に付ける
単元の展開（時間）
授業の展開（分）
区分
はじめ
なか①
時間
1
2
3
4
5
6
7
8
0分
本時のねらい
準備運動
はじめ
はじめの段階
基本動作
剣道の歴史や特性、試合のトピックスなどの具体例をあげて、剣道のよさを示し、学習への導入とする
中段の構えから正確に打つことに重点をおき、毎時間反復練習を行い、確実に身に付ける
◇構えと体さばき
自然体、中段の構え
歩み足、送り足、踏み込み足
・オリエンテーション
◇基礎知識
礼法、歴史、特性、竹刀の扱い方
◇体ほぐしの運動
ビデオなどを活用し、剣道のイメージや学習への動機づけを高める
◇打突の仕方と受け方
上下振り、左右振り、
正面打ち、胴打ち、小手打ち
50分
整理運動
教師による評価
対人的技能との関連から、打ち方と受け方をあわせて指導する

3 主な学習内容

◇基礎知識
◇体ほぐしの運動
◇基本動作
・構えと体さばき
・打突の仕方と受け方
◇基本動作と対人的技能の関連
◇簡易な試合
◇礼法

4 指導計画作成上のポイント

剣道を初めて学習する生徒には、運動の機能的特性を十分に味わわせることが大切である。

竹刀を用いて攻防し合うという剣道の特性から、基本動作と対人的技能との関連を図りながら、自己の能力に応じた技を身に付けさせることが望ましい。

そのためには、なるべく早く剣道具をつけた攻防を体験させなければならない。基本動作をおろそかにするということではなく、いかに効率的に習得させるかに着眼し、単元計画を作成する。

なお、生徒が抱いているマイナスのイメージの「竹刀で打たれると痛そう」を解消できるように、「相手が痛くない打ち」が打突の到達目標であることをオリエンテーション時に強調する。

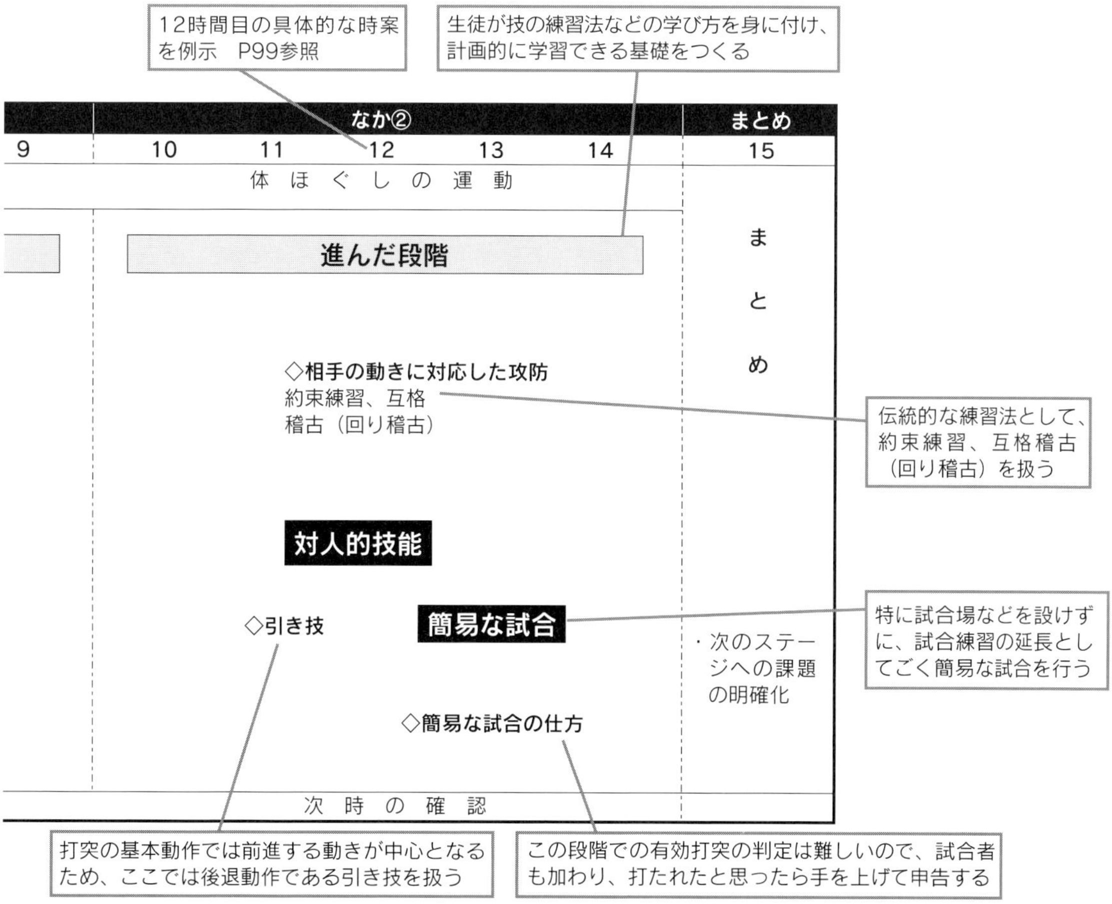

12時間目の具体的な時案を例示　P99参照
生徒が技の練習法などの学び方を身に付け、計画的に学習できる基礎をつくる
なか②
まとめ
9
10
11
12
13
14
15
体 ほ ぐ し の 運 動
進んだ段階
ま と め
◇相手の動きに対応した攻防
約束練習、互格稽古（回り稽古）
伝統的な練習法として、約束練習、互格稽古（回り稽古）を扱う
対人的技能
◇引き技
簡易な試合
特に試合場などを設けずに、試合練習の延長としてごく簡易な試合を行う
・次のステージへの課題の明確化
◇簡易な試合の仕方
次 時 の 確 認
打突の基本動作では前進する動きが中心となるため、ここでは後退動作である引き技を扱う
この段階での有効打突の判定は難しいので、試合者も加わり、打たれたと思ったら手を上げて申告する

5 安全上配慮する事項

①練習の前後に、竹刀の点検（ささくれ、先皮の破損、つるの緩みなど）をさせるなど、安全の習慣を身に付けさせる。
②初期の段階では、面ひもをきつく縛るのが難しいので、着装後、面が動かないかを確認させる（2人組で）。
③面をつけると動きが窮屈になるため、面をつけないで行うフォーム練習（形練習）を多く取り入れるので、竹刀を振るときに周りの安全を確認する習慣を身に付けさせる。

6 学習指導の手順と具体の評価規準

ここでは、モデルとなる第1ステージの単元計画に従い、具体的な学習指導の手順とそれに対応した具体の評価規準を示している。双方を参考にして、学習過程の評価を次の学習指導に生かすようにする。

※具体の評価規準の「評価の観点」の◎は、特に重視する観点を示す。

●はじめ　50分×2時間の流れ

初めて剣道を学ぶ生徒を対象とするので、導入のオリエンテーションでは、タイムリーな剣道の話題やビデオなどで剣道への関心や学習意欲を高めるようにする。また、剣道の基礎知識をしっかりと身に付けるようにするとともに、体ほぐしの運動を楽しみながら学習への導入を図る。

単元区分		学習内容と指導手順	指導・支援のポイント
学習Ⅰ	はじめ 50分×2	1　オリエンテーション ・ビデオなどを利用して、剣道のよさを示し、学習への動機づけを行う ・どのように剣道を学んでいくのか、学習のねらいと特性、学習の道すじや学習の進め方を理解する ・はじめの段階では、教師主導の共通課題で剣道の基礎・基本をしっかりと身に付けることを理解する	◎剣道に関するタイムリーな話題を提供する ◎学び方（学習の進め方や活動の仕方）を説明する。特に安全面への配慮を確認する
		2　基礎知識 ・剣道の歴史、特性、竹刀・剣道具の扱い方、礼法（正座、座礼、立礼）など、剣道を始めるうえで基本となる知識を身に付ける	◎礼法の目的、意義について説明し、正しい礼法を身に付けるようにさせる
		3　体ほぐしの運動 ・体ほぐしの運動の具体例を参考に、生徒が自由に運動を選択し、運動の仕方を工夫できるようにする。また、以後の授業の導入に活用できるようにする	◎授業への導入となるものを選び、仲間と運動を楽しむ中で自分の体の状態に気づくようにさせる

◇「基礎知識」の具体の評価規準

評価の観点	評価規準	学習指導へのフィードバック
関心・意欲・態度	礼儀正しい態度で、関心をもって剣道を学ぼうとする	剣道のよさを示すとともに、礼法の目的や意義を理解させ、学習への期待感を高めさせる
思考・判断	歴史、特性、礼法などの基礎知識を得て、剣道から何を学ぶのかを考えている	剣道の正しい知識をもたせ、そこから何を学ぶのか、自分の課題を意識させる
技能	礼法などの伝統的な行動の仕方を身に付けることができる	授業の前後や日常生活に取り入れるなど、心を込めて行えるように習慣を身に付けさせる
◎知識・理解	剣道の歴史や特性、礼法の重要性を知っている	これからの学習の基本となることを理解させる

●なか①　50 分× 7 時間の流れ

剣道の基本動作の習得を中心に授業を展開する。構えと体さばきなどの基本動作は、打突の仕方と受け方の基本動作と関連づけて理解できるようにする。

<table>
<tr><th colspan="3">単元区分</th><th>学習内容と指導手順</th><th>指導・支援のポイント</th></tr>
<tr><td rowspan="5">学習Ⅱ</td><td rowspan="5">なか① 50分×7</td><td rowspan="5">はじめの段階</td><td>1　構えと体さばき
・2 人 1 組の対人で基本動作を学ぶ
①中段の構え……竹刀の持ち方、足の位置、剣先の高さ
②体さばき……歩み足、送り足
ア　横 1 列に並んで前進後退
イ　互いに向き合って前進後退
ウ　前後左右に動きを広げる</td><td>◎この段階から、対人で基本動作を学ぶ習慣をつけるようにする
◎基本動作は毎時間、準備運動として利用できるように、内容や順番をパターン化する
◎「一足一刀の間合」を保つように留意させる</td></tr>
<tr><td>2　打突の仕方の基本動作
①上下振り
・2 人組での上下振り
②正面打ち、胴打ち、小手打ちの基本動作（面をつけないで）
・その場で打つ→すり足で打つ→踏み込んで打つ</td><td>◎振り下ろしと振り上げを相互にずらしながら行い、「しかけ」と「応じ」のタイミングや間合のとり方を理解させる
◎面をつけると動きが窮屈になるので、はじめのうちは胴と垂れだけをつけて練習させる</td></tr>
<tr><td>3　剣道具を着装して、正面打ち、胴打ち、小手打ち</td><td>◎打ち方が上達するためには、打たせ方が上手であることを理解させる</td></tr>
<tr><td>4　面、胴、小手の受け方</td><td>◎打ち方だけでなく、正しい受け方も学習し、楽しい攻防ができるようにさせる</td></tr>
<tr><td>5　約束練習
・面打ち、胴打ち、小手打ちと、それぞれの受け方の練習</td><td>◎打ち方と受け方を同じぐらい練習することにより、互格稽古や試合への不安を取り除くようにさせる</td></tr>
</table>

◇「基本動作」の具体の評価規準

評価の観点	評価規準	学習指導へのフィードバック
関心・意欲・態度	礼儀正しい態度で、関心をもって基本動作を学ぼうとする	早い段階から剣道具をつけさせ、対人的技能と関連づけて基本動作を扱い、剣道の楽しさを味わわせる
思考・判断	対人的技能と関連づけながら、基本動作を身に付けようと工夫している	対人で打ち方と受け方をあわせて指導することにより、対人的技能との関連を理解させる
◎技能	面打ち、胴打ち、小手打ちとそれぞれの受け方ができる	打突の仕方と受け方を繰り返し練習させる
知識・理解	剣道を楽しむうえで、体さばきや受け方などの基本動作が重要であることを知っている	打突の攻防をする剣道を楽しむためには、基本動作をしっかり身に付ける必要があることを理解させる

●なか② 50分×5時間の流れ

伝統的な練習法として、互格稽古（回り稽古）を扱う。生徒自身が技の練習法などの学び方を身に付け、計画的に学習できる基礎づくりを行う。また、簡易な試合を取り入れ、剣道の楽しさを体験できるようにする。

単元区分			学習内容と指導手順	指導・支援のポイント
学習Ⅱ	なか② 50分×5	進んだ段階	1 相手の動きに対応した攻防 ・互格稽古（回り稽古）の行い方を身に付ける 1分×5セット	◎技の攻防を展開していく場合、禁止事項を徹底させ、生徒の安全に配慮する姿勢を育てていく
			2 対人的技能の学習 ・引き面 ・引き胴	◎打ち方と受け方の基本動作を学習したが、互格稽古を観察すると、近い間合で接近したまま膠着している。そこで、引き技を取り扱い、練習の幅を広げる
			3 簡易な試合 ・特に試合場などを設けずに、ごく簡易な試合を互格稽古の延長として行う（3人1組のリーグ戦） 〈ルール〉 試合時間：1分、勝負：1本、審判：1審制	◎この段階での有効打突の判定は難しいので、試合者も加わり、打たれたと思ったら手を上げて申告させるようにする ◎初期の段階から審判する力を育てるために、3人組で試合を行わせる ◎相手と攻防し合う中で、うまく打てたか、うまく受けられたかを確認させることにより、自分の課題を見つけ、フィードバックさせる

◇「簡易な試合」の具体の評価規準

評価の観点	評価規準	学習指導へのフィードバック
関心・意欲・態度	公正な態度で、簡易な試合を楽しもうとする	禁じ技を用いないなどの公正な態度を徹底し、今もっている力で試合を楽しませる
思考・判断	簡易な試合から、自分の課題を見つけている	試合ではどの技を使い打てたか、うまく受けられたかなど、各自の課題を見つけさせる
◎技能	簡易な試合で使える基本動作や技を身に付けることができる	互格稽古で基本動作を生かすようにさせる
知識・理解	簡易な試合でのルールや審判法を知っている	簡易な試合や審判の仕方を復習し、確認させる

●まとめ 50分×1時間

ステージのまとめとして、これまでに身に付けた技を発表するなど、このステージの学習を振り返る。次に、学習カードを整理、分析して自分の課題を明確にして、次のステージへつなぐ。

単元区分			学習内容と指導手順	指導・支援のポイント
学習Ⅲ	まとめ 50分×1		1 学習したことを評価し、単元のまとめをする ・剣道を楽しめたか、技が身に付いたか、相手を尊重する態度でできたか、安全に留意できたかなど	◎学習カードを整理、分析して、自己評価させる
			2 課題を明確にする ・次のステージに向けて、自分の課題を明確にする	◎次のステージで学習する技を紹介し、興味・関心を高める

7 学習指導の時案

ここでは、「第１ステージ～15時間中の12時間目」の学習指導の具体的な展開例を示している。基本動作を身に付け、それを生かした攻防の楽しさを味わうことをねらいとしている。

また、指導と評価の一体化を図るために、学習活動に対応した評価の観点を示している。これを参考に、学習過程の中で生徒の活動状況を評価し、次の学習指導に生かすようにする。

本時のねらい	やってみたい基本打突（面、胴、小手）や、できそうな基本打突に挑戦し、それを生かした攻防の楽しさを味わう	配当時間	第１ステージ 15時間中の12時間目

	学　習　活　動	指導・支援の留意点	評価の観点
はじめ 10分	1　整列、あいさつ •正座　•黙想　•座礼 2　本時の学習内容をつかむ 3　準備運動と体ほぐしの運動 ①　準備運動 ②　２人組で向かい合っての前後左右動作（体ほぐし運動）	•礼法や姿勢を確認する •本時の学習内容を説明する •生徒の健康観察を行う •見学者に学習の補助と見学のポイントを指示する	
なか 35分	4　自己の選択した基本打突の学習 •３つの課題から選択 課題Ａ「面打ちとその受け方」 課題Ｂ「胴打ちとその受け方」 課題Ｃ「小手打ちとその受け方」	•班内で同じ基本打突を選択した者同士で３人組をつくる •３人組のうち、１人は２人の打ち方と受け方を助言させる •技能習得の早いグループには、新しい課題に取り組ませる •技能習得の遅い生徒には、１つの基本動作でも習得すればよいことを伝え、じっくりと課題に取り組ませる	•簡易な試合から、自分の課題を見つけている **（思）**
	5　引き技の学習 •引き面 •引き胴	•打ちが弱くなりがちなので、手の内を十分に効かせて打つようにさせる	
	6　簡易試合	•この段階では、有効打突の判定は難しいので、試合者も加わり、打たれたと思ったら、手をあげて申告させる •審判する技能を早い段階から身に付けさせるために、３人組で試合させ、１人は審判をさせる •今まで学習してきた基本動作を積極的に出し、相手としっかり打ち合うように助言する	•公正な態度で、簡易な試合を楽しもうとしている **（関）** •簡易な試合で使える基本動作や技を身に付けることができる **（技）**
まとめ ５分	7　整理運動 8　整列、あいさつ •本時の学習活動の反省 •次時の課題 •正座　•黙想　•座礼	•生徒の健康観察を行う •本時のまとめをする	

※（関）：関心・意欲・態度、（思）：思考・判断、（技）：技能、（知）：知識・理解

第2節　第２ステージ
「剣道のよさを知ろう」

▶対象（基本動作を習得し、自分に合った技を身に付け、自由練習を楽しむことをめざす生徒　学習経験15時間程度）

1 学習指導の進め方

第１ステージで基本動作の面、胴、小手の打ち方と受け方を学習したが、生徒の能力などの差異により、練習した技を試合で生かせないでいる生徒が見られる。

その原因は、次のような点にある。

①近い間合で接近したまま膠着している。

②同時に技を出し、竹刀同士がぶつかり合い、打突部位をとらえられない。

③一方が攻撃ばかり、他方が防御ばかりしている。

うまく技を出せる生徒は楽しいと感じ、打てないでいる生徒は楽しさを感じられないという二極化が進むのが、この段階の生徒の特徴である。

そこで、誰でもうまく技が出せるように、対人的技能を技の集合体として理解させるのではなく、打突の機会のとらえ方を中心とした構造で理解できるように指導する。

2 単元計画と学習の道すじ　－15時間の具体例－

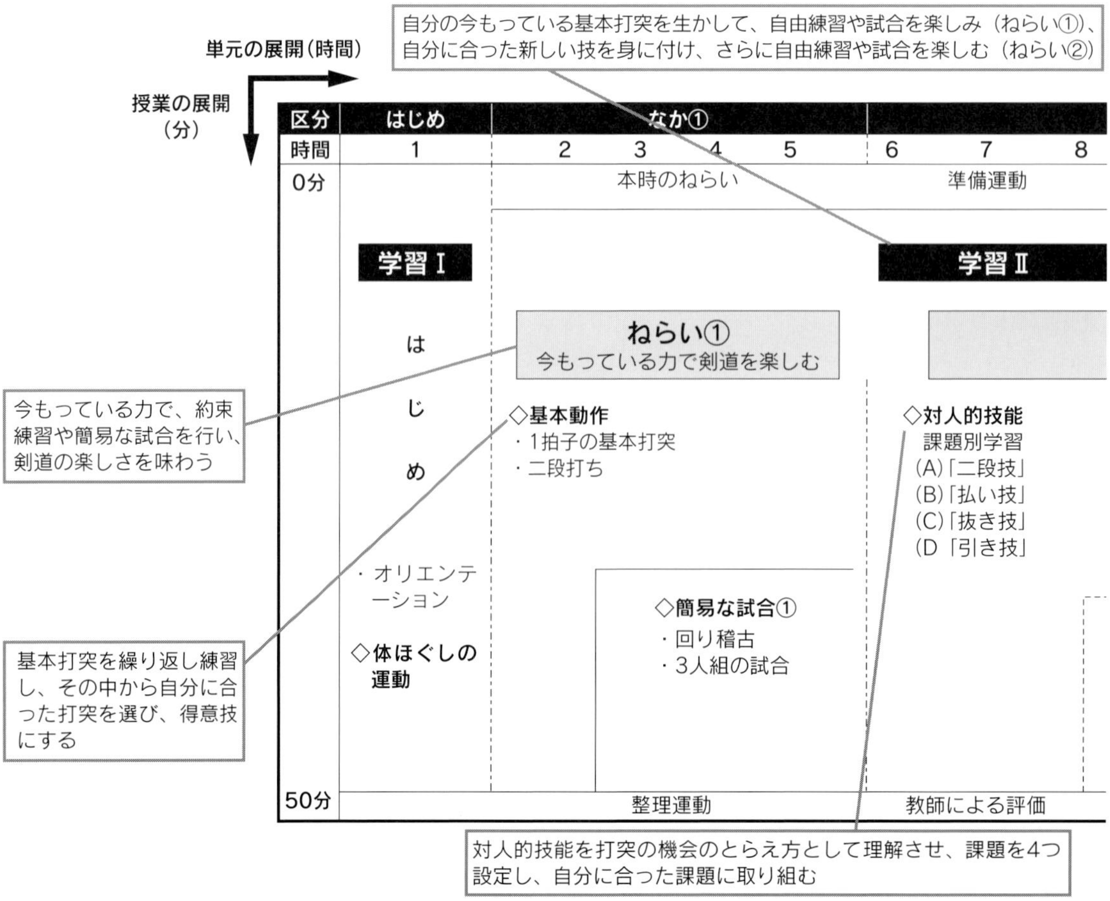

自分の今もっている基本打突を生かして、自由練習や試合を楽しみ（ねらい①）、自分に合った新しい技を身に付け、さらに自由練習や試合を楽しむ（ねらい②）
単元の展開（時間）
授業の展開（分）
区分
はじめ
なか①
時間
1
2
3
4
5
6
7
8
0分
本時のねらい
準備運動
学習Ⅰ
学習Ⅱ
はじめ
ねらい①
今もっている力で剣道を楽しむ
今もっている力で、約束練習や簡易な試合を行い、剣道の楽しさを味わう
◇基本動作
・1拍子の基本打突
・二段打ち
◇対人的技能
課題別学習
(A)「二段技」
(B)「払い技」
(C)「抜き技」
(D「引き技」
・オリエンテーション
◇体ほぐしの運動
◇簡易な試合①
・回り稽古
・3人組の試合
基本打突を繰り返し練習し、その中から自分に合った打突を選び、得意技にする
50分
整理運動
教師による評価
対人的技能を打突の機会のとらえ方として理解させ、課題を4つ設定し、自分に合った課題に取り組む

3 主な学習内容

◇基本動作
・1拍子の面・胴・小手打ち
・二段打ち
◇対人的技能（課題別学習）
（A）二段技：面—胴、小手—面、小手—胴
（B）払い技：払い面、払い小手
（C）抜き技：面抜き胴、小手抜き面
（D）引き技：引き面、引き胴
◇試合（簡易な試合①②③）

4 指導計画作成上のポイント

学習する生徒には様々な特徴があり、運動の特性を一般的なレベルからとらえるだけでなく、運動を行う生徒自身がその運動の特性をどのように受け取め、どこに楽しさや喜びを感じているかを明確にすることが大切である。

対人的競技である剣道の最大の特性は1対1の攻防にあり、生徒は「相手との攻め合いの中で、有効打突を打つことに喜びを感じる」と思われる。

攻め合いの様子を観察すると、「積極的に打ち合う」「じっくり構えて相手の隙をねらう」「相手が打ってきたのをかわして打つ」など様々である。

すべての生徒に運動の楽しさを味わわせようとすれば、生徒一人ひとりの能力などの差異を考慮しながら、学習のねらいや学習の進め方の相違を認めていくことが大切である。

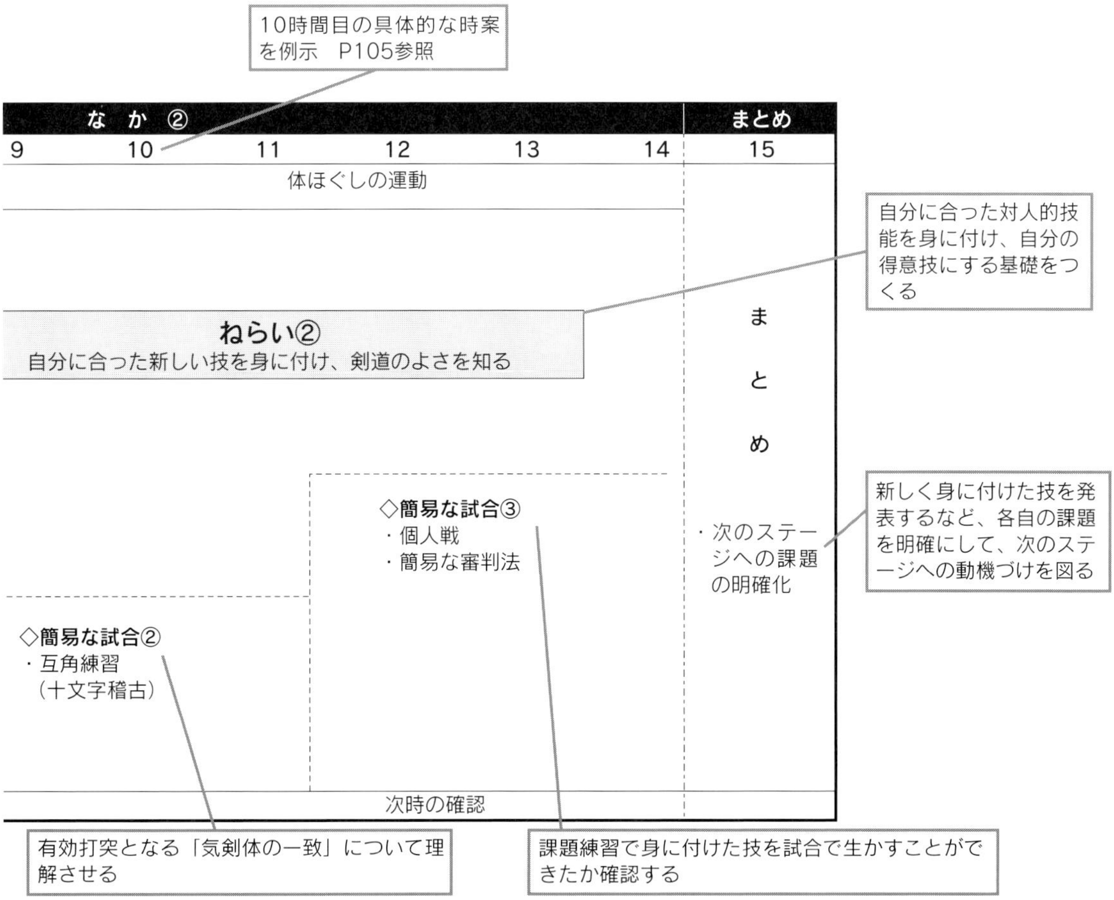

10時間目の具体的な時案を例示　P105参照
な　か　②
まとめ
9
10
11
12
13
14
15
体ほぐしの運動
ねらい②
自分に合った新しい技を身に付け、剣道のよさを知る
自分に合った対人的技能を身に付け、自分の得意技にする基礎をつくる
ま
と
め
◇簡易な試合③
・個人戦
・簡易な審判法
・次のステージへの課題の明確化
新しく身に付けた技を発表するなど、各自の課題を明確にして、次のステージへの動機づけを図る
◇簡易な試合②
・互角練習
（十文字稽古）
次時の確認
有効打突となる「気剣体の一致」について理解させる
課題練習で身に付けた技を試合で生かすことができたか確認する

5 安全上配慮する事項

①竹刀の安全点検

竹刀のささくれ、先皮の破損、つるの緩みなどに注意させる（練習前と練習後）。

②剣道具の装着の点検

初期の段階では、面ひもをきつく縛るのが難しいので、着装後、面が動かないかを確認させる。

③準備運動の確認

剣道での痛みの訴えで一番多いのは、踵痛である。準備運動では下肢（踵部も）に重点をおいて行わせる。足の爪を点検させる。

6 学習指導の手順と具体の評価規準

ここではモデルとなる第2ステージの単元計画に従い、具体的な学習指導の手順とそれに対応した具体の評価規準を示している。双方を参考にして、学習過程の評価を次の学習指導に生かすようにする。

※具体の評価規準の「評価の観点」の◎は、特に重視する観点を示す。

●はじめ　50分×1時間の流れ

ステージの導入として、オリエンテーションを行い、生徒自身が学習の進め方や道すじを知り、教師主導の学習から生徒主体の学習へ移行していく。また、体ほぐしの運動を楽しみながら、学習への動機づけを高めていく。

単元区分			学習内容と指導手順	指導・支援のポイント
学習Ⅰ	はじめ 50分×1		1　オリエンテーション ・学習のねらいと道すじを知る ・学習の進め方を知り、学習の見通しを立てる ・教師主導の共通課題の学習から、生徒主体の班別学習へ移行する中で、剣道の基礎・基本の習熟を図ることを知る 2　体ほぐしの運動 ・体ほぐしの運動の具体例（p139）を参考に、生徒が自由に運動を選択し、運動の仕方を工夫できるようにする。また、以後の授業の導入に活用できるようにする	◎学び方（学習の進め方や活動の仕方）を説明する ◎第１ステージの自己評価をもとに、自分の課題を設定できるようにさせる ◎学習への導入となるものを選び、仲間と運動を楽しむ中で、自分の体の状態に気づくようにさせる

●なか①　50分×4時間の流れ

第１ステージで扱った基本打突の習熟を図る。自由練習の延長として簡易試合を設定して、試合を楽しみながら自分の課題を見つける。このように、今もっている力で十分に剣道を楽しむようにする。

単元区分			学習内容と指導手順	指導・支援のポイント
学習Ⅱ	なか① 50分×4	ねらい①	1　基本打突の復習 ・面打ち、胴打ち、小手打ちの復習 2　１拍子の基本打突（シャープな打ち） 3　二段打ち （1）面－胴打ち （2）小手－面打ち （3）小手－胴打ち 4　簡易な試合① （1）回り稽古 （2）３人組の試合 ３人組で試合を行い、１人が審判をする 試合時間：１分、勝負：１本、審判：１審制 5　課題の把握（自己評価、相互評価の活用） 6　課題練習	◎生徒の実態や習熟度を見て、必要に応じて一斉指導で技のポイントを再確認する ◎左手を支点にして、てこの原理を用いて打つようにさせる ◎姿勢が崩れないように注意し、第２の打突が終了するまで集中力を切らさないようにさせる ◎相手と攻防し合う中で、練習した技が出せたかを確認することにより、自己の課題を見つけさせる ◎審判する技能を初期の段階から身に付けさせるために、３人組で試合をさせ、１人は審判をさせる ◎簡易な試合で、１本を取れそうな技を見つけさせる

◇「基本打突」の具体の評価規準

評価の観点	評価規準	学習指導へのフィードバック
関心・意欲・態度	1 拍子で基本打突する楽しさを味わおうとする	相手を打突する喜びを体感させる
思考・判断	自分の課題がわかり、それを解決する練習の仕方を選んでいる	対人で打ち方と受け方をあわせて指導することにより、対人的技能との関連を理解させる
◎技能	1 拍子の基本打突を、面、胴、小手打ちの中から 1 つ身に付けることができる	基本打突の復習を十分にさせながら、スピーディな打突を身に付けさせる
知識・理解	二段打ちで、第 1 の打突の後、できた隙を打つことを知っている	相手が技を受け止めたときにできた隙を打つことを理解させる

◇「簡易な試合①」の具体の評価規準

評価の観点	評価規準	学習指導へのフィードバック
◎関心・意欲・態度	礼儀正しい態度で、基本打突を使って試合を楽しもうとする	今もっている力で精いっぱい試合を楽しませる
思考・判断	簡易な試合を楽しみながら、自分の課題を見つけている	試合を自分の課題を振り返る機会として認識させる
技能	簡易な試合で使える基本打突を身に付けることができる	試合で技が使えるように、しっかりと基本練習をさせる
知識・理解	簡易な試合のルールや審判の仕方を知っている	試合の仕方や審判の仕方を確認させる

●なか②　50 分× 9 時間の流れ

対人的技能を技の集合体として理解させるのではなく、打突の機会のとらえ方を中心とした構造で理解させる。また、対人的技能の習得を課題別に 4 つのコースに設定し、個に応じた学習を展開する。

単元区分			学習内容と指導手順	指導・支援のポイント
学習Ⅱ	なか② 50分×9	ねらい②	1　対人的技能の学習 （1）　課題別学習 ①　課題 A「二段技」 面－胴、小手－面、小手－胴 ・相手に隙ができたところを連続的に打突する	◎生徒の能力などの差異を考慮して、4 つの課題を設定する ◎二段技は、動きがとぎれないように一連の動作として打突できるようにさせる
			②　課題 B「払い技」 払い面、払い小手 ・相手の竹刀を払って、打ち込む隙を見つけて打突する	◎払い技は、払いと打ちが一連の動きとして、なめらかに行えるようにさせる
			③　課題 C「抜き技」 面抜き胴、小手抜き面（後退動作） ・体をかわして相手に空を打たせて、打突する	◎抜き技は、相手との間合や打つタイミングを考えて打突できるようにさせる
			④　課題 D「引き技」 引き面、引き胴 ・相手と接近したとき、後退しながら打突する	◎引き技は、打突を受けて相手の動きが止まったところを、後退しながら打突できるようにさせる
			2　簡易な試合② ・互格練習（十文字稽古） 〈ルール〉 4 人組のグループ内のリーグ戦 試合時間：1 分、勝負：1 本、審判：2 審制 ・課題の把握	◎相手の動きに応じて、技が出せるようにさせる ◎相手と攻防し合う中で、練習した技を出すことができたかを確認させ、自己の課題を明確にさせる
			3　有効打突の理解 ・気剣体の一致 「気」：打とうという気持ちと気迫に満ちたかけ声	◎剣道の有効打突は、充実した気勢、適正な姿勢をもって、竹刀の打突部位を打突することを理解させる

		「剣」：竹刀の物打（ものうち）の部分で正確に打つこと 「体」：適正な姿勢 4　簡易な試合③ ・個人戦 〈ルール〉 試合時間：2分、勝負：3本、審判：3審制	◎試合を楽しむ中で「学んできた技がどれだけ身に付いたか、どうすればもっとうまく技が出せるか」などを確認させ、得意技を身に付ける基礎をつくる

◇「対人的技能」の具体の評価規準

評価の観点	評価規準	学習指導へのフィードバック
関心・意欲・態度	自己の能力に応じた技を習得する喜びを味わおうとする	自分に合った技を覚える楽しさを伝える
思考・判断	各自の課題に応じて、練習内容や練習方法を選んでいる	課題達成に向けて、学習資料をもとに練習のヒントを示す
◎技能	各自の課題に応じた新しい技を身に付けることができる	約束練習で、新しい技を身に付けさせる
知識・理解	気剣体の一致について知っている	気剣体の一致について説明し、確認させる

◇「簡易な試合②」の具体の評価規準

評価の観点	評価規準	学習指導へのフィードバック
関心・意欲・態度	公正な態度で、簡易な試合を楽しもうとする	試合の礼法を徹底し、練習した技を使って試合をさせる
◎思考・判断	練習した技を試合で生かすにはどうすればよいか、自分の課題を見つけている	相手との間合や技を出すタイミングなどを確認させ、課題解決を支援する
技能	簡易な試合で使うことができる新しい技を身に付けることができる	約束練習や十文字稽古で技に磨きをかけさせる
知識・理解	簡易な試合でのルールや審判法を知っている	簡易な試合や審判の仕方を復習し、確認させる

●まとめ　50分×1時間の流れ

ステージのまとめとして、これまでに身に付けた技を発表するなど、このステージの学習を振り返る。次に、学習カードを整理、分析して自分の課題を明確にし、次のステージへつなぐ。

単元区分			学習内容と指導手順	指導・支援のポイント
学習Ⅲ	まとめ		1　技の発表 ・自分が身に付けた技を仲間に発表する 2　学習したことを評価し、単元のまとめをする 3　課題を明確にする ・次のステージに向けて、自分の課題を明確にする	◎互いに技を発表させ、相互に評価させる ◎学習カードで、自己評価をさせる ◎次のステージで学習する技を紹介し、興味・関心を高める

7 学習指導の時案

ここでは、「第２ステージ15時間中の10時間目」の学習指導の具体的な展開例を示している。

対人的技能を４つの課題から選択し、その技能を身に付け、攻防の楽しさを味わうことをねらいとしている。

また、指導と評価の一体化を図るために、活動に対応した評価の観点を示している。これを参考に、学習過程の中で、生徒の活動状況を適宜評価し、次の学習指導に生かすようにする。

本時のねらい	やってみたい技やできそうな技に挑戦し、それを生かした攻防の楽しさを味わう	配当時間	第２ステージ 15時間中の10時間目

	学習活動	指導・支援の留意点	評価の観点
はじめ 10分	1　整列、あいさつ •正座　•黙想　•座礼 2　本時の学習内容をつかむ 3　グルーピング 4　準備運動と体ほぐしの運動	•礼法や姿勢を確認する •生徒の健康観察を行う •本時の学習内容を説明する •取り組む課題ごとにグルーピングする •見学者に学習の補助と見学のポイントを指示する	
なか 35分	5　対人的技能の学習（4つの課題から選択） ①課題A「二段技」 面－胴、小手－面、小手－胴 ②課題B「払い技」 払い面、払い小手 ③課題C「抜き技」 面抜き胴、小手抜き面（後退動作） ④課題D「引き技」 引き面、引き胴	•グループ内で同じ課題を選択した者同士で3人組をつくらせる •3人組のうち、1人は2人の技について助言させる •リーダーを中心に学習資料をもとに練習させる •技能習得の早い生徒には、同じ課題の違う技や新しい課題に取り組ませる •技能習得の遅い生徒には、1つの技でも習得すればよいことを伝え、じっくりと課題に取り組ませる	•自分の能力に応じた技を習得する喜びを味わおうとする（**関**） •各自の課題に応じて、練習内容や練習方法を選んでいる（**思**）
	6　簡易な試合 •十文字稽古 〈ルール〉 4人組のリーグ戦 試合時間…1分 勝　負…1本 審　判…2審制	•今まで練習してきた技を積極的に出し、相手としっかり打ち合うように助言する •リーグ戦終了後、3勝した者は上位の班に移動させ、3敗した者は下位の班に移動させることにより、力の拮抗した試合になるようにする	•簡易な試合で使うことができる新しい技を身に付けることができる（**技**） •簡易な試合でのルールや審判法を知っている（**知**）
まとめ 5分	7　整理運動 8　整列、あいさつ •本時の学習活動の反省 •次時の課題 •正座　•黙想　•座礼	•生徒の健康観察を行う •本時のまとめをする	

※（関）：関心・意欲・態度、（思）：思考・判断、（技）：技能、（知）：知識・理解

第3節　第3ステージ「剣道の楽しさを知ろう」

▶対象（新しい技を身に付け、自由練習や試合を楽しむことをめざす生徒　　学習経験30時間程度）

1 学習指導の進め方

第2ステージまでに基本動作と対人的技能の一部について学習し、簡易な試合ができるようになった生徒を対象とする。試合をするうちに、1対1の攻防の楽しさを味わえるようになり、試合を楽しみに授業に臨んでいる。

互いの技能が向上するにつれて防御の技能も向上し、限られた技では試合に勝てず、技を増やしたいと考えたり、今できる技にさらに磨きをかけたいと考えている生徒もいる。また、技能の習得の遅れから試合に勝てず、剣道に対する学習意欲が低下してきている生徒も見られる。

そこで、「ねらい①」に時間的ゆとりをもたせ、約束練習や互格稽古を積極的に行うなどして剣道の楽しさを味わわせるとともに、その力を確かなものにしつつ、「ねらい②」に発展させる。

2 単元計画と学習の道すじ　－15時間の具体例－

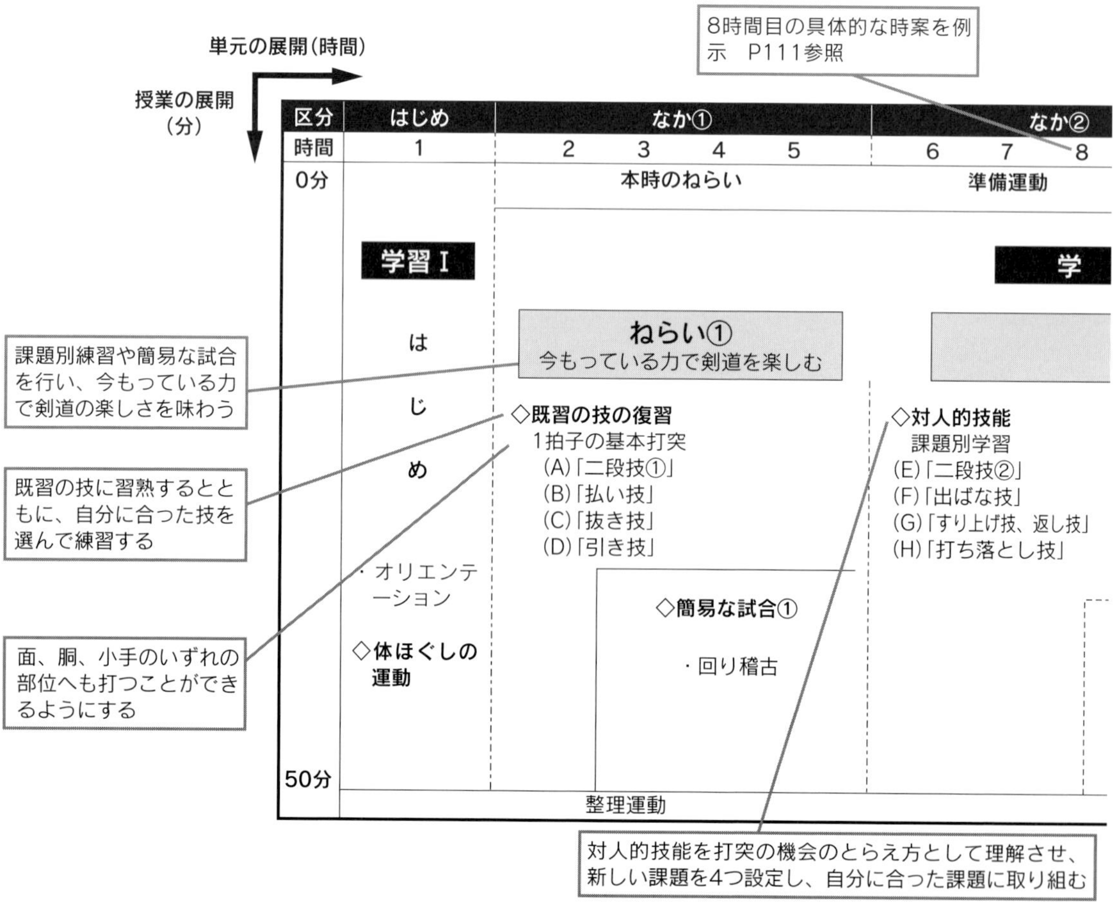

8時間目の具体的な時案を例示　P111参照
単元の展開(時間)
授業の展開(分)
区分
はじめ
なか①
なか②
時間
1
2
3
4
5
6
7
8
0分
本時のねらい
準備運動
学習Ⅰ
学
は
じ
め
ねらい①
今もっている力で剣道を楽しむ
課題別練習や簡易な試合を行い、今もっている力で剣道の楽しさを味わう
◇既習の技の復習
1拍子の基本打突
(A)「二段技①」
(B)「払い技」
(C)「抜き技」
(D)「引き技」
◇対人的技能
課題別学習
(E)「二段技②」
(F)「出ばな技」
(G)「すり上げ技、返し技」
(H)「打ち落とし技」
既習の技に習熟するとともに、自分に合った技を選んで練習する
・オリエンテーション
◇体ほぐしの運動
◇簡易な試合①
・回り稽古
面、胴、小手のいずれの部位へも打つことができるようにする
50分
整理運動
対人的技能を打突の機会のとらえ方として理解させ、新しい課題を4つ設定し、自分に合った課題に取り組む

3 主な学習内容

◇対人的技能（課題別学習）

（A）二段技①：面—胴、小手—面、小手—胴、面—面

（B）払い技：払い面、払い小手、払い胴

（C）抜き技：面抜き胴、小手抜き面

（D）引き技：引き面、引き胴、引き小手

（E）二段技②：面攻めて胴、面攻めて小手、小手攻めて面

（F）出ばな技：出ばな面、出ばな小手

（G）すり上げ技：小手すり上げ面、返し技：面返し胴

（H）打ち落とし技：胴打ち落とし面

◇簡易な試合①②

◇試合

4 指導計画作成上のポイント

第２ステージまでに身に付けた力を「ねらい①」とし、約束練習や互格稽古を積極的に行うなどして剣道の楽しさを味わわせるとともに、その力を確かなものとしつつ、「ねらい②」に発展させる。

「ねらい①」の学習をできるだけ簡単に済ませて「ねらい②」にすぐ移行していく考え方もあるが、「ねらい①」に時間的なゆとりをもたせ、今もっている力でいろいろな相手と互格稽古や試合を意欲的に行い、剣道のよさを精いっぱい味わわせる。

また、中学校学習指導要領の保健体育科の解説書に例示された技についてはできるだけ多く紹介したいと考え、単元計画を作成する。

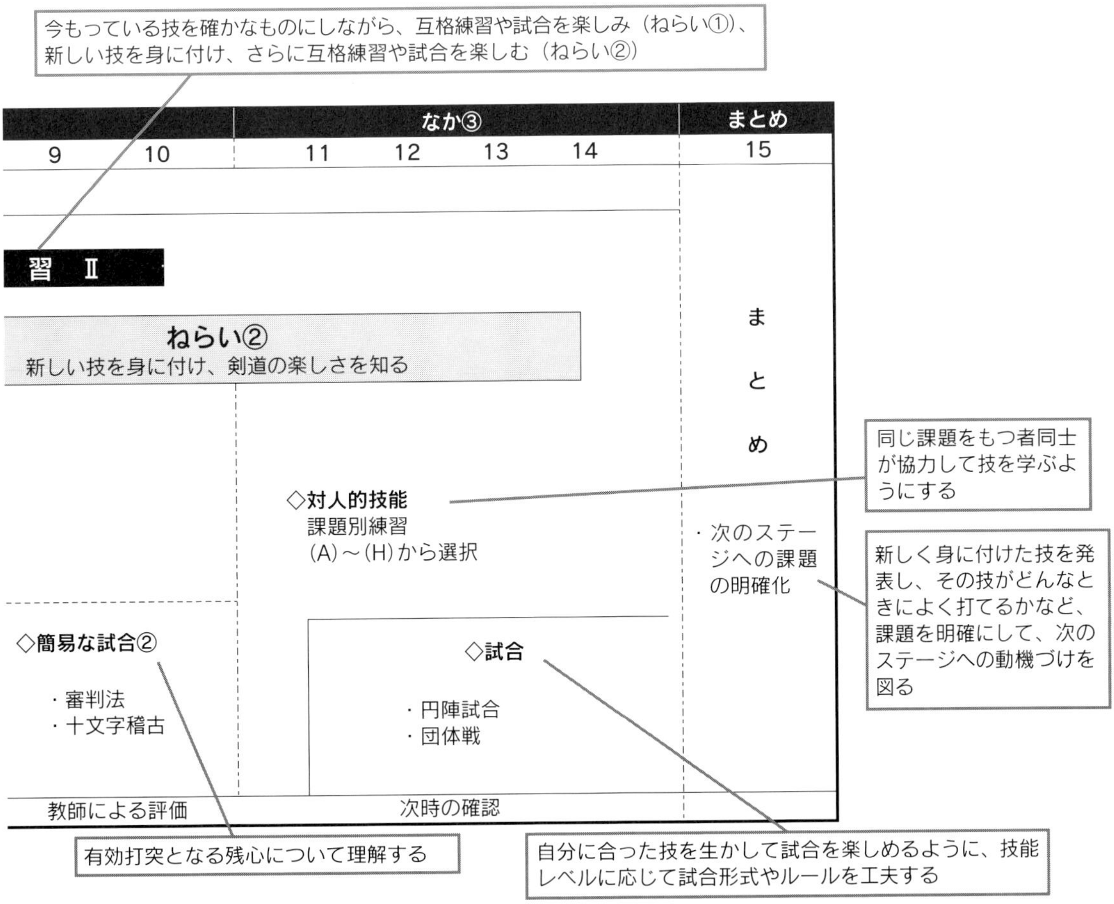

今もっている技を確かなものにしながら、互格練習や試合を楽しみ（ねらい①）、新しい技を身に付け、さらに互格練習や試合を楽しむ（ねらい②）
なか③
まとめ
9
10
11
12
13
14
15
習 Ⅱ
ねらい②
新しい技を身に付け、剣道の楽しさを知る
まとめ
同じ課題をもつ者同士が協力して技を学ぶようにする
◇対人的技能
課題別練習
(A)～(H)から選択
・次のステージへの課題の明確化
新しく身に付けた技を発表し、その技がどんなときによく打てるかなど、課題を明確にして、次のステージへの動機づけを図る
◇簡易な試合②
・審判法
・十文字稽古
◇試合
・円陣試合
・団体戦
教師による評価
次時の確認
有効打突となる残心について理解する
自分に合った技を生かして試合を楽しめるように、技能レベルに応じて試合形式やルールを工夫する

5 安全上配慮する事項

①竹刀の安全点検

竹刀のささくれ、先皮の破損、つるの緩みなどに注意させる（練習前と練習後）。

②準備運動の確認

剣道での痛みの訴えが一番多いのは、踵痛である。準備運動では下肢（踵部も）に重点をおいて行わせる。足の爪を点検させる。

③床の破損がないかを点検させる。

6 学習指導の手順と具体の評価規準

ここでは、モデルとなる第3ステージの単元計画に従い、具体的な学習指導の手順とそれに対応した具体の評価規準を示している。双方を参考にして、学習過程の評価を次の学習指導に生かすようにする。

※具体の評価規準の「評価の観点」の◎は、特に重視する観点を示す。

●はじめ　50分×1時間の流れ

ステージの導入としてオリエンテーションを行い、生徒自身が学習の進め方や道すじを知り、今までに身に付けた技を使って簡易な試合を楽しむことや、さらに新しい技を身に付けることを理解する。

単元区分			学習内容と指導手順	指導・支援のポイント
学習Ⅰ	はじめ 50分×1		1　オリエンテーション ・学習のねらいと道すじを知る ・学習の進め方を知り、学習の見通しを立てる ・課題ごとの班別学習で新しい技を身に付けることを理解する	◎学び方（学習の進め方や活動の仕方）を説明する。 ◎第2ステージの自己評価をもとに、自分の課題を設定できるようにさせる
			2　体ほぐしの運動 ・体ほぐしの運動の具体例（p139）を参考に、生徒が自由に運動を選択し、運動の仕方を工夫できるようにする。また、以後の授業の導入に活用できるようにする	◎学習への導入となるものを選び、仲間と運動を楽しむ中で、自分の体の状態に気づくようにさせる

●なか①　50分×4時間の流れ

課題別学習や簡易な試合を中心に授業を展開し、今もっている力で剣道を楽しめるようにする。第2ステージで学習した技の復習を行うとともに、課題の中の新しい技を追加し、攻防の幅を広げる。

単元区分			学習内容と指導手順	指導・支援のポイント
学習Ⅱ	なか① 50分×4	ねらい①	1　1拍子の基本打突（シャープな打ち）	◎面・胴・小手のいずれの打突部位へも打つことができるようにさせる
			2　対人的技能の学習 （1）課題別学習 ①課題A「二段技①」 面－胴、小手－面、小手－胴、面－面を追加	◎課題Aの二段技は、実際に打突して相手に隙ができたところを連続的に打突させる
			②課題B「払い技」 払い面、払い小手、払い胴を追加	◎相手の竹刀を払って、打ち込む隙を見つけて打突させる
			③課題C「抜き技」 面抜き胴、小手抜き面（後退動作）	◎体をかわして相手に空を打たせて、打突させる
			④課題D「引き技」 引き面、引き胴、引き小手を追加	◎相手と接近したとき、後退しながら打突させる
			3　簡易な試合①（回り稽古） 試合時間：1分、勝負：無制限、審判：試合者同士	◎相手と攻防し合う中で、練習した技を出すことができたかを確認することにより、自己の課題を見つけさせる

◇「既習技の復習」の具体の評価規準

評価の観点	評価規準	学習指導へのフィードバック
関心・意欲・態度	既習の技を使って剣道を楽しもうとしている	自分の出しやすい技を使って技を磨く楽しみを経験させる
思考・判断	既習の技を復習しながら、自分の課題を見つけ、それを解決する練習の仕方を選んでいる	学習資料をもとに、得意技へ発展させる学び方の手だてを示す

◎技能	いくつかの既習の技を身に付けることができる	得意技にできそうな技を選んで、約束練習を反復させる
知識・理解	既習の技についての打つ機会を知っている	学習資料をもとに、打突の機会を確認させる

◇「簡易な試合①」の具体の評価規準

評価の観点	評価規準	学習指導へのフィードバック
◎関心・意欲・態度	礼儀正しい態度で、既習技を使って試合を楽しもうとする	今もっている力で精いっぱい試合を楽しませる
思考・判断	簡易な試合を楽しみながら、自分の課題を見つけている	試合を自分の課題を振り返る機会として認識させる
技能	簡易な試合で使えるいくつかの技を身に付けることができる	試合で技が使えるように、しっかりと約束練習させる
知識・理解	簡易な試合のルールや審判の仕方を理解している	試合の仕方や審判の仕方を確認させる

●なか②　50分×5時間の流れ

対人的技能を技の集合体として理解させるのではなく、打突の機会のとらえ方を中心とした構造で理解させる。第2ステージで扱わなかった新しい課題を4つ提示し、生徒が選んだ課題ごとに班編成を行い、生徒が協力して技を磨き合えるようにする。

単元区分			学習内容と指導手順	指導・支援のポイント
学習Ⅱ	なか② 50分×5	ねらい②	1　対人的技能の学習 （1）課題別学習 ①課題E「二段技②」 面を攻めて胴、面を攻めて小手、小手を攻めて面 ・誘いをかけ、相手の構えに隙を作らせ打突する	◎生徒の能力などの差異を考慮して、4つの課題を設定する ◎課題Eの二段技は、攻めたときの相手の構えの変化に応じて打突させるまた、攻めを強くし、そのことによってできた隙を確実にとらえさせる
			②課題F「出ばな技」 出ばな面、出ばな小手 ・相手の打とうとするタイミングを見つけ、打突する	◎出ばな技は前後の動きを取り入れて、打たせる側が「ハイ」と声をかけて構えを崩すように約束練習をさせる
			③課題G「返し技、すり上げ技」 面返し胴、小手すり上げ面 ・相手の打突を竹刀で返したり、すり上げたりして打突する	◎返し技、すり上げ技は近い間合で足さばきを使わずに、手の内の返しの練習を十分に行ってから、一足一刀の間合から練習させる
			④課題H「打ち落とし技」 胴打ち落とし面 ・相手の打突を竹刀で打ち落として、打突する	◎打ち落とし技は、近い間合で打ち落としの練習を十分に行ってから、一足一刀の間合やつばぜり合いから練習させる
			2　審判法 （1）有効打突の理解 ・「残心」について知る	◎残心とは、打突動作が完了した後も油断することなく、相手の攻撃に対応できる身構え、心構えであることを説明し、残心がないと有効打突にならないことを知らせる
			3　簡易な試合② ・互格練習（十文字稽古） 〈ルール〉4人組のグループ内のリーグ戦 試合時間：1分、勝負：グループで決める、審判：2審制 ・課題の把握	◎試合を楽しむ中で「学んできた技がどれだけ身に付いたか、どうすればもっとうまく技が出せるか」などを確認させ、得意技を身に付けさせる

◇「対人的技能」の具体の評価規準

評価の観点	評価規準	学習指導へのフィードバック
関心・意欲・態度	自己の能力に応じた技を習得する喜びを味わおうとする	自分に合った技を覚える楽しさを伝える

思考・判断	各自の課題に応じて、練習内容や練習方法を選んでいる	課題達成に向けて、学習資料をもとに練習のヒントを示す
◎技能	各自の課題に応じた新しい技を身に付けることができる	約束練習で、新しい技を身に付けさせる
知識・理解	残心について知っている	残心について説明する

◇「簡易な試合②」の具体の評価規準

評価の観点	評価規準	学習指導へのフィードバック
関心・意欲・態度	公正な態度で、簡易な試合を楽しもうとする	試合の礼法を徹底し、練習した技を使って試合をさせる
◎思考・判断	練習した技を試合で生かすにはどうすればいいか、自分の課題を見つけている	相手との間合や技を出すタイミングなどを確認させ、課題解決を支援する
技能	簡易な試合で使える新しい技を身に付けることができる	約束練習や自由練習（十文字稽古）で技に磨きをかける
知識・理解	簡易な試合でのルールや審判法を理解している	簡易な試合や審判の仕方を復習し、確認させる

●なか③　50分×4時間の流れ

新しく身に付けた技を使って試合を楽しめるようにする。団体形式の試合を取り入れ、習熟度など、試合相手を考慮した班編成を行う。試合前に、班別での約束練習で「なか①」「なか②」の学習で身に付けた得意技を磨くようにさせる。また、試合後は、班ごとに反省を行い、相互に助言し合いながら課題を明確にしていく。

単元区分			学習内容と指導手順	指導・支援のポイント
学習Ⅱ	なか③ 50分×4	ねらい②	1　対人的技能の練習 （1）課題別練習（班別練習） ・課題A～Hから選択 2　試合 ・団体戦 〈ルール〉 試合時間：2分、勝負：3本、審判：3審制 3　課題の把握	◎団体戦に向けて、今まで学習してきた技の中で、試合に生かせそうな技を練習させる ◎試合を楽しむ中で、身に付けた技が試合で生かせたかなど、自分で練習している技についての課題をもたせる ◎学習カードなどを利用し、自己評価や相互評価から自分の課題をつかませる

◇「試合」の具体の評価規準

評価の観点	評価規準	学習指導へのフィードバック
関心・意欲・態度	互いに協力し、身に付けた新しい技を生かして、試合を楽しもうとする	試合の礼法を徹底し、新しく身に付けた技を使って試合をさせる
◎思考・判断	試合を楽しみながら、個人やグループの課題を見つけ、得意技に発展するように工夫している	相手との間合や技を出すタイミングなどを確認させ、課題解決を支援する
技能	試合で使える新しい技を身に付けることができる	試合で新しい技が使えるように、約束練習や相互稽古で技に磨きをかけさせる
知識・理解	審判の仕方を説明している	審判の仕方を復習し、確認させる

●まとめ　50分×1時間

ステージのまとめとして、これまで身に付けた技を発表するなど、このステージの学習を振り返る。次に、学習カードを整理、分析して自分の課題を明確にして、次のステージへつなぐ。

単元区分			学習内容と指導手順	指導・支援のポイント
学	まとめ		1　技の発表 ・自分が身に付けた技を仲間に発表する 2　学習したことを評価し、単元のまとめをする	◎互いに技を発表させ、相互に評価させる ◎学習カードを整理、分析して、自己評

習III	50分×1	・剣道を楽しめたか、新しい技が身に付いたか、相手を尊重する態度や安全に留意できたか、など 3　課題を明確にする ・次のステージに向けて、自分の課題を明確にする	価させる ◎次のステージで学習する技を紹介し、興味・関心を高める

7 学習指導の時案

ここでは、「第3ステージ15時間中の8時間目」の学習指導の具体的な展開例を示している。対人的技能を新しい4つの課題から選択し、その技能を身に付け、攻防の楽しさを味わうことをねらいとしている。

また、指導と評価の一体化を図るために、活動した評価の観点を示している。これを参考に、学習過程の中で、生徒の活動状況を適宜評価し、次の学習指導に生かすようにする。

本時のねらい	やってみたい技やできそうな技に挑戦し、それを生かした攻防の楽しさを味わう	配当時間	第3ステージ 15時間中の8時間目

	学　習　活　動	指導・支援の留意点	評価の観点
はじめ 10分	1　整列、あいさつ •正座　•黙想　•座礼 2　本時の学習内容をつかむ 3　グルーピング 4　準備運動と体ほぐしの運動	•礼法や姿勢を確認する •生徒の健康観察を行う •本時の学習内容を説明する •取り組む課題ごとにグルーピングする •見学者に学習の補助と見学のポイントを指示する	
なか 35分	5　自己の選択した対人的技能の学習（4つの課題から選択） 課題E「二段技②」 面を攻めて胴、面を攻めて小手、小手を攻めて面 課題F「出ばな技」 出ばな面、出ばな小手 課題G「返し技、すり上げ技」 面返し胴、小手すり上げ面 課題H「打ち落とし技」 胴打ち落とし面 6　簡易な試合 •十文字稽古 〈ルールを工夫して〉 4人組のリーグ戦 試合時間……1分 勝　負……グループで決める 審　判……2審制	•グループ内で同じ課題を選択した者同士で3人組をつくらせる •3人組のうち、1人は2人の技について助言させる •リーダーを中心に学習資料をもとに練習させる •技能習得の遅い生徒には、1つの技でも習得すればよいことを伝え、じっくりと課題に取り組ませるようにさせる •試合者同士で力の差がある場合には、打突部位を限定するなどのハンディキャップ制を取り入れるなどして、試合の仕方を工夫させる •リーグ戦終了後、3勝した者は上位の班に移動させ、3敗した者は下位の班に移動させることにより、力の拮抗した試合になるようにする	•自己の能力に応じた技を習得する喜びを味わおうとする**（関）** •各自の課題に応じて、練習内容や練習方法を選んでいる**（思）** •簡易な試合で使える新しい技を身に付けることができる**（技）** •簡易な試合でのルールや審判法を理解している**（知）**
まとめ 5分	7　整理運動 8　整列、あいさつ •本時の学習活動の反省 •次時の課題 •正座　•黙想　•座礼	•生徒の健康観察を行う •本時の反省をもとに、次時の課題が設定できるように援助する	

※（関）：関心・意欲・態度、（思）：思考・判断、（技）：技能、（知）：知識・理解

第４節　第４ステージ「剣道の楽しさを深めよう」

▶対象（得意技を身に付け、自由練習や試合を楽しむことをめざす生徒　　学習経験45時間程度）

1 学習指導の進め方

このステージは、ある程度剣道を学び、自由練習や試合ができるようになった生徒を対象とする。自分なりの得意技をもち、剣道の楽しさを味わうことができるようになっている。

しかし、得意技がもてるようになったとはいえ、なかなか有効打突を得られないでいる。この原因は、打突の機会の範囲が限られていて、同じ技を繰り返す単調な攻めにあると思われる。攻防の仕方をさらに工夫することが課題となっている段階と言える。

また、この段階の生徒は、打突の機会はわかるようになってきているが、スムーズな動きができていないために、瞬時の打突の機会を逃している。

そこで、相手の動きに対応した攻防ができるようにし、しかけ技と応じ技のいずれもできるようにする。

2 単元計画と学習の道すじ　－15時間の具体例－

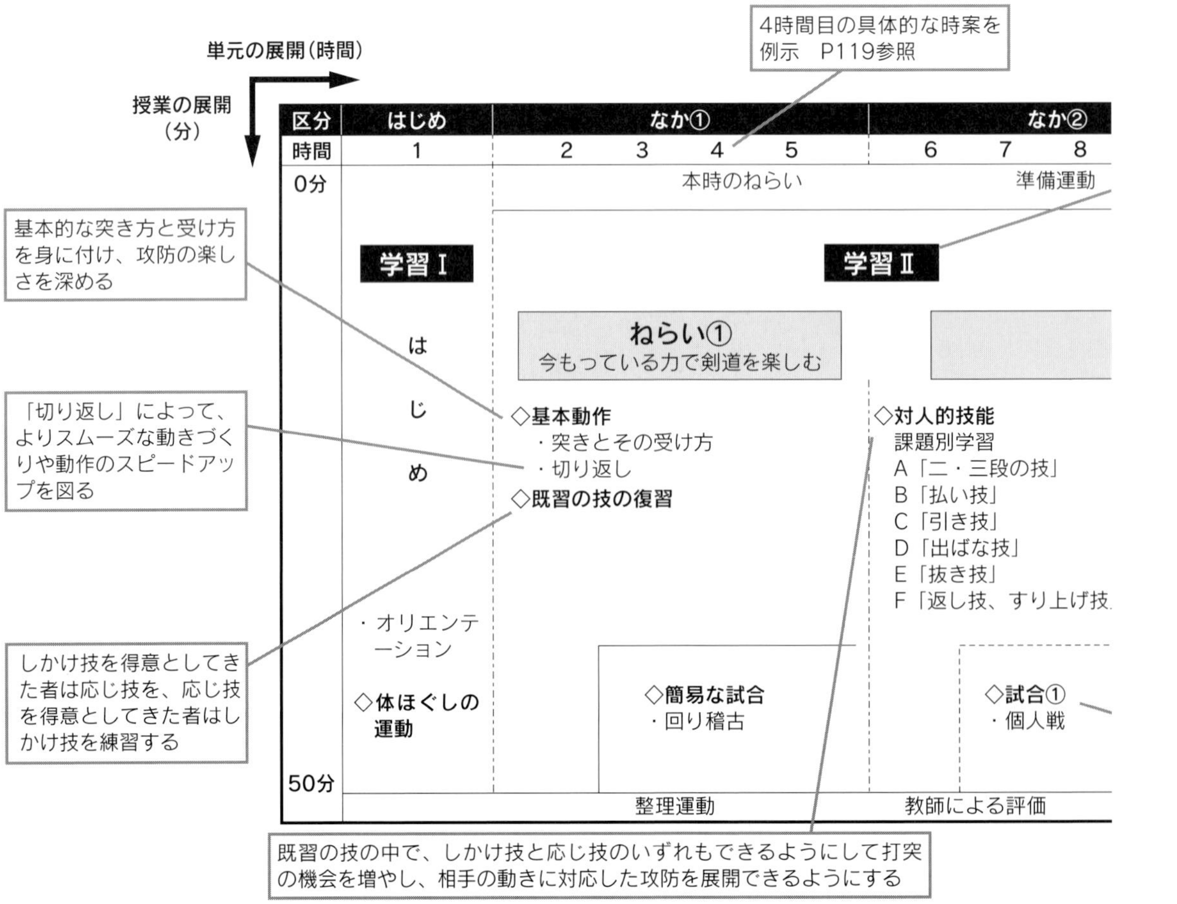

4時間目の具体的な時案を例示　P119参照
単元の展開（時間）
授業の展開（分）
区分
はじめ
なか①
なか②
時間
1
2
3
4
5
6
7
8
0分
本時のねらい
準備運動
基本的な突き方と受け方を身に付け、攻防の楽しさを深める
学習Ⅰ
学習Ⅱ
はじめ
ねらい①
今もっている力で剣道を楽しむ
「切り返し」によって、よりスムーズな動きづくりや動作のスピードアップを図る
◇基本動作
・突きとその受け方
・切り返し
◇既習の技の復習
◇対人的技能
課題別学習
A「二・三段の技」
B「払い技」
C「引き技」
D「出ばな技」
E「抜き技」
F「返し技、すり上げ技
・オリエンテーション
◇体ほぐしの運動
しかけ技を得意としてきた者は応じ技を、応じ技を得意としてきた者はしかけ技を練習する
◇簡易な試合
・回り稽古
◇試合①
・個人戦
50分
整理運動
教師による評価
既習の技の中で、しかけ技と応じ技のいずれもできるようにして打突の機会を増やし、相手の動きに対応した攻防を展開できるようにする

3 主な学習内容

◇基本動作
・突きとその受け方
・切り返し
◇対人的技能（課題別学習）
※既習の内容に以下の技を加える
・二・三段の技：突き—面、小手—面—胴
・払い技：払い突き
・抜き技：面抜き面、面抜き小手
◇試合①②
・試合の仕方と審判の仕方

4 指導計画作成上のポイント

剣道の打突部位は、面部、胴部、小手部と突き部の4部位である。突きについては、中学校では安全上の観点から扱わないことになっているが、高等学校では学習内容に位置づいている。

打突部位が1つ増えることで攻防の内容も深まるが、正しい突き方と受け方を習得させなければならない。高校生とはいえ、突きは咽頭部が打突部位にあるので、危険な場合もある。実際には、この段階での突きの取り扱いは突きを「攻め」、または相手の構えを崩す手段のひとつとして活用させるのが効果的である。

また、この単元では、新しい技をさらに身に付け、攻防の中での打突の機会を増やしていくことを図るようにする。具体的には、しかけ技と応じ技のいずれもできるようにして、相手の動きに対応した攻防をさらに展開できるように計画を立案した。

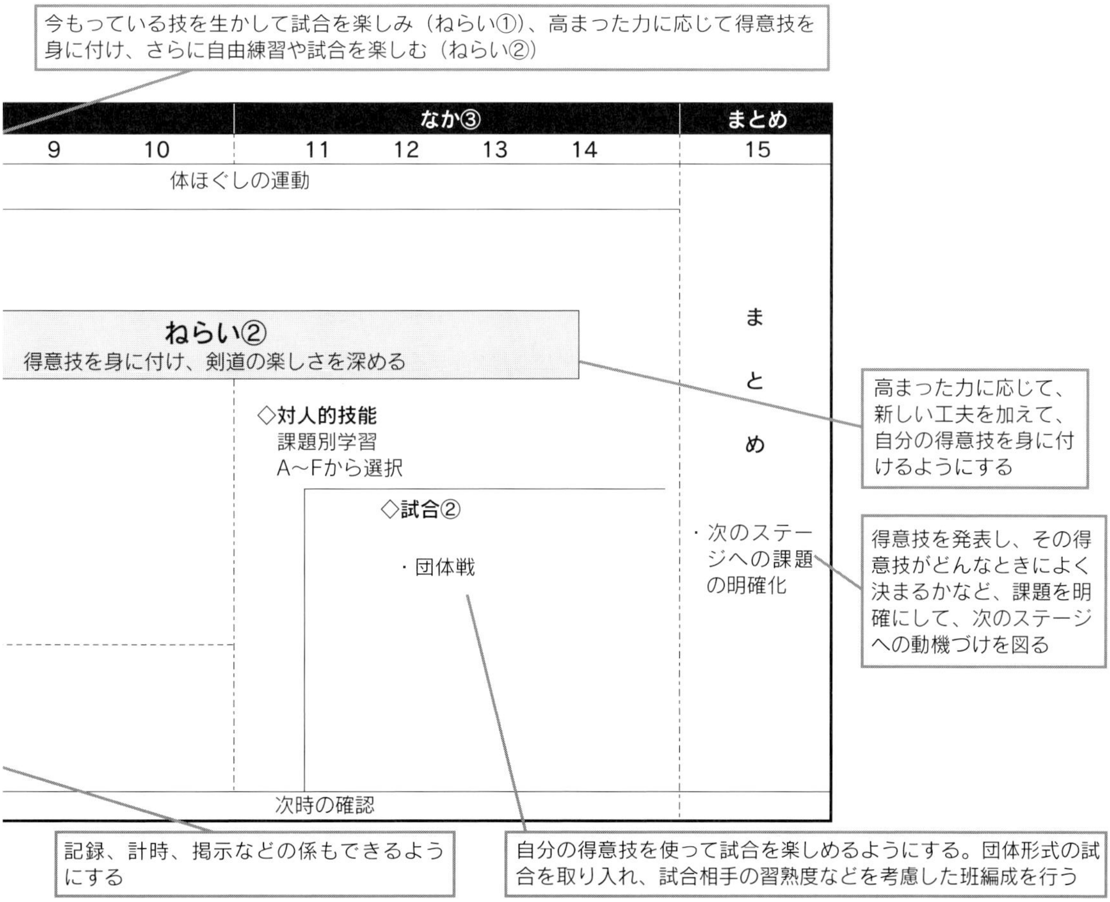

今もっている技を生かして試合を楽しみ（ねらい①）、高まった力に応じて得意技を身に付け、さらに自由練習や試合を楽しむ（ねらい②）
なか③
まとめ
9
10
11
12
13
14
15
体ほぐしの運動
ねらい②
得意技を身に付け、剣道の楽しさを深める
◇対人的技能
課題別学習
A～Fから選択
◇試合②
・団体戦
まとめ
・次のステージへの課題の明確化
高まった力に応じて、新しい工夫を加えて、自分の得意技を身に付けるようにする
得意技を発表し、その得意技がどんなときによく決まるかなど、課題を明確にして、次のステージへの動機づけを図る
次時の確認
記録、計時、掲示などの係もできるようにする
自分の得意技を使って試合を楽しめるようにする。団体形式の試合を取り入れ、試合相手の習熟度などを考慮した班編成を行う

5 安全上配慮する事項

①竹刀の安全点検

竹刀のささくれ、先皮の破損、つるの緩みなどに注意させる（練習前と練習後）。

②突き部への突かせ方

相手に対して正対し、あごをしっかり立てて横や上を向いたりしないように十分に留意させる。

③素面で行う切り返しやフォーム練習（形練習）では、竹刀が直接、相手や周りの人の体に接触しないように留意させる。

6 学習指導の手順と具体の評価規準

ここでは、モデルとなる第4ステージの単元計画に従い、具体的な学習指導の手順とそれに対応した具体の評価規準を示している。双方を参考にして、学習過程の評価を次の学習指導に生かすようにする。

※具体の評価規準の「評価の観点」の◎は、特に重視する観点を示す。

●はじめ　50分×1時間の流れ

ステージの導入としてオリエンテーションを行い、生徒自身が学習の進め方や道すじを知り、今までに身に付けた技を使って簡易な試合を楽しむことや、さらに新しい技を身に付けることを理解する。

単元区分			学習内容と指導手順	指導・支援のポイント
学習Ⅰ	はじめ 50分×1		1　オリエンテーション ・学習のねらいと道すじを知る ・学習の進め方を知り、学習の見通しを立てる ・課題ごとの班別学習で得意技を身に付けることを理解する	◎学び方（学習の進め方や活動の仕方）を説明する。 ◎第3ステージの自己評価をもとに自分の課題を設定できるようにさせる
			2　体ほぐしの運動 ・体ほぐしの運動の具体例（p139）を参考に、生徒が自由に運動を選択し、運動の仕方を工夫できるようにする。また、以後の授業の導入に活用できるようにする	◎学習への導入となるものを選び、仲間と運動を楽しむ中で、自分の体の状態に気づくようにさせる

●なか①　50分×4時間の流れ

打突部位に新たに突部を加えて、基本的な突き方と受け方ができるようにし、攻防の楽しさを深めるようにする。また、基本動作の練習法として切り返しを取り上げ、この練習法によってよりスムーズな動きづくりや動作のスピードアップを図るようにする。

単元区分			学習内容と指導手順	指導・支援のポイント
学習Ⅱ	なか① 50分×4	ねらい①	1　基本動作 （1）突き	
			①目印をつけた壁や打ち込み台への突き	◎的を外さない距離から始め、慣れるにしたがって少しずつ距離を広くしていくようにさせる
			②表（おもて）からの諸手突き	◎右足から踏み込んで、両拳を内側に絞りながら、両腕を伸ばして突くようにさせる
			③表（おもて）からの片手突き	◎竹刀を保持しない右拳は、突く瞬間に右腰に強く引きつけるようにさせる
			（2）突きの受け方 ①すり上げ	◎相手の剣先を下から軽く跳ね上げて外すようにさせる
			②打ち落とし	◎左（右）斜め下に打ち落とすようにさせる

	2　切り返し （1）斜め振り	◎竹刀を顔の前で返すことなく、十分に振りかぶって頭上で返して打つようにさせる。
	（2）連続左右面打ち	◎右面打ちが小さくならないように、左右いずれにも偏らないようにして切り返させる
	（3）正面打ち－連続左右面打ち－正面打ち	◎前進と後退を繰り返しながらできるようにさせる
	3　既習技の復習	◎しかけ技を得意としてきた者は応じ技を、応じ技を得意としてきた者はしかけ技を選ぶように助言する
	4　簡易な試合（回り稽古） 試合時間：1分、勝負：無制限、審判：試合者同士	◎身に付けた技を積極的に試すようにさせる

◇「基本動作（突き）」の具体の評価規準

評価の観点	評価規準	学習指導へのフィードバック
関心・意欲・態度	突き技の攻防を展開した楽しさを味わおうとする	「突き」という打突部位が1つ増えることによって、攻防の内容が深まることを体感させる
思考・判断	対人的技能と関連づけながら、基本動作を身に付けようとしている	対人で突き方と受け方をあわせて指導することにより、対人的技能との関連を理解させる
◎技能	突きと受け方の基本動作ができる	突き方と受け方の基本動作を繰り返し練習させる
知識・理解	突きが相手の構えを崩す手段のひとつであることを知っている	突きが打突だけでなく、「攻め」のひとつになることを理解させる

◇「基本動作（切り返し）」の具体の評価規準

評価の観点	評価規準	学習指導へのフィードバック
関心・意欲・態度	スムーズな動きで攻防する楽しさを味わおうとする	切り返しをすることによって、動きがスムーズになることを体感させる
思考・判断	切り返しの練習で、間合や呼吸の仕方を考えている	剣道の基本動作の総合的な練習法であることを理解させる
◎技能	切り返しができる	準備運動や整理運動として活用させ、毎時間取り組ませる
知識・理解	切り返しの効果を知っている	切り返しの効果を確認させる

◇「簡易な試合」の具体の評価規準

評価の観点	評価規準	学習指導へのフィードバック
◎関心・意欲・態度	礼儀正しい態度で、既習技を使って試合を楽しもうとする	今もっている力で精いっぱい試合を楽しませる
思考・判断	簡易な試合を楽しみながら、自分の課題を見つけている	試合を自分の課題を振り返る機会として認識させる
技能	簡易な試合で使える得意技を身に付けることができる	試合で技が使えるように、しっかりと約束練習させる
知識・理解	簡易な試合のルールや審判の仕方を理解している	試合の仕方や審判の仕方を確認させる

●なか②　50分×5時間の流れ

既習の技の中で、しかけ技と応じ技のいずれもできるようにして打突の機会を増やし、相手の動きに対応した攻防を展開できるようにする。生徒が選んだ課題ごとに班編成を行い、生徒が協力して技を磨き合えるようにする。

単元区分			学習内容と指導手順	指導・支援のポイント
学習II	なか② 50分×5	ねらい②	1　対人的技能の学習 （1）課題別学習 ・課題「A～D」から1つ、課題「E、F」から1つ自分に適したものを選択し、班ごとに練習する 課題A「二・三段の技」 小手－面、面－面、小手－胴、面－胴、 **突き－面**、**小手－面－胴**を追加 課題B「払い技」 払い面、払い小手、払い胴、 **払い突き**を追加 課題C「引き技」 引き面、引き胴、引き小手 課題D「出ばな技」 出ばな面、出ばな小手 課題E「抜き技」 面抜き胴、小手抜き面、 **面抜き面**、**面抜き小手**を追加 課題F「返し技・すり上げ技」 面返し胴、面すり上げ面、 小手すり上げ面	◎生徒の能力などの差異を考慮して、6つの課題を設定する ◎例えば、課題A「二･三段の技」と課題E「抜き技」を選択させるなど、「しかけ技」と「応じ技」を両方練習させる ◎それぞれの打ちを正確に、しかも打ちと打ちの間に気分を抜かないようにひと呼吸で打たせる ◎払い技は、払いと打ちが一連の動きとしてなめらかに行わせる ◎相手の打突を受けて、動きが止まったところを下がりながら打たせる ◎打ち出そうと手元の上がる瞬間をとらえて、技を出すようにさせる ◎後方と左右方向への体さばきがあり、相手の動きのスピードによって、体をさばく方向を決めさせる ◎応じる動作と打つ動作が別々にならないように、一連の動作として行うようにさせる
			2　試合① ・個人戦のリーグ戦 〈ルール〉 試合時間：2分、勝負：3本、審判：3審制	◎記録、計時、掲示などの係もできるようにさせる ◎試合を楽しむ中で、身に付けた技が試合で生かせたかなど、自分で練習している技についての課題をもたせる
			3　課題の把握	◎学習カードなどを利用し、自己評価や相互評価から、自分の課題をつかませる

◇「技の班別学習」の具体の評価規準

評価の観点	評価規準	学習指導へのフィードバック
関心・意欲・態度	互いに協力して得意技を身に付ける楽しさを味わおうとする	班で協力して、打突の機会をとらえる楽しさを伝える
◎思考・判断	打突の機会を考え、技に応じた練習方法を選んでいる	得意技を身に付けるための練習のヒントを示す
◎技能	自分に合ったしかけ技と応じ技の両方を身に付けることができる	かかり練習や約束練習を繰り返し行わせ、しっかりと身に付けさせる
知識・理解	自分に合った打突の機会を理解している	打突の機会を説明し、自分に合った技を確認させる

◇「試合①」の具体の評価規準

評価の観点	評価規準	学習指導へのフィードバック
◎関心・意欲・態度	礼儀正しい公正な態度で、得意技を使って試合を楽しもうとする	試合の礼法を徹底し、得意技を使って精いっぱい試合を楽しませる
思考・判断	試合を楽しみながら、個人やグループの課題を見つけ、得意技に発展できるよう練習方法を選んでいる	相手との間合や技を出すタイミングなどを確認させ、課題解決を支援する
技能	試合で使える新しい技を身に付けることができる	試合で新しい技が使えるように、約束練習や互格稽古で技に磨きをかけさせる
知識・理解	審判の仕方を理解している	審判の仕方を復習し、確認させる

●なか③　50分×4時間の流れ

自分の得意技を使って試合を楽しめるようにする。団体形式の試合を取り入れ、習熟度など、試合相手を考慮した班編成を行う。試合前に、班別でかかり練習や約束練習を使って得意技を磨くようにさせる。また、試合後は、班ごとに反省を行い、相互に助言し合いながら課題を明確にしていく。一連の試合が終了したら、学習カードをもとに自己評価や相互評価を行い、次の課題が把握できるようにする。

単元区分			学習内容と指導手順	指導・支援のポイント
学習II	なか③ 50分×4	ねらい②	1　対人的技能の練習	◎しかけ技と応じ技の両方を練習させ、試合に生かせるようにする
			2　試合② 団体戦のリーグ戦 〈ルール〉 　試合時間：2分、勝負：3本、審判：3審制	◎記録、計時、掲示などの係もできるようにさせる ◎試合を楽しむ中で、どんなときに得意技が出せたかなど、得意技についての課題をもたせる
			3　課題の把握	◎学習カードなどを利用し、自己評価や相互評価から、自分の課題（得意技を出す機会）を把握させる

◇「試合②」の具体の評価規準

評価の観点	評価規準	学習指導へのフィードバック
関心・意欲・態度	互いに協力し、得意技を生かし、試合の楽しさを深めようとする	試合の礼法を徹底し、身に付けた得意技で、精いっぱい試合を楽しませる
◎思考・判断	得意技を試合で発揮することができるように練習方法を選んでいる	得意技を出す機会など、課題解決を支援する
技能	試合で使える得意技を身に付けることができる	相手の動きや技に対応できるように約束練習などして、得意技に磨きをかけさせる
◎知識・理解	審判法および課題の把握の仕方を理解している	試合や審判の仕方を復習し、確認させる

●まとめ　50分×1時間の流れ

ステージのまとめとして、これまでに身に付けた得意技を発表するなど、このステージの学習を振り返る。次に、学習カードを整理、分析して、自分の課題を明確にして、次のステージへつなぐ。

単元区分			学習内容と指導手順	指導・支援のポイント
学習Ⅲ	まとめ50分×1		1　得意技を発表する ・自分の得意技を仲間に発表する 2　学習したことを評価し、単元のまとめをする ・剣道を楽しめたか、得意技が身に付いたか、相手を尊重する態度や安全に留意できたか、など 3. 課題の明確化 ・次のステージに向けて、自分の課題を明確にする	◎得意技を仲間に発表させ、相互に評価させる ◎学習カードを整理、分析して、次の課題を明確にさせる ◎得意技を生かすためにはどうするかなど、次のステージへ向けて動機づけをする

◇「得意技の発表」の具体の評価規準

評価の観点	評価規準	学習指導へのフィードバック
関心・意欲・態度	互いに協力して、得意技を見せ合い助言しながら、剣道を楽しもうとする	仲間の前で自分の得意技を発表するなど、得意技を身に付けた実感がもてるような機会をつくる
◎思考・判断	発表を楽しみながら、得意技について適切な助言をしたり、新たな課題を発見しようとしている	互いの発表を比較する中で、得意技についての課題を見つけるヒントを与える
◎技能	自分に合った得意技を身に付けることができる	得意技を習得するために、素早い体の移動や打ちを身に付けさせる
知識・理解	得意技をしっかりと身に付ける練習の仕方や磨き方を理解している	伝統的な練習法を理解するとともに、得意技をもつ大切さを認識させる

7 学習指導の時案

ここでは、「第４ステージ15時間中の４時間目」の学習指導の具体的な展開例を示している。切り返しを使ってスムーズな動きを身に付けるとともに、班別学習で得意技を身に付けて、攻防の楽しさを味わうことをねらいとしている。

また、指導と評価の一体化を図るために、活動した評価の観点を示している。これを参考に、学習過程の中で、生徒の活動状況を適宜評価し、次の学習指導に生かすようにする。

本時のねらい	切り返しを使ってスムーズな動きを身に付けるとともに、 新しい技を身に付けて攻防の楽しさを味わおう	配当時間	第４ステージ 15時間中の４時間目

	学　習　活　動	指導・支援の留意点	評価の観点
はじめ 10分	1　整列、あいさつ ・正座　・黙想　・座礼 2　本時の学習内容をつかむ 3　準備運動と体ほぐしの運動 ・竹刀を使った準備運動	・礼法や姿勢を確認する ・生徒の健康観察を行う ・本時の学習内容を説明する ・見学者に学習の補助と見学のポイントを指示する	
なか	4　左右面の打ち方と受け方の練習 （1）面をつけないで （2）連続左右面打ち （前進動作のみ）	・３人組で、①打ち方、②受け方、③観察をローテーションさせ、助言し合いながら練習させる ・切り返しは前進と後退動作で構成されているが、前進動作のみ行わせる	・スムーズな動きで攻防する楽しさを味わおうとする（関） ・切り返しの練習で、間合や呼吸の仕方を考えている（思）
	5　既習技の復習 課題Ａ：二・三段技 課題Ｂ：出ばな技 課題Ｃ：抜き技 課題Ｄ：引き技 課題Ｅ：払い技 課題Ｆ：返し技、すり上げ技	・しかけ技を得意としてきた者には応じ技を、応じ技を得意としてきた者にはしかけ技を選ぶように助言する	
	（1）形練習（タイミングのとり方とフォームづくり） ①素手で ②素面で （2）剣道具を着用して	・竹刀を持たないで、素手で技のタイミングのとり方や体さばきなどの練習の仕方を助言する ・素面でフォーム練習をする際には、相手や周りの人の体に竹刀が触れないようにゆっくりとした動作で行うように留意させる	
	6　回り稽古をする	・「打った！」「打たれた！」を互いに認め合えるように、相手を尊重する態度を大切にすることを助言する	・簡易な試合で使える新しい技を身に付けることができる（技） ・簡易な試合でのルールや審判法を理解している（知）
まとめ 5分	7　整理運動 8　整列、あいさつ ・本時の学習活動の反省 ・次時の課題 ・正座　・黙想　・座礼	・生徒の健康観察を行う ・本時の反省をもとに、次時の課題が設定できるように援助する	

※（関）：関心・意欲・態度、（思）：思考・判断、（技）：技能、（知）：知識・理解

第５節　第５ステージ「剣道を得意にしよう」

▶対象（得意技を磨いて自由練習や試合を楽しむことをめざす生徒　　学習経験60時間程度）

1 学習指導の進め方

このステージは、相手の動きに対応した攻防を展開して剣道を楽しむことができるようになった生徒を対象とする。

さらに技能を向上させ、剣道を得意にするためには、打ち損じを減らし、正確な打ちの確率を高めるなど、正確性、再現性、効率性などの技能要素を高めることが必要となる。正しい動作の反復練習によって、正確性や再現性を高める。かつ、無駄なエネルギーを使わないよう、より効果的な攻防を展開できるようにする。

また、互格練習や試合では、１つの攻防の後にすぐに次の攻防へと連続する。したがって、対人的技能の学習においては、次の攻防を予測した展開を組み合わせたパターンを作成し、このパターン練習によって、相手の動作を予測し先取りできるような攻防の仕方を工夫する。

2 単元計画と学習の道すじ　－15時間の具体例－

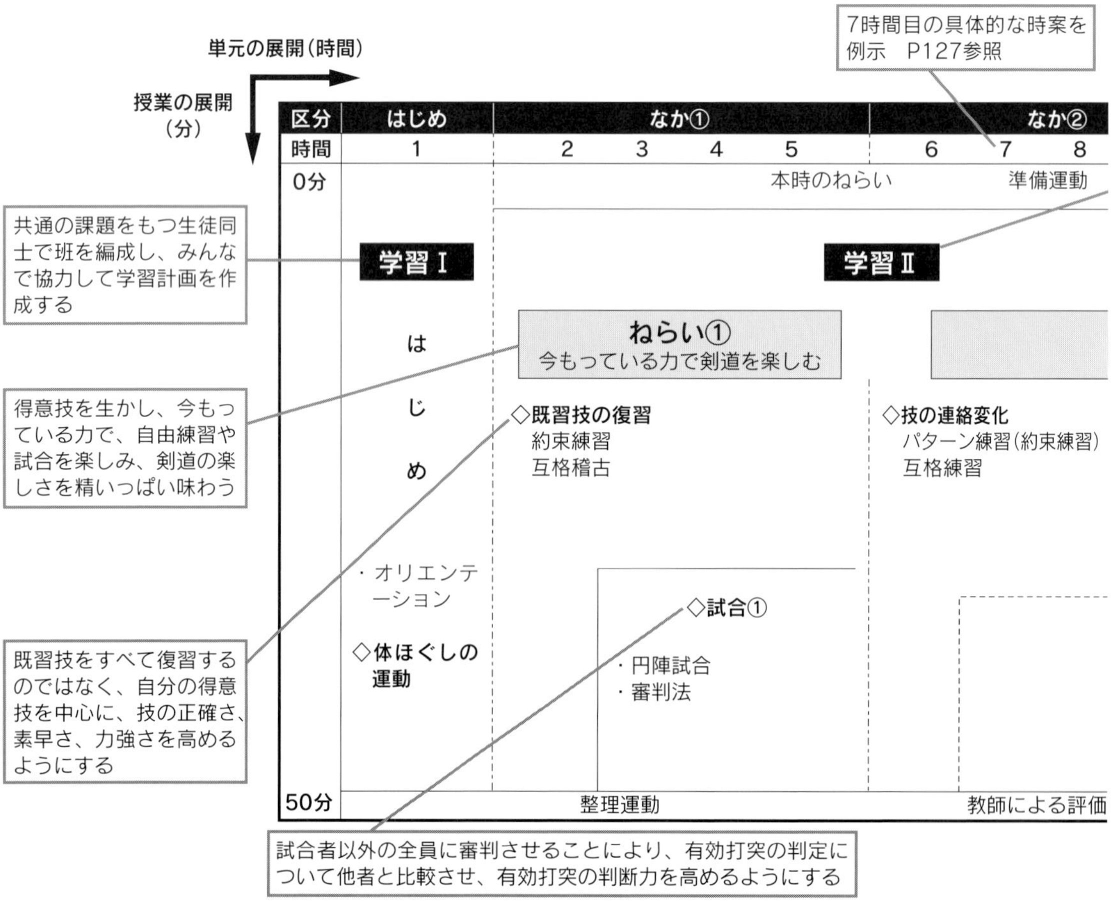

7時間目の具体的な時案を例示　P127参照
単元の展開（時間）
授業の展開（分）
区分
はじめ
なか①
なか②
時間
1
2
3
4
5
6
7
8
0分
本時のねらい
準備運動
共通の課題をもつ生徒同士で班を編成し、みんなで協力して学習計画を作成する
学習Ⅰ
学習Ⅱ
はじめ
ねらい①
今もっている力で剣道を楽しむ
得意技を生かし、今もっている力で、自由練習や試合を楽しみ、剣道の楽しさを精いっぱい味わう
◇既習技の復習
約束練習
互格稽古
◇技の連絡変化
パターン練習（約束練習）
互格練習
・オリエンテーション
◇体ほぐしの運動
◇試合①
・円陣試合
・審判法
既習技をすべて復習するのではなく、自分の得意技を中心に、技の正確さ、素早さ、力強さを高めるようにする
50分
整理運動
教師による評価
試合者以外の全員に審判させることにより、有効打突の判定について他者と比較させ、有効打突の判断力を高めるようにする

3 主な学習内容

◇対人的技能（課題別学習）
※既習の内容に以下の技を加える
・すり上げ技：小手すり上げ小手、面すり上げ胴
・返し技：面返し面
◇試合①②③
・試合の計画と運営

4 指導計画作成上のポイント

学習活動は､約束練習や総合練習が中心となる。総合練習には、かかり稽古、互格稽古、引き立て稽古がある。これらの練習の仕方を相手に応じて多様に行うことができるようにしながら、技の正確性、再現性、効率性を高めていくようにする。

また、対人的運動では、相手の動きを予測できることや相手に自分の動きを読まれないことが大切な要素でもある。この段階では、こうした動作の先取りや「読み」について興味・関心がもてるようになっている。したがって、対人的技能の学習においては、次の攻防を予測した展開を組み合わせたパターンを作成し、このパターン練習によって、相手の動作を予測し、先取りできるような攻防の仕方を工夫する。

第５ステージでは、こうした練習法を多く取り入れながら、剣道の奥の深さを理解できるようにする。

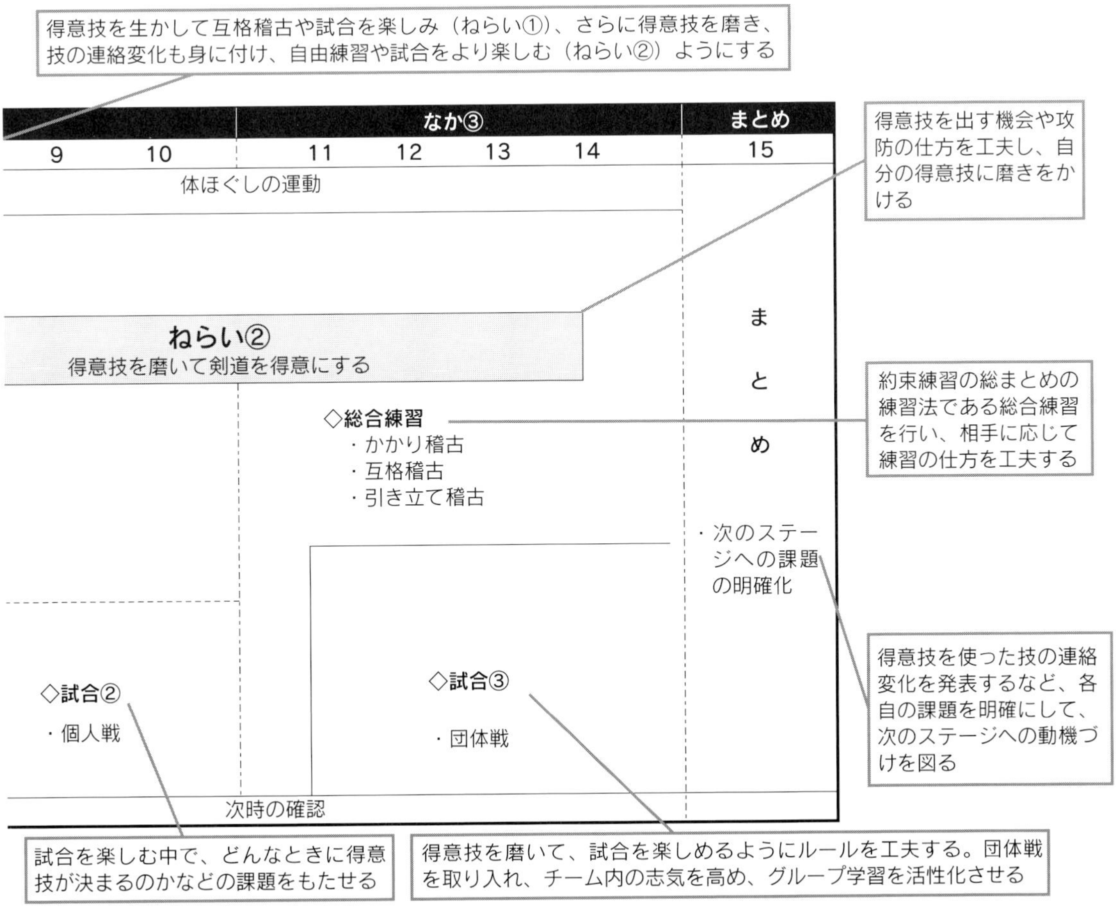

得意技を生かして互格稽古や試合を楽しみ（ねらい①）、さらに得意技を磨き、技の連絡変化も身に付け、自由練習や試合をより楽しむ（ねらい②）ようにする
なか③
まとめ
9
10
11
12
13
14
15
体ほぐしの運動
ねらい②
得意技を磨いて剣道を得意にする
◇総合練習
・かかり稽古
・互格稽古
・引き立て稽古
まとめ
・次のステージへの課題の明確化
◇試合②
・個人戦
◇試合③
・団体戦
次時の確認
得意技を出す機会や攻防の仕方を工夫し、自分の得意技に磨きをかける
約束練習の総まとめの練習法である総合練習を行い、相手に応じて練習の仕方を工夫する
得意技を使った技の連絡変化を発表するなど、各自の課題を明確にして、次のステージへの動機づけを図る
試合を楽しむ中で、どんなときに得意技が決まるのかなどの課題をもたせる
得意技を磨いて、試合を楽しめるようにルールを工夫する。団体戦を取り入れ、チーム内の志気を高め、グループ学習を活性化させる

5 安全上配慮する事項

①授業の開始時のみならず、練習の合間にも竹刀の点検には十分に留意させる。

②体当たりやつばぜり合いの際には、面金が相手の体に接触しないように正しく行うように留意させる。

③切り返しや打ち込み練習の際には、十分なスペースや時間を設けて、周りの人と接触しないように十分に留意させる。

6 学習指導の手順と具体の評価規準

ここでは、モデルとなる第5ステージの単元計画に従い、具体的な学習指導の手順とそれに対応した具体の評価規準を示している。双方を参考にして、学習過程の評価を次の学習指導に生かすようにする。

※具体の評価規準の「評価の観点」の◎は、特に重視する観点を示す。

●はじめ　50分×1時間の流れ

ステージの導入としてオリエンテーションを行い、生徒自身が学習の進め方や道すじを知り、得意技を磨き、試合を楽しむことや、さらに新しい技を身に付けることを理解する。

単元区分			学習内容と指導手順	指導・支援のポイント
学習Ⅰ	はじめ 50分×1		1　オリエンテーション ・学習のねらいと道すじを知る ・学習の進め方を知り、学習の見通しを立てる ・課題ごとの班別学習で得意技を磨くことを理解する	◎学び方（学習の進め方や活動の仕方）を説明する。 ◎各自の課題を明確にさせ、共通の課題をもつ者同士で班編成させる ◎班で協力し、得意技を磨くようにさせる
			2　体ほぐしの運動 ・体ほぐしの運動の具体例（p139）を参考に、生徒が自由に運動を選択し、運動の仕方を工夫できるようにする。また、以後の授業の導入に活用できるようにする	◎学習への導入となるものを選び、仲間と運動を楽しむ中で、自分の体の状態に気づくようにさせる

●なか①　50分×4時間の流れ

自由練習や試合を中心に授業を展開し、今もっている力で剣道を楽しめるようにする。自己の能力に応じた得意技を繰り返し学習することによって、その技の正確さ、素早さ、力強さなどを高め、互格稽古や試合で生かすことができるようにする。その中で、自分の課題（得意技を出す機会など）を把握させる。

単元区分			学習内容と指導手順	指導・支援のポイント
学習Ⅱ	なか① 50分×4	ねらい①	1　切り返し	◎打突したとき、左足を素早く引きつけるようにさせる
			2　既習技の復習 ・得意技を中心に技の復習をする	◎自分の得意技をより早く正確に打てるようにさせる
			課題A「二・三段の技」 小手－面、面－面、小手－胴、面－胴、突き－面、小手－面－胴	◎それぞれの打ちを正確に、しかも、打ちと打ちの間に気分を抜かないようにひと呼吸で打つようにさせる
			課題B「払い技」 払い面、払い小手、払い胴、払い突き	◎相手が出る瞬間や退く瞬間に払うようにさせる
			課題C「引き技」 引き面、引き胴、引き小手	◎相手の押し返す力を利用して、隙が生じたところを打つようにさせる
			課題D「出ばな技」 出ばな面、出ばな小手	◎気力を充実させ、捨て身の感じで思い切って打つようにさせる
			課題E「抜き技」 面抜き胴、小手抜き面、面抜き面、面抜き小手	◎体をかわすときは、必ず相手のほうに体や剣先を向かせるようにさせる

課題F「返し技・すり上げ技」 面返し胴、面すり上げ面、小手すり上げ面、 小手すり上げ小手	◎柔らかい手の内と手首をきかせて打つようにさせる
3　互格稽古	◎互格稽古を楽しむ中で、どういう動きをしたときに技が決まるかなど、得意技を磨くための課題がもてるようにする
4　試合①（円陣試合） 試合時間：1分、勝負：1本、審判：全員	◎試合者以外の全員に審判をさせることにより、有効打突の判定について他者と比較させ、有効打突の判断力を高める
5　課題の把握	◎自己評価や相互評価から、自分の課題を把握できるようにする

◇「既習技の復習」の具体の評価規準

評価の観点	評価規準	学習指導へのフィードバック
関心・意欲・態度	互いに協力して、自分の得意技を使って剣道を楽しもうとする	自分の得意技を練習や試合で磨く楽しみを経験させる
思考・判断	得意技を復習しながら、素早さ、正確さ、力強さなどの課題をもち、技の磨き方を見つけている	課題解決のためのヒントや技の磨き方の手だてを示し、生徒自身に考えさせる
◎技能	自分の得意技を身に付けることができる	かかり練習や約束練習で素早さ、正確さを身に付けさせる
知識・理解	得意技の身に付け方を理解している	得意技のポイントや練習の仕方を確認させる

◇「試合①」の具体の評価規準

評価の観点	評価規準	学習指導へのフィードバック
◎関心・意欲・態度	公正な態度で、得意技を使って試合を楽しもうとする	今もっている力で精いっぱい試合を行い、得意技を決める爽快感を味わわせる
思考・判断	試合を楽しみながら、自分の課題を見つけ、得意技を出す機会を見つけている	試合を自分の課題を振り返る機会として認識させる
技能	試合で使える得意技を身に付けることができる	試合で技が使えるように、しっかりと約束練習させる
知識・理解	試合のルールや審判法、および課題の把握の仕方を理解している	試合の仕方や審判法を復習し、確認させる

●なか②　50分×5時間の流れ

相手との攻防では、1回の動作や1つの技で完結することのほうが少なく、技がつきないことや打突後に体の崩れが生じないことなどの必要性に気づく。対人的技能の練習法として、自分の得意とする技や相手の動きを想定しながら、いくつかの技をつないで攻防の仕方をパターン化し、反射的に対応できるように練習を工夫する。

単元区分			学習内容と指導手順	指導・支援のポイント
学習Ⅱ	なか② 50分×5	ねらい②	1　パターン練習（約束練習） （例） （1）課題A「二・三段の技」を中心とした技から入るパターン ①小手－面→体当たり→引き胴 ②面－胴→小手－面→面抜き胴 （2）課題B「払い技」を中心とした技から入るパターン ①払い小手→体当たり→引き面 ②払い面→小手すり上げ面→面返し胴 （3）課題C「引き技」を中心とした技から入るパターン ①つばぜり合い→引き面→出ばな小手 ②つばぜり合い→引き胴→出ばな面 （4）課題D「出ばな技」を中心とした技から入るパターン ①出ばな小手→体当たり→引き面 ②出ばな面→出ばな小手 （5）課題E「抜き技」を中心とした技から入るパターン ①小手抜き面→体当たり→引き面 ②面抜き胴→小手－面→面抜き胴 （6）課題F「すり上げ技・返し技」を中心とした技から入るパターン ①小手すり上げ面→体当たり→引き胴 ②面返し胴→面	◎課題別のグループ編成による活動を中心とし、生徒の興味･関心、能力等に応じた伸長を図る ◎技の連絡変化を身に付けるなどして、自分の得意とする技を中心に、相手の動きを想定しながら、技をつないで攻防をすることができるようにさせる ◎技がつきないことや、打突後に体の崩れが生じないようにすることができるようにさせる ◎正しく体当たりさせ、相手の押し返す力を利用して、隙が生じたところを打つようにさせる ◎打たせる側が間合やタイミングに十分に留意しながら対応するようにさせる
			2　互格稽古（円陣試合）	◎技を連絡して出して攻防し合い、どうすれば自分の得意技を出せるか、互格稽古や試合で確認させる
			3　試合② 個人戦 〈ルール〉試合時間：2分、勝負：3本、審判：3審制	◎記録、計時、掲示などの係もできるようにさせる
			4　課題の把握	◎学習カードなどを利用し、自己評価や相互評価から、自分の課題をつかませる

◇「技の攻防の仕方（パターン練習）」の具体の評価規準

評価の観点	評価規準	学習指導へのフィードバック
関心・意欲・態度	互いに協力して、自分の得意技を生かした技の変化に対応して、さらに剣道を楽しもうとする	相手の動きに応じて、自分の技を生かす楽しさを伝える
◎思考・判断	相手の動きを想定して、自分の得意技を生かした技の変化を見つけている	どうすれば相手を崩し、隙をつくることができるか、生徒自身に考えさせる
◎技能	自分の得意技を生かした技の変化を身に付けることができる	パターン練習（約束練習）で、技の変化を身に付けさせる
知識・理解	相手の動きを想定して、自分の技を出す方法を理解している	相手の動きを想定して自分の技をかける、技の変化の合理性を理解させる

◇「試合②」の具体の評価規準

評価の観点	評価規準	学習指導へのフィードバック
関心・意欲・態度	互いに協力して、得意技を生かした技の連絡変化に対応して、試合を楽しもうとする	得意技を生かした技の連絡変化などを使い、精いっぱい試合を楽しませる
◎思考・判断	試合の場面で、得意技を出す機会や技の連絡変化を見つけている	得意技を使った技の連絡変化など、課題例を示し、生徒自身に考えさせる
技能	試合で使える得意技を身に付けることができる	試合で得意技が使えるように技の連絡変化に磨きをかけさせる
◎知識・理解	審判法を理解している	試合の仕方や審判法を復習し、確認させる

●なか③　50分×４時間の流れ

得意技を使って試合を楽しめるようにする。毎時間、試合前に総合練習を行い、得意技を磨き合う時間をつくる。総合練習には、自分より相手が強い場合に積極的に技をしかける「かかり稽古」、同じくらいの力をもっている者同士の場合の「互格稽古」、さらには、自分より相手が弱い場合に相手の技を引き立てていく「引き立て稽古」がある。これらの練習の仕方を、相手に応じて多様に行うことによって、剣道の奥深さを体感できるようにする。

単元区分			学習内容と指導手順	指導・支援のポイント
学習Ⅱ	なか③ 50分×4	ねらい②	1　総合練習 かかり稽古、互格稽古、引き立て稽古 2　試合③ 団体戦 〈ルール〉試合時間：2分、勝負：3分、審判：3審制 3　課題の把握	◎相手との力関係を考えて、相手に応じて練習の仕方を工夫させる ◎試合を楽しむ中で、どうしたら得意技がよく決まるかなど、得意技についての課題をもつことができるようにする ◎学習カードなどを利用し、自己評価や相互評価から、自己の課題を把握できるようにする

◇「試合③」の具体の評価規準

評価の観点	評価規準	学習指導へのフィードバック
関心・意欲・態度	互いに協力して、得意技を生かした技の連絡変化を使い、試合を楽しもうとする	得意技を生かした技の連絡変化などを使い、精いっぱい試合を楽しませる
◎思考・判断	試合の場面で、得意技を出す機会や技の連絡変化を見つけている	得意技を使った技の連絡変化など、課題例を示し、生徒自身に考えさせる
技能	試合で使える得意技を身に付けることができる	試合で得意技が使えるように、技の連絡変化に磨きをかけさせる
◎知識・理解	審判法および課題の把握の仕方を理解している	試合の仕方や審判法を復習し、確認させる

●まとめ　50分×1時間の流れ

ステージのまとめとして、これまでに身に付けた得意技を生かした技の連絡変化を発表するなど、このステージの学習を振り返る。次に、学習カードを整理・分析して自分の課題を明確にして、次のステージへつなげるようにする。

単元区分		学習内容と指導手順	指導・支援のポイント
学習Ⅲ	まとめ　50分×1	1　得意技の発表をする ・自分の得意技を生かした技の連絡変化を仲間に発表する	◎得意技を生かした技の連絡変化を仲間に発表させ、相互に評価させる
		2　学習したことを評価し、単元のまとめをする ・剣道を楽しめたか、得意技を生かした技の連絡変化が身に付いたか、相手を尊重する態度や安全に留意できたか、など	◎学習カードを整理、分析して、次の課題を明確にさせる
		3　課題を明確にする ・次のステージに向けて、自分の課題を明確にする	◎さらに、得意技や技の連絡変化を磨くためにはどうするかなど、次のステージへ向けての動機づけをする

◇「得意技の発表」の具体の評価規準

評価の観点	評価規準	学習指導へのフィードバック
関心・意欲・態度	互いに協力して、得意技やそれを生かした技の連絡変化を見せ合い、助言しながら、剣道を楽しもうとする	仲間の得意技を見たり、助言を聞いたりする機会をつくり、互いに剣道を得意にしようとする意欲を高める
◎思考・判断	発表を楽しみながら、互いに適切な助言をして、新たな課題を見つけている	得意技を磨くために、仲間の助言を参考に練習法を工夫させる
◎技能	自分の得意技や、それを使った技の連絡変化を身に付けることができる	助言を参考に、かかり練習や約束練習を繰り返し行わせる
知識・理解	得意技を磨くための計画的な練習の仕方や次の課題を理解している	自己評価を繰り返しながら、次第に得意技を高めていくことを理解させる

7 学習指導の時案

ここでは、「第５ステージ15時間中の７時間目」の学習指導の具体的な展開例を示している。得意技を生かした技の連絡変化を身に付け、相手の動きに対応した攻防が連続的にできることをねらいとしている。

また、指導と評価の一体化を図るために、活動した評価の観点を示している。これを参考に、学習過程の中で、生徒の活動状況を適宜評価し、次の学習指導に生かすようにする。

<table>
<tr><td>本時のねらい</td><td colspan="2">得意技を磨き、それを生かした技の連絡変化を身に付け、攻防の楽しさを味わおう</td><td>配当時間</td><td>第５ステージ
15時間中の７時間目</td></tr>
<tr><th></th><th>学 習 活 動</th><th>指導・支援の留意点</th><th colspan="2">評価の観点</th></tr>
<tr><td>はじめ
10分</td><td>1 整列、あいさつ
•正座 •黙想 •座礼
2 本時の学習内容をつかむ
3 準備運動と体ほぐしの運動
•竹刀を使った準備運動</td><td>•礼法や姿勢を確認する
•生徒の健康観察を行う
•本時の学習内容を説明する
•見学者に学習の補助と見学のポイントを指示する</td><td colspan="2"></td></tr>
<tr><td>なか
35分</td><td>4 切り返しをする

5 パターン練習（約束練習）をする
•課題Ａ「二・三段の技」を中心とした技から入るパターン
•課題Ｂ「払い技」を中心とした技から入るパターン
•課題Ｃ「引き技」を中心とした技から入るパターン
•課題Ｄ「出ばな技」を中心とした技から入るパターン
•課題Ｅ「抜き技」を中心とした技から入るパターン
•課題Ｆ「すり上げ技・返し技」を中心とした技から入るパターン

6 円陣試合（勝ち抜き戦）をする。
〈ルール〉グループごとの勝ち抜き戦
•試合時間：１分
•勝負：１本
•審判：全員</td><td>•肩関節を使い、大きく振りかぶって打突させる

•得意技を中心に、打突後の相手の動きを想定しながら、２～３の技でパターンを組み立てるように助言する

•動きの中で相手を崩すことが大切であることを理解させる

•試合者以外の過半数が有効打突と認めれば１本とさせる
•有効打突は、気剣体の一致した打突であることを理解させながら、審判するように指導する
•試合者以外の全員で審判させることにより、有効打突の判定について他者と比較するようにさせる</td><td colspan="2">•互いに協力して、自分の得意技を生かした技の変化に対応して、剣道を楽しもうとする（関）

•相手の動きを想定して、自分の得意技を生かした技の変化を見つけている（思）

•試合で使える得意技を身に付けていることができる（技）

•審判法を理解している（知）</td></tr>
<tr><td>まとめ
5分</td><td>7 整理運動
8 整列、あいさつ
•本時の学習活動の反省
•次時の課題
•正座 •黙想 •座礼</td><td>• 生徒の健康観察を行う
•本時の反省をもとに、次時の課題が設定できるように援助する</td><td colspan="2"></td></tr>
</table>

※（関）：関心・意欲・態度、（思）：思考・判断、（技）：技能、（知）：知識・理解

第６節　第６ステージ「生涯にわたって剣道に親しもう」

▶対象（得意技をさらに磨き、段位（1級および初段）取得をめざす生徒　学習経験75時間程度）

1 学習指導の進め方

このステージは、かなりの時間をかけて剣道を学び、段位をめざしたり、生涯にわたって剣道を楽しんだりしようとする生徒を対象とする。

形や試合を中心に授業を展開し、生涯にわたって剣道に親しむ資質や能力を養う。段位の取得をねらいとして形や試合を行い、得意技を磨き、自由練習や試合で生かせるようにする。

また、段位取得をめざさなくても、剣道を得意にして、将来も試合観戦など、剣道に親しむことができるようにする。

習熟度別、得意技別の班編成による活動を中心に、練習法などにも新しい工夫を加え、互いに協力して形や得意技を磨き、剣道が得意になるようにする。このように生徒相互の教え合いなど、仲間との関わりを大切にする。

2 単元計画と学習の道すじ　－15時間の具体例－

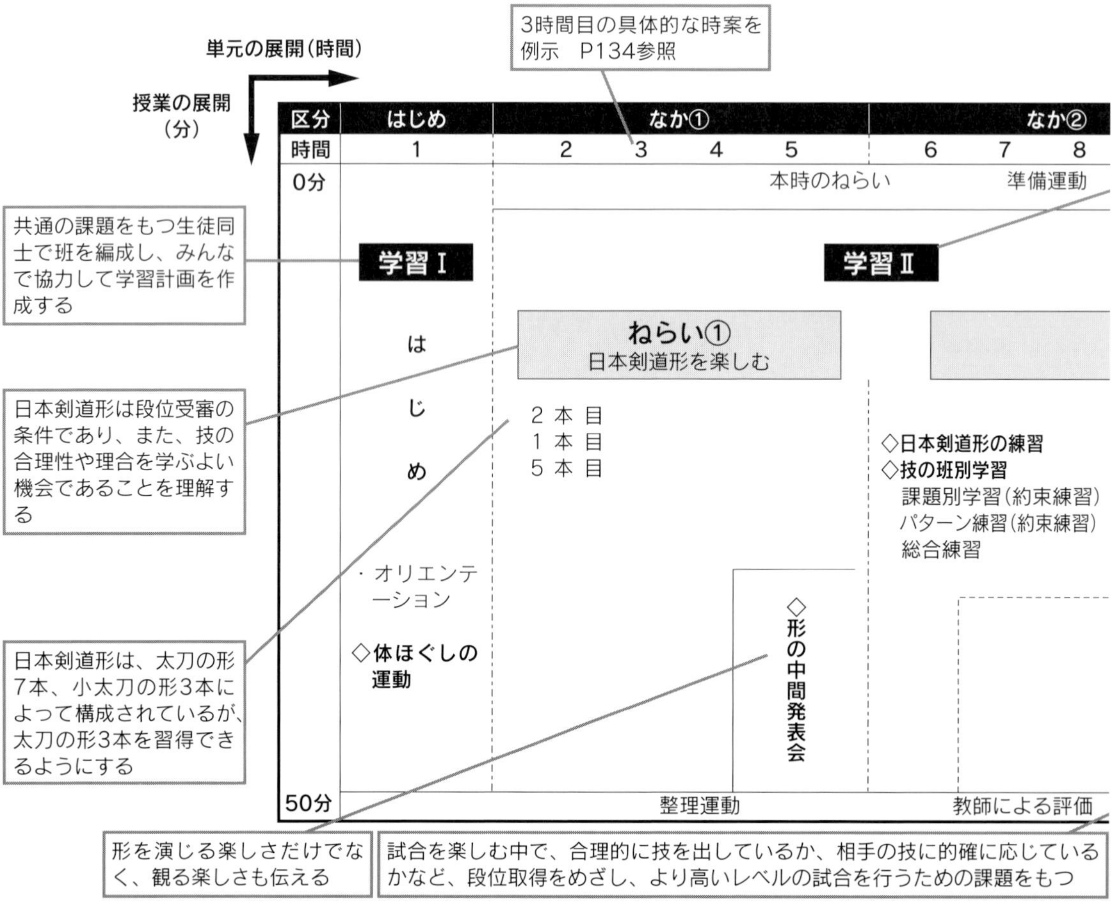

3時間目の具体的な時案を例示　P134参照
単元の展開(時間)
授業の展開(分)
区分
はじめ
なか①
なか②
時間
1
2
3
4
5
6
7
8
0分
本時のねらい
準備運動
共通の課題をもつ生徒同士で班を編成し、みんなで協力して学習計画を作成する
学習Ⅰ
学習Ⅱ
はじめ
ねらい①
日本剣道形を楽しむ
日本剣道形は段位受審の条件であり、また、技の合理性や理合を学ぶよい機会であることを理解する
2本目
1本目
5本目
◇日本剣道形の練習
◇技の班別学習
課題別学習(約束練習)
パターン練習(約束練習)
総合練習
・オリエンテーション
◇体ほぐしの運動
◇形の中間発表会
日本剣道形は、太刀の形7本、小太刀の形3本によって構成されているが、太刀の形3本を習得できるようにする
50分
整理運動
教師による評価
形を演じる楽しさだけでなく、観る楽しさも伝える
試合を楽しむ中で、合理的に技を出しているか、相手の技に的確に応じているかなど、段位取得をめざし、より高いレベルの試合を行うための課題をもつ

3 主な学習内容

◇対人的技能
・日本剣道形　1本目、2本目、5本目

◇試合①②
・試合の計画と運営

4 指導計画作成上のポイント

正確で効率的な基本動作と対人的技能を身に付けるには、試合などでの評価をもとに、スパイラル的に学んでいくようにする。特に、このステージでは、剣道形や試合を中心として学習し、1級および初段の受審ができるようにするなど、生涯にわたって剣道に親しむことができる環境をより整えることをねらいとする。

剣道形の学習は、木刀の扱いに十分に留意させながら、剣道の理合の楽しさを味わわせるようにする。そのためには、熟練者の演武のVTRなどを準備することも必要である。

試合は、生涯にわたって剣道に親しむ資質を養う観点から、そのときの勝敗にこだわることなく、学び方を重視して扱うようにする。なお、試合、審判をできるようにするだけでなく、大会、発表会などを企画、運営できる能力を養成することが重要である。

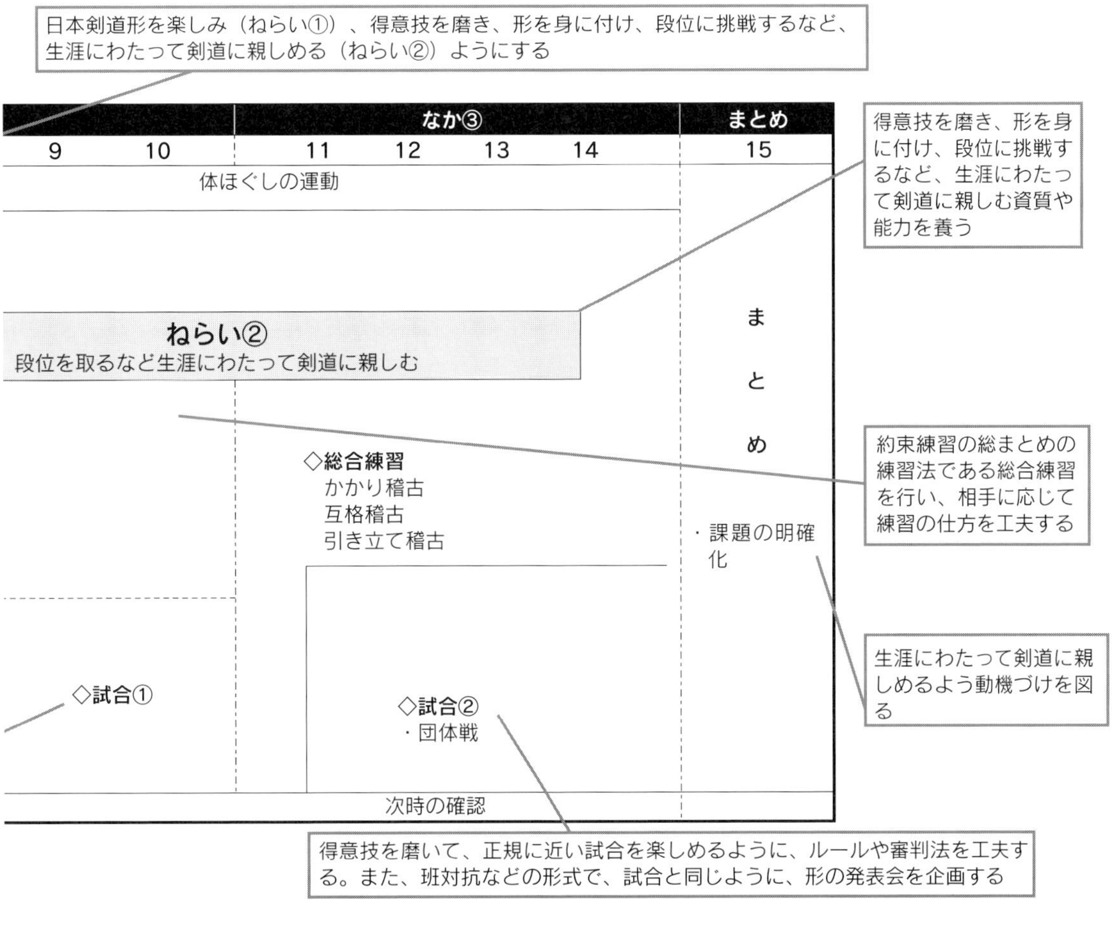
日本剣道形を楽しみ（ねらい①）、得意技を磨き、形を身に付け、段位に挑戦するなど、生涯にわたって剣道に親しめる（ねらい②）ようにする
なか③
まとめ
9
10
11
12
13
14
15
体ほぐしの運動
得意技を磨き、形を身に付け、段位に挑戦するなど、生涯にわたって剣道に親しむ資質や能力を養う
ねらい②
段位を取るなど生涯にわたって剣道に親しむ
ま
と
め
約束練習の総まとめの練習法である総合練習を行い、相手に応じて練習の仕方を工夫する
◇総合練習
かかり稽古
互格稽古
引き立て稽古
・課題の明確化
生涯にわたって剣道に親しめるよう動機づけを図る
◇試合①
◇試合②
・団体戦
次時の確認
得意技を磨いて、正規に近い試合を楽しめるように、ルールや審判法を工夫する。また、班対抗などの形式で、試合と同じように、形の発表会を企画する

5 安全上配慮する事項

①木刀が相手や周りの人に絶対に当たらないように取り扱いに十分に留意させる。

②体育館で大会を運営するような場合には、支柱カバーを覆ったり、危険物を取り扱ったりして危害を受けることのないように十分に留意させる。

③無理な体押しや粗暴な言動、不当な打ちなどの禁止事項に留意させる。

6 学習指導の手順と具体の評価規準

ここでは、モデルとなる第6ステージの単元計画に従い、具体的な学習指導の手順とそれに対応した具体の評価規準を示している。双方を参考にして、学習過程の評価を次の学習指導に生かすようにする。

※具体の評価規準の「評価の観点」の◎は、特に重視する観点を示す。

●はじめ　50分×1時間の流れ

ステージの導入としてオリエンテーションを行い、得意技を磨き、生涯にわたって剣道に親しむ資質や能力を養うための学習の道すじを理解させる。次に、体ほぐしの運動を楽しみながら、班員の仲間意識や学習への動機づけを高めていく。

単元区分			学習内容と指導手順	指導・支援のポイント
学習Ⅰ	はじめ 50分×1		1　オリエンテーション ・学習のねらいと道すじを知る ・学習の進め方を知り、学習の見通しを立てる ・生涯スポーツの理念に立った、自主的な班単位の学習活動を理解する	◎学び方（学習の進め方や活動の仕方）を説明する ◎生涯にわたって剣道に親しむために、試合観戦など、剣道を観て楽しむための課題を設定する
			2　体ほぐしの運動 ・体ほぐしの運動の具体例（p139）を参考に、生徒が自由に運動を選択し、運動の仕方を工夫できるようにする。また、以後の授業の導入に活用できるようにする	◎学習への導入となるものを選び、仲間と運動を楽しむ中で、自分の体の状態に気づくようにさせる。

●なか①　50分×4時間の流れ

日本剣道形を学習し、初段に挑戦することができるようにする。段位取得をめざさなくても、学習の積み重ねによって生涯にわたって剣道に親しむことができるようにする。日本剣道形は、太刀の形7本、小太刀の形3本によって構成されているが、初段をめざす場合には太刀の形3本を習得できるようにする。

単元区分			学習内容と指導手順	指導・支援のポイント
学習Ⅱ	なか① 50分×4	ねらい①	1　日本剣道形の学習 （1）立会の作法（はじめと終わり） ・間合・立礼（上座の礼、相互の礼）	◎間合をおよそ9歩とるようにする
			（2）構え方、納め方	◎蹲踞はやや右足を前にして、右自然体となるようにし、立ち上がって中段の構えがとれるようにする
			（3）太刀の構えのとき方（次の形への作法）	◎剣先の高さは、相手の左膝頭より3～6cm下に体側より外れる程度とする
			（4）立会の間合から一足一刀の間合への入り方	◎すり足で行い、音を立てないようにする
			2　日本剣道形　太刀の形　2本目 （1）構え ・打太刀：中段の構え ・仕太刀：中段の構え	◎両足の爪先を正しく前に向けるようにする

学習Ⅱ	なか① 50分×4	ねらい①		
			(2) 打突動作	◎打太刀：右小手を打つとき、仕太刀の小手の高さより、わずかに低く止める 仕太刀：抜くときに左に半円を描く気持ちで抜く
			(3) 残心	◎仕太刀：剣先に気迫を込めて、おもむろにのどにつけるようにする
			(4) 一足一刀の間合に戻る	◎仕太刀：抜き合いした位置に戻るときは、右足より剣先は打太刀の刀の上を通るようにする
			3　日本剣道形　太刀の形　1本目 (1) 構え ・打太刀：左上段の構え ・仕太刀：右上段の構え	◎打太刀：左拳の位置は額の前上で、約ひと握りのところにとる 仕太刀：剣先が中段の構えより正中線を外れないようにして頭上でとる
			(2) 打突動作	◎打太刀：斜めではなく、正面の打ち下ろしになるようにする 仕太刀：剣先が下がらないように、後ろ上方に抜くようにする
			(3) 残心	◎仕太刀：打太刀が1歩引いたとき、剣先を打太刀の頭の中心につけ、2歩目を引くときに攻めながら左足を踏み出し、左上段をとる
			(4) 一足一刀の間合に復して合い中段となる	
			4　日本剣道形　太刀の形　5本目 (1) 構え ・打太刀：左上段の構え ・仕太刀：上段に対する中段の構え	◎打太刀：左拳の位置は額の前上で、約ひと握りのところにとる 仕太刀：剣先は相手の左目にし、刃は下のままにとる
			(2) 打突動作	◎打太刀：斜めではなく、正面の打ち下ろしになるようにする 仕太刀：剣先のしのぎの部分ですり上げるようにする
			(3) 残心	◎仕太刀：右足を引いて左上段に構える
			(4) 一足一刀の間合に復して合い中段となり、中央に戻る	◎打太刀は左足から、仕太刀は右足から小さく3歩移動する
			5　日本剣道形の中間発表会	◎日本剣道形の理合を剣道に生かすようにさせる

◇「日本剣道形の学習」の具体の評価規準

評価の観点	評価規準	学習指導へのフィードバック
◎関心・意欲・態度	伝統的な行動の仕方に留意して、日本剣道形の楽しさを味わおうとする	日本剣道形を覚える楽しさを味わわせる
思考・判断	形を習得するための練習の仕方を選んでいる	形を習得するための手だてを示し、選択させる
技能	形を途切れずに演技することができる	ペアで繰り返し練習させる
◎知識・理解	形の意義や理合を知っている	形の意識や理合のポイントを確認させる

●なか②　50分×5時間の流れ

自由練習や試合を中心に授業を展開し、今もっている力で剣道を楽しめるようにする。毎時間10～15分程度、かかり練習や約束練習（パターン練習）で得意技の復習を行い、その後、自由練習や試合を行う。その中で、自己の課題（初段を取得するにはどうすればいいのかなど）を把握させる。

単元区分	学習内容と指導手順	指導・支援のポイント
学習II なか② 50分×5 ねらい②	1　日本剣道形の練習	◎全体の流れが途切れないように繰り返し練習させる
	2　技の班別復習 ・自分の得意技を中心に復習をする （1）課題別学習（約束練習） （2）パターン練習（約束練習） （3）総合練習（かかり稽古、互格稽古、引き立て稽古）	◎得意技ごとの班で、技を反復練習する ◎得意技をかける機会や技の連絡変化を工夫しながら練習させる ◎相手との力関係を考えて、相手に応じて練習の仕方を工夫させる
	3　試合① 試合時間：2分、勝負：3本、審判：3審制	◎試合を楽しむ中で、合理的に技を出しているか、相手の技を的確に防御しているかなどの課題をもたせ、より高いレベルの試合ができるようにする
	4　課題の把握	◎自己評価や相互評価から、自分の課題を把握できるようにする

◇「技の班別学習」の具体の評価規準

評価の観点	評価規準	学習指導へのフィードバック
関心・意欲・態度	礼儀正しい態度で、得意技を使って剣道を楽しもうとする	自分の得意技を練習や試合で磨く楽しみを経験させる
思考・判断	得意技を復習しながら、さらに磨きをかけるための練習方法を選んでいる	得意技を出す機会や技の連絡変化など、得意技を生かす課題を生徒自身に考えさせる
◎技能	自分の得意技を正確に、素早く、力強く身に付けることができる	かかり練習や約束練習を繰り返し行い、得意技の正確さ、素早さ、力強さを高めさせる
知識・理解	自分の得意技の磨き方を理解している	得意技を磨くための練習法を確認させる

◇「試合①」の具体の評価規準

評価の観点	評価規準	学習指導へのフィードバック
◎関心・意欲・態度	礼儀正しい公正な態度で、得意技を使って試合を楽しもうとする	試合の礼法を徹底し、今もっている力で精いっぱい試合を行い、得意技を決める爽快感を味わわせる
思考・判断	試合を楽しみながら、得意技を出す機会や技の連絡変化を見つけている	得意技を出す間合や、相手の動きを想定した技の連絡変化に目を向けさせる
技能	試合で使える得意技やその連絡変化を身に付けている	試合で得意技が生かせるように、正確さ、素早さ、力強さなど得意技に磨きをかけさせる
知識・理解	既習のルールや審判法、および課題の把握の仕方を説明できる	試合の仕方や審判法を復習し、確認させる

●なか③　50分×4時間の流れ

これまでの学習の成果として、正規のルールに近い試合や日本剣道形の発表会を楽しめるようにする。その際、試合や形を観るポイントを示し、生涯にわたって剣道に親しむために観戦者としての課題も与えるようにする。また、試合、審判をできるようにするだけでなく、大会、発表会などを企画、運営できるようにする。

単元区分			学習内容と指導手順	指導・支援のポイント
学習Ⅱ	なか③ 50分×5	ねらい②	1　総合練習 かかり稽古、互格稽古、引き立て稽古	◎相手との力関係を考えて、相手に応じて練習の仕方を工夫させる
			2　試合② ・個人戦や団体戦など、試合形式を選ぶ ・習熟度別に試合相手を選ぶ （例）リーグ戦、トーナメント戦、勝ち抜き戦 ・公式に近いルールと審判法 （例）試合時間：３分、勝負：３本、審判：３審制 反則：全日本剣道連盟「剣道試合・審判規則、剣道試合・審判細則」の反則	◎試合者としての課題だけでなく、試合を観て楽しむ観戦者としての課題をもつことができるようにする ◎反則に注意がいき、有効打突を見逃すことがないように留意させる ◎公式ルールに準じて行うが、生徒の実態に応じてルールを緩和して審判させる
			3　日本剣道形の発表会	◎形を演じる楽しさだけでなく、観る楽しさも伝える
			4　学習のまとめ	◎学習を振り返り、生涯にわたって剣道に親しむ力が身に付いたか確認させる

◇「試合②」の具体の評価規準

評価の観点	評価規準	学習指導へのフィードバック
関心・意欲・態度	得意技を生かして、公式ルールに近い試合を楽しもうとする。さらに、仲間の試合観戦を楽しもうとする	得意技を中心に思い切って技を出させ、精いっぱい試合を楽しませる。また、試合観戦のポイントを示す
思考・判断	試合で、自分や相手の能力を把握して、使える技や判定の仕方を選んでいる	試合前の心理面など、観る立場から試合観戦のポイントを示す
◎技能	公式ルールに近い試合で生かせる、しっかりとした得意技を身に付けることができる	試合で得意技が使えるように、かかり練習や約束練習で、さらに技に磨きをかけさせる
◎知識・理解	公式のルールや審判法を理解している。また、試合観戦のポイントを知っている	公式ルールの試合の仕方や審判法、楽しみ方を確認させる

◇「日本剣道形の発表会」の具体の評価規準

評価の観点	評価規準	学習指導へのフィードバック
◎関心・意欲・態度	互いに協力して、助言し合いながら、形の演技を楽しもうとする	仲間の演技を観たり、助言を聞いたりすることで、形の演技を楽しむ経験をさせる
思考・判断	形の演技を高めるための練習方法を選んでいる	形を観て楽しむ立場で、課題や工夫を考えるようにさせる
技能	形を途切れずに演技することができる	仲間の助言を参考に、形を反復練習させる
◎知識・理解	形の意義や合理性を理解している。また、形の習得のための練習の仕方を知っている	形の意義や合理性、練習の仕方を確認させる

7 学習指導の時案

ここでは、「第6ステージ15時間中の3時間目」の学習指導の具体的な展開例を示している。剣道の理合を知る手だてとして日本剣道形を学ぶことをねらいとしている。

また指導と評価の一体化を図るために、学習活動に対応した評価の観点を示している。これを参考に、学習過程の中で、生徒の活動状況を適宜評価し、次の学習指導に生かすようにする。

本時のねらい	日本剣道形２本目を学び、攻防の理合を知り、楽しさを深めよう	配当時間	第６ステージ 15時間中の３時間目

	学習活動	指導・支援の留意点	評価の観点
はじめ 10分	1　整列、あいさつ •正座　•黙想　•座礼 2　本時の学習内容をつかむ 3　準備運動と体ほぐしの運動 •木刀を使った準備運動	•礼法や姿勢を確認する •生徒の健康観察を行う •本時の学習内容を説明する •見学者に学習の補助と見学のポイントを指示する	
なか 35分	4　日本剣道形２本目の形を観察する 5　剣道形２本目の練習をする （1）立会の間合のとり方と作法 （2）立会の間合から打ち間への足さばき（進み方、退き方） （3）打ち間での打突動作 （4）一連の動作で	•ビデオで熟練者の演武を観察させ、２本目の形の打太刀と仕太刀の関係を理解させる •立会の間合はおよそ９歩の距離であると説明する •正面に向かっての立礼は体を約30度、相互の礼は目礼で約15度傾けることを理解させる •大きく前へ３歩、小さく後ろへ５歩で同距離を移動することを理解させる •音を立てないように、すり足で足さばきをさせる •かけ声は口先だけでなく、はっきり大きく発声させる •常に相手の目を注視し、視線をはずさないように留意させる •立会から構えをとり、再度立会に戻るまで、気力を充実させる	•伝統的な行動の仕方に留意して、日本剣道形を味わおうとする**（関）** •形を習得するための練習の仕方を選んでいる**（思）** •形を途切れずに演技することができる**（技）** •形の意義や理合を知っている**（知）**
まとめ 5分	6　整理運動 7　整列、あいさつ •本時の学習活動の反省 •次時の課題 •正座　•黙想　•座礼	• 生徒の健康観察を行う •木刀は、右側に刃部を内側に向けて、つばを膝頭あたりに置くように助言する •本時の反省をもとに、次時の課題が設定できるように援助する	

※（関）：関心・意欲・態度、（思）：思考・判断、（技）：技能、（知）：知識・理解

第2章

剣道の技とその学び方

第１節
礼と作法

1　礼の意義

礼とは、相手に対して尊敬と感謝の心をいだき、互いに思いやる素直な気持ちを目に見える形で表現することである。

剣道の修練は、相手と激しく打突し合うため、そのときに受ける衝撃も直接的であり、ややもすると人間の闘争的本能を発揮し、冷静さを失いやすい傾向がある。この人間の本能的な感情を礼によって統御し、己に克つ心を育てるところに、剣道における礼の意義がある。

また、相手は互いに心を練り、体を鍛え、技を磨くためのよき協力者であり、相手がいるからこそ成り立つという考え方から、常に相手の人格を尊重し、心から感謝することが大切である。昔から剣道は「礼に始まり､礼に終わる」と言われているゆえんがここにある。

はじめに、練習の始めと終わりに行う整列から正座、黙想、礼までの一連の所作を学習させるとともに、その意義を理解させなければならない。

礼法には「立礼」と「座礼」があり、正座や座り方と立ち方も礼儀作法のひとつとして身に付けさせる必要がある。

2　作法

❶整列

活動場所全体と人との関係の中で、自分にふさわしい場所はどこなのか、指導者と学習者の位置関係（上座：入り口から遠い一番上の席、下座について理解させる）や学習者同士の間隔にも留意する。

❷座り方と立ち方

座るときは左足を１歩引き、そのままの姿勢で左膝を床につけ、片膝立ちになる。右膝もつけてつま先を立てたまま中座になった後、つま先をはずして体を沈めて座る。

立つときは腰を上げ、つま先立ちから右足を１歩出し

▼座り方と立ち方

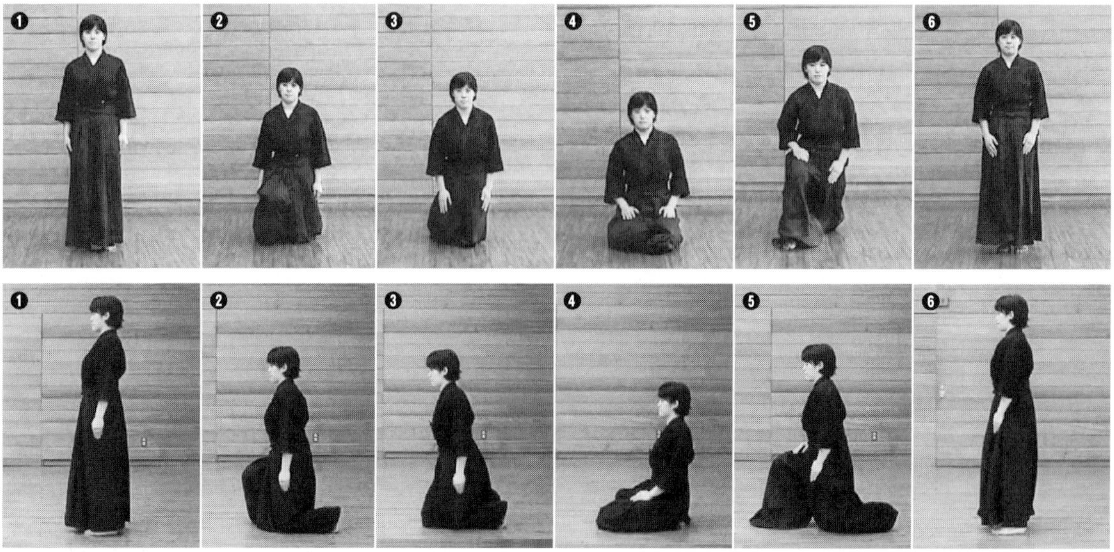

て片膝立ちになり、まっすぐ静かに立ち、左足を引きつける。これを「左座右起」の作法と言う。

ポイント

・上半身はかがめずに首筋や背筋をまっすぐに伸ばし、その状態を保つようにする。

❸正座

あごを引き、背筋をまっすぐにして、肩の力を抜き、両手は指を伸ばしてそろえ、大腿部の中程に置く。両膝の間にこぶしが 1 つか 2 つほど入るくらい開く。口を閉じ、前方を正視し、両方の足は重ねずに、親指をそろえるか、重ねる程度にする。

ポイント

・背中を丸めたり、あごを上げたりせず、背筋や首筋をまっすぐに伸ばすようにする。

❹黙想

正座の姿勢のまま目を閉じ、呼吸を整える。活動前は気持ちを集中して整えること、活動後は気持ちを落ち着かせて整えることを理解させる。

ポイント

・正座の姿勢を保持し、頭を下げずに正面を向くようにする。

❺座礼の仕方

正座の姿勢でおじぎをすることを「座礼」と言う。相手を正視し、上体を傾けつつ両手を同時に床につけて頭を静かに下げる。ひと呼吸程度間をおいてから、静かに元の姿勢に戻る。

ポイント

・両手の親指と人差し指で三角形を作り、そこに鼻を入れるようなつもりで行う。首筋を見せたり、腰を上げたりしないようにする。

❻立礼の仕方

自然体（どこにも無理のない安定感のある姿勢で永続性がある）の姿勢でおじぎをすることを「立礼」と言う。相手の目線を外さないように注目し、背筋を伸ばしたまま静かに上体を倒し、ひと呼吸してから元の姿勢に戻す。試合や稽古の際、相互の立礼は上体を約 15 度前傾して目礼（相手の目に注目）を行う。

▼座礼の仕方

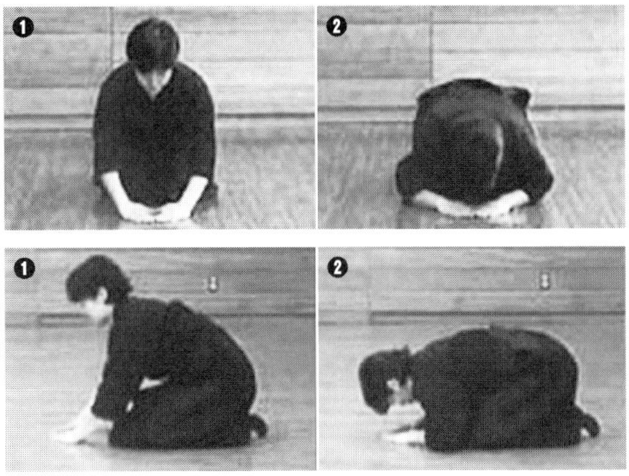

手のつき方▶

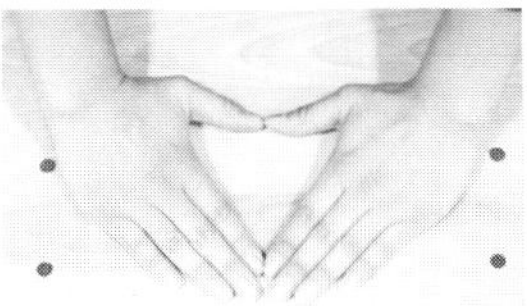

▼立礼の仕方

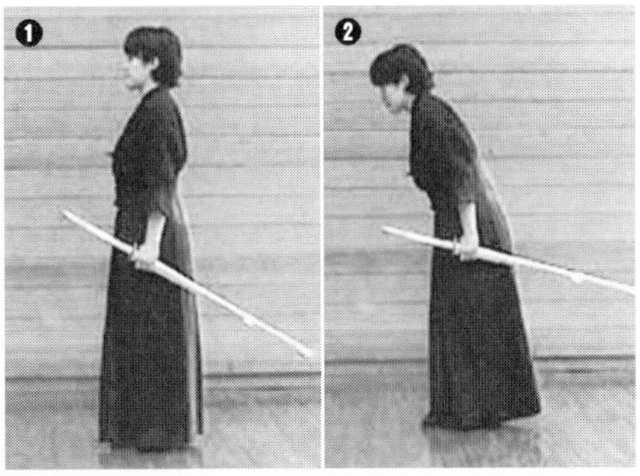

ポイント

・首を曲げすぎたり、あごを上げたりしないように、自然体の姿勢を保ちながら行う。

3 竹刀の扱い方と稽古・試合における礼法

❶提刀(さげとう)と帯刀(たいとう)

提刀とは、竹刀を左手に持ち、つるを下にしてつばに近いところを握り、自然に下げた状態を指す。帯刀とは、竹刀を持った左手を腰にあてがった姿を指す。

▼提刀

▼帯刀

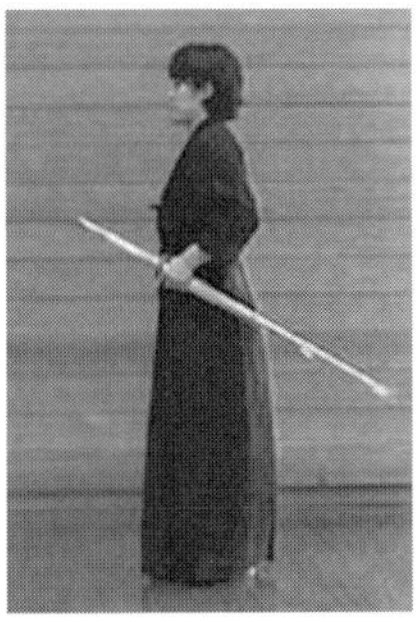

❷蹲踞

蹲踞は、試合や練習の始めと終わりに行う姿勢である。右足をやや前に出し、膝を左右に 90 度ぐらいに開きながら腰を下ろす。つま先立ちになり、両足のかかとに臀部を乗せてバランスを取り、重心を安定させる。

ポイント

・初心者は前かがみになりやすいので、臀部をかかとの上に安定させて、上体をまっすぐに保つようにする。

❸立礼から納刀まで

1)互いに約 9 歩の距離で提刀の姿勢を取り、呼吸を整える（①）。
2)相手の目を正視し、立礼をする（②）。
3)竹刀を左腰にあてた帯刀姿勢で、右→左→右と歩み足で 3 歩前進する（③④）。
4)左足を右足に引きつけながら、右手でつば元を下から握り、斜め上に抜くようにして蹲踞する（抜刀）（⑤）。
5)そのとき、自分の竹刀と相手の竹刀の剣先が触れ合う程度の間合（距離）を取る（⑥⑦）。
6)納めるときは、蹲踞の姿勢から、右手で竹刀を左腰に納刀（帯刀）し、ゆっくりと立ち上がる（⑧⑨⑩）。
7)そのまま左足より歩み足（小さく 5 歩）で最初の位置まで下がり、提刀となって立礼をする（⑪⑫）。

ポイント

・気を緩めず、お互いに気持ちを合わせて行うようにする。
・すり足で行う。

蹲踞▶

▼立礼から納刀まで

第2節
体ほぐしの運動

ここでは剣道の学習の導入として、①自分や仲間の体や心の状態に気づいたり、②体の調子を整えたり、③仲間との交流を豊かにすることをねらいとした「体ほぐしの運動」の例を示す。

各ステージの「はじめ」の部分で、体ほぐしの運動例を生徒に示し、生徒自身に運動の仕方や新しいバージョンを工夫させ、以後の授業の導入として準備運動と関連づけながら取り入れるようにする。

体ほぐしの運動は、剣道技能の向上や体力の向上とは直接関連づけないことに留意する。体ほぐしの運動そのものによって、体を動かす楽しさや心地よさを味わわせるようにすることが大切である。結果として、生徒自身が体と心のいろいろな気づきをする。

▼バランス崩し
両足が床についたり、バランスを崩したりしたら負けとする

▼棒運び
手を使わずに棒をいろいろな方法で運ぶ

▼棒チェンジ
相手の棒が倒れないうちにキャッチする

▼スイカ割り
数m離れた距離から、目を閉じてボールを叩く

▼ミラー
相手の手足の動きと同じ動きをする

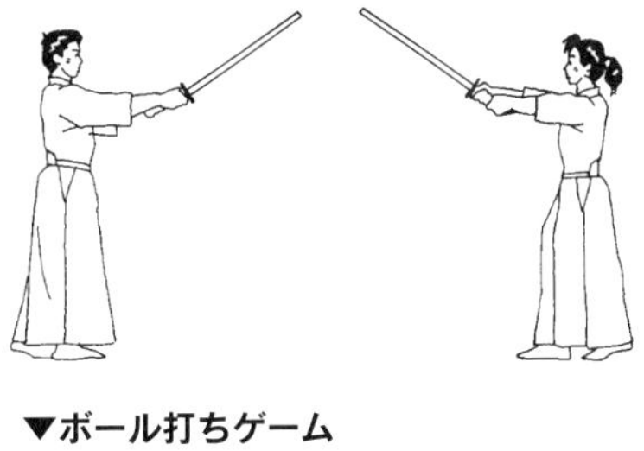

▼手ぬぐいチャンバラ
手ぬぐいを使ってチャンバラをし、相手にタッチしたほうが勝ち(顔はねらわない)

▼体じゃんけん
グー、チョキ、パーの姿勢を決めて、体を使ってじゃんけんをする。勝ったほうは逃げ、負けたほうが追いかける

▼ボール打ちゲーム
飛んでくるボールを相互に打ち返す。後逸したり、相手をオーバーさせたりしたら負けとする

第3節 剣道用具の扱い方

剣道用具の構造や名称を覚え、手際よい取り扱い方を学習することは、技術学習を円滑、かつ効果的に進めるうえで重要である。

1 竹刀各部の名称と点検法

竹刀の各部分の名称や取りつけ方を覚えて手入れができるようになることも、剣道の学習内容のひとつと言える。

1 竹刀の名称と構造

竹刀の名称と構造は次のとおりである。

また、竹刀の基準は表Ⅱ-2-1のように定められているが、試合規則に示された規格にとらわれず、指導の目的や生徒の体格や技能に応じた竹刀（短めで軽い）を使用することが望ましい。

竹刀の材質としては、竹とカーボンがある。カーボン製の竹刀は耐久性、安全性に優れているが、竹製と比べてかなり割高である。

▼竹刀各部の名称

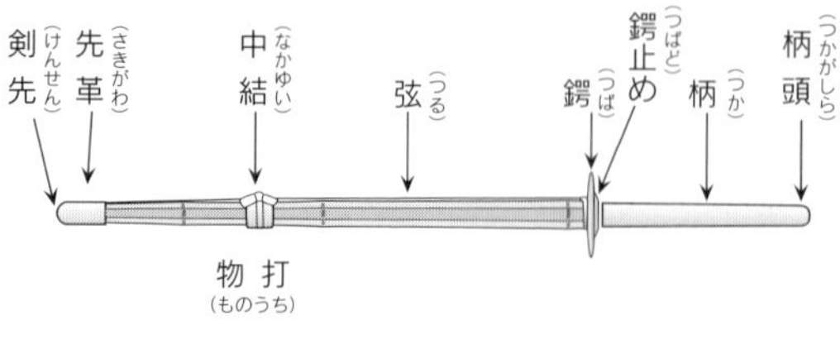

［表Ⅱ-2-1］竹刀の基準（一刀の場合）

	性別	中学生	高校生（相当年齢の者も含む）	大学生・一般
長さ	男女共通	114cm 以下	117cm 以下	120cm 以下
重さ	男性	440g 以上	480g 以上	510g 以上
	女性	400g 以上	420g 以上	440g 以上
太さ	男性	25mm 以上	26mm 以上	26mm 以上
	女性	24mm 以上	25mm 以上	25mm 以上

2 竹刀の点検

竹刀の破損や不備な竹刀の使用によって大きな事故が発生する可能性もあるので、練習前後の点検を行い、安全を確認してから使用することを習慣づけることが必要である。

点検項目として、

①打突部の竹がささくれたり割れたりしていないか
②つるや中結が切れそうだったり、緩んでいないか
③中結の位置（剣先から全長の約1/4）は適切か
④先革が破損していないか

などが挙げられる。

2 剣道具の名称とつけ方

剣道具は正しく着装し、安全で苦しくないように心がけなければならない。

また、ひもは途中でほどけて活動が中断されないためにも、結び目を確実にするように十分注意を払わなければならない。

剣道具は正座して、垂れ、胴、面、小手の順で着用する。

▼防具の名称

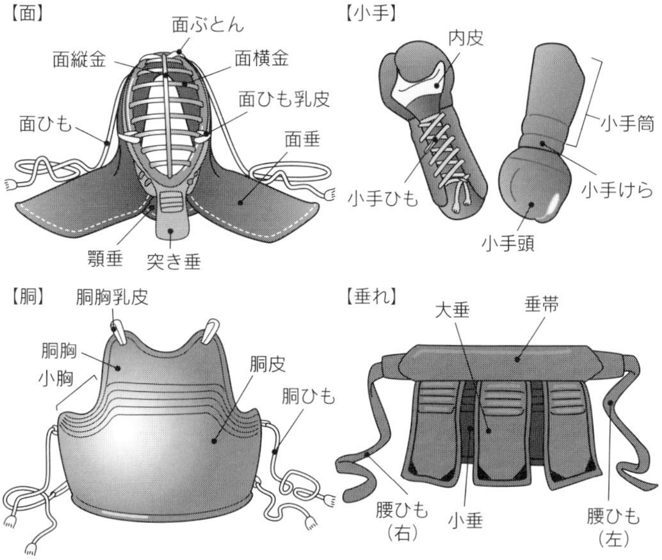

1 垂れと胴のつけ方

垂れには裏表があり、大垂を表にして腰ひもを腰骨の位置で後ろへ回し、袴の腰板の下で交差させて十分に締める→ひもを前に回して、中央の前垂の下でしっかりと結ぶ。

次に、胴を胸に当てて、上ひもを背中で交差させ、たすき掛けにする→胴胸乳皮にひもを結びつける（胸金具を使用し、簡単に装着する方法もある）→胴の位置が水平か、上がり過ぎたり、下がり過ぎたりしていないかを確認する→下ひもを後ろで蝶結びにして、しっかりと締める。

▼胴胸乳皮のひもの通し方と結び方

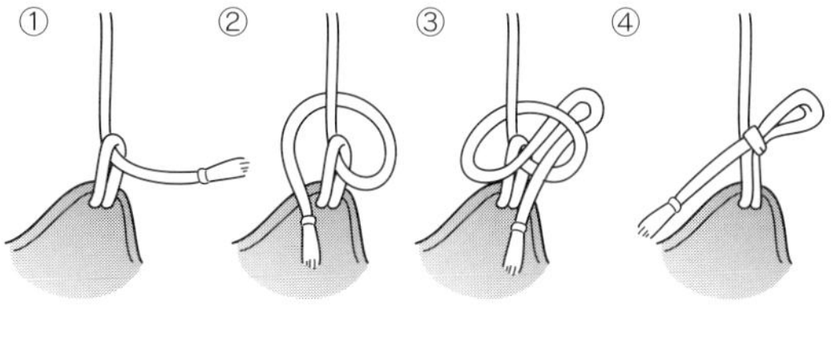

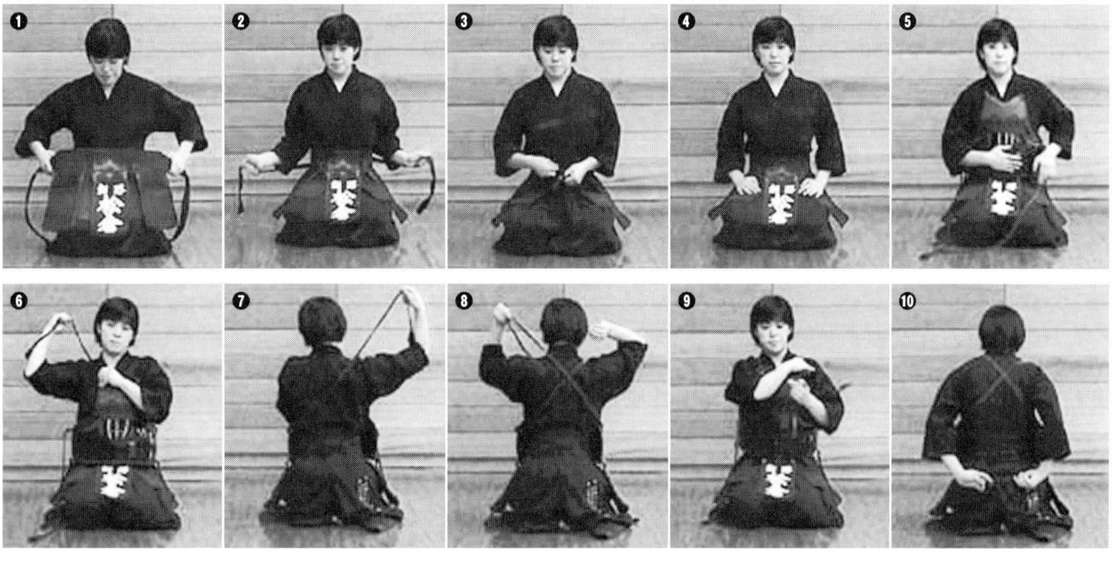

2 手ぬぐいのかぶり方

手ぬぐいは、頭部を面に密着させるとともに頭の保護の役目をしている。途中で外れないようにしっかりとかぶる。かぶり方には次の２つの方法がある。

①手ぬぐいの上両端を持ち、額から後頭部のほうへ回し、縁が額にくるまでずらす→後頭部から手ぬぐいを離さないように右片方を左耳上まで回す→左片方を右耳上に持っていき、緩まないように重ねる→顔の前に垂れた手ぬぐいをまくり上げる→手ぬぐいの先を折り曲げて、頭にしっかりと密着させる。

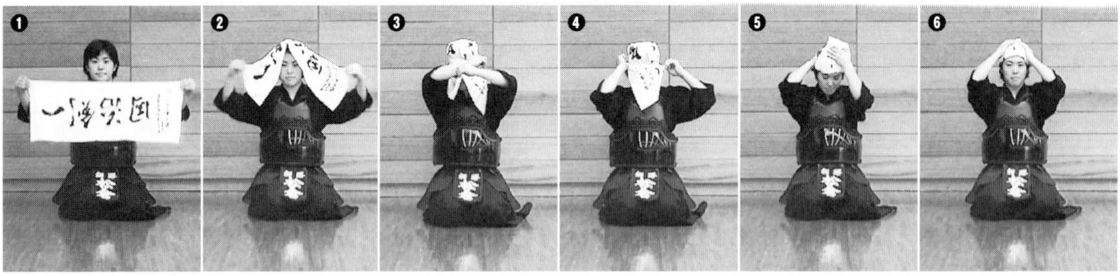

②手ぬぐいを広げて、縦に半分に重ねる→頭の大きさに合わせて、左右から折り重ねる→裏返し、折り返し部分を二重になっている間に入れる→帽子のように厚いほうを前にしてかぶる。

この方法は、①のかぶり方がうまくできない場合に確実に手ぬぐいをかぶる方法である。できるだけ①のかぶり方でつけることが望ましい。

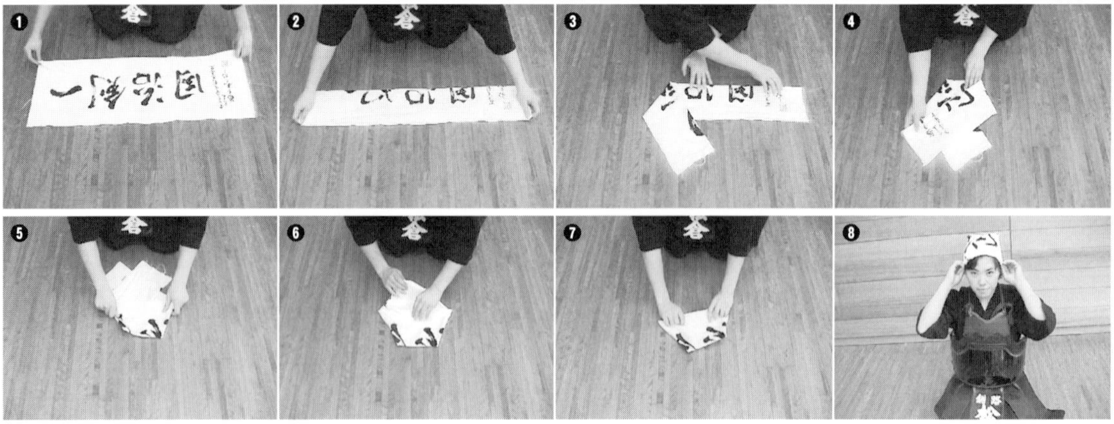

3 面と小手のつけ方

❶面のつけ方

面ひもの結び方には２通りの方法がある。面金の最上段の中央部につける方法と、面金の下から４段目の両端につける方法である。ここでは後者について説明する。

左右の面ひもを後ろで交差させ、前に回す→面ひもを面金の最上部で交差させながら通す→左手で面金の部分を支え、ひもを緩める→あごから顔を入れ、面の内輪に顔を密着させる（後頭部で交差する面ひもに2cmほどのゴムホースを取りつけると、ひもが外れたときの修復が早い、写真参照）→左右のひもを引き締めて、面を頭部や顔部にしっかり固定させ、蝶結びにする→面ひもの長さを左右均等に約40cmにそろえる→側頭部のひもをそろえ、ねじれを直す→左右の面垂を引っ張って空気の通りをよくし、両肩を自由に動かせるようにする。

ゴムホースの▶
使用例

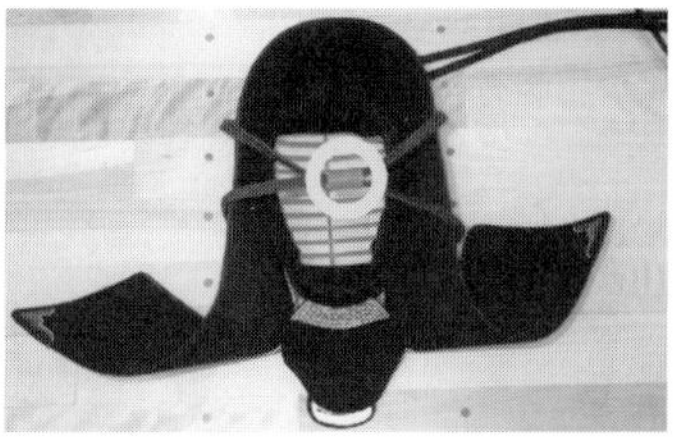

❷小手のつけ方

小手は小手ひもを自分の腕の太さに合わせて、少し空間ができる程度に結んでおく（きつく結ぶと手首の自由を欠き、打たれたときの痛みが大きい）。また、小手ひもが長く垂れ下がらないようにする→右手で筒の部分を持ち、左小手からつける→続いて右小手をつける。

面のつけ方▶

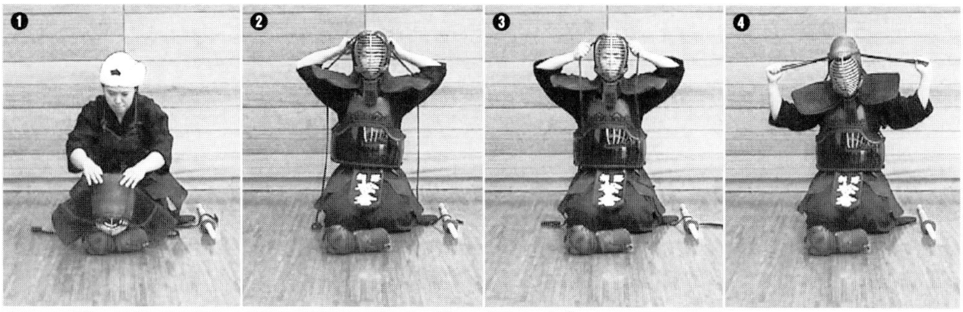

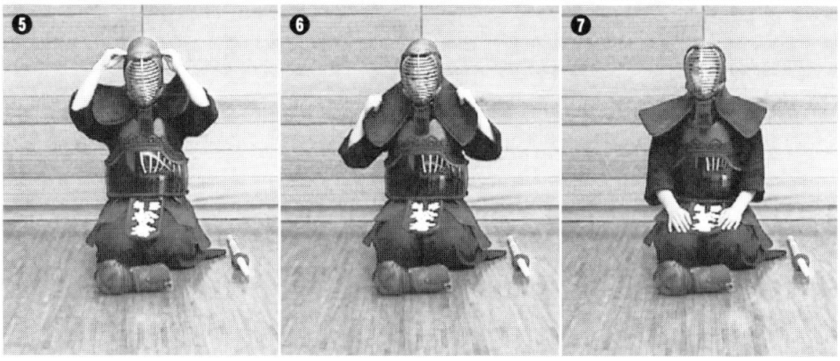

▼面の後ろ

小手のつけ方▶

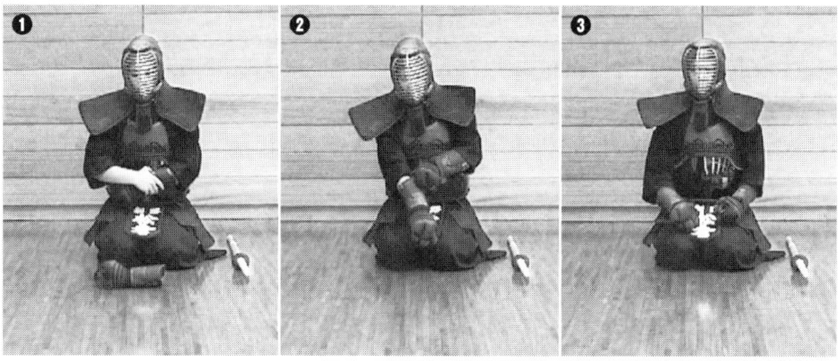

4 剣道具の持ち方・置き方とまとめ方

剣道具を持ち運んだり置いたりするときなどは、落としたり、大きな音を立てたりしないように丁寧に取り扱い、またひもが垂れ下がったりしないように気をつけさせる。

❶持ち方・置き方

・面の中に面ひも、小手（握りのほうから）を入れて、右脇に持ち抱える。
・竹刀は左手に持つ。
・座って、竹刀を体の左側につばと左膝頭をそろえるように置く。
・小手は握りを外側にして、右膝頭斜め前にそろえて置く。
・面は小手の上に置く。
・手ぬぐいは四つ折にたたんで面の中に入れておく。または表を上にして広げ、面の上に置く。

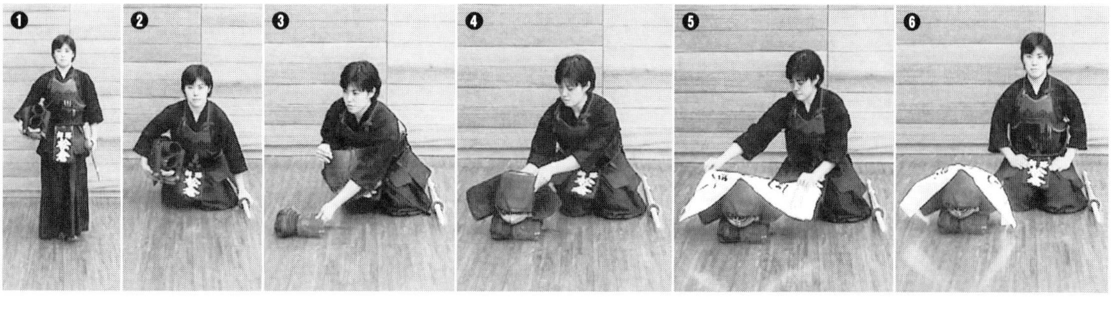

❷まとめ方

剣道具はひとまとめにしておく。その方法はいろいろあるが、一例を紹介する。

垂ひものしわを伸ばし、前中央の大垂に巻きつける→表を上にして置き、垂れの上部と胴の下部をそろえて重ねる→胴の上ひもを垂れの下に通し、起こしてから上ひもを交差させて十字にしながら胴の内側で結ぶ（垂れと胴を密着させる）→胴の下ひもで両端を固定させる→面の中に小手を入れ、胴の内側に面を乗せる。

汗でぬれた小手や面を手ぬぐいで拭くことを習慣つけるように心がける。また、時折、外で陰干しをするとともに、通気のよいところに保管することが望ましい。

▼剣道具のまとめ方

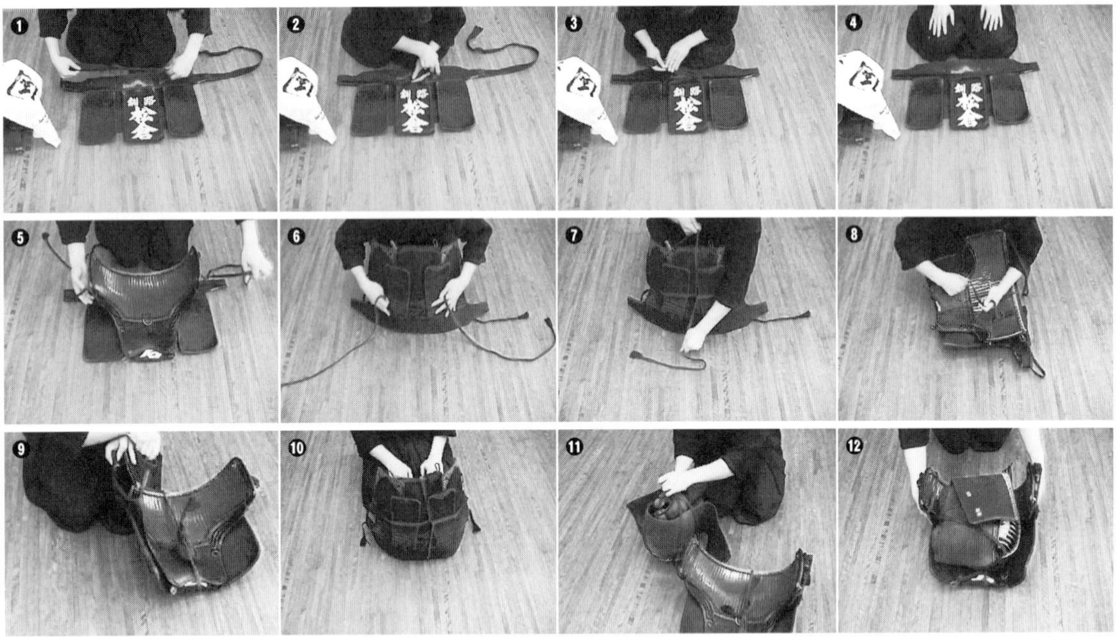

3 剣道着と袴のつけ方

剣道着と袴は竹刀の打撃力に対する保護に優れ、汗の吸収率も高い。また、剣道の伝統を守る美的・文化史的観点からも剣道着､袴の着用は学習意欲を高めるのに効果的である。

自分の体型に合ったものを選び、生地はなるべく厚地で木綿製が望ましい。

剣道着の袖の長さは、小手の筒部に触れない程度で、腕がゆったりと包まれるのがよい。袴の長さは、前ひもを腰骨の上部にあてがったときに裾がくるぶしを隠す程度がよい。

❶剣道着のつけ方

剣道着の胸元をきちっと合わせて、胸のひもを結ぶ（胸がはだけやすいときは、ホックやマジックテープで補強するとよい）→背中にふくらみが出ないように、裾を下に引っ張る。

❷袴のつけ方

袴の前の部分を腰骨に当て、前ひもを後ろから前に回して交差させ、さらに後ろに回して蝶結びにする（剣道着の背中や腰部に余分なしわやたるみがあれば直す）→蝶結びの上に腰板を当て、左右のひもを前に回して１度交差させる（袴の裾は前下がりにする）→一方のひもを前ひもにからみ通して、前で結ぶ。

剣道着のつけ方▶

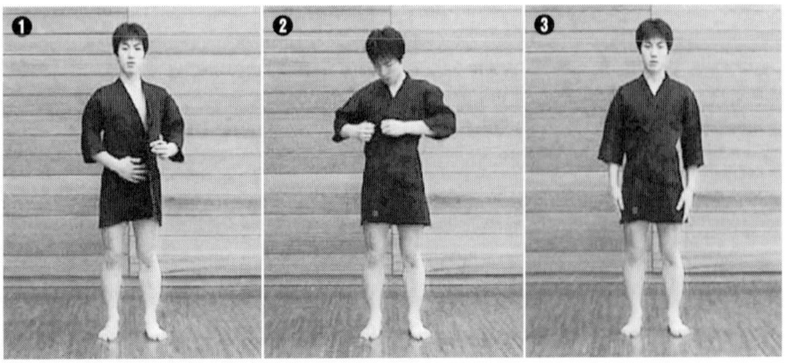

袴のつけ方▶

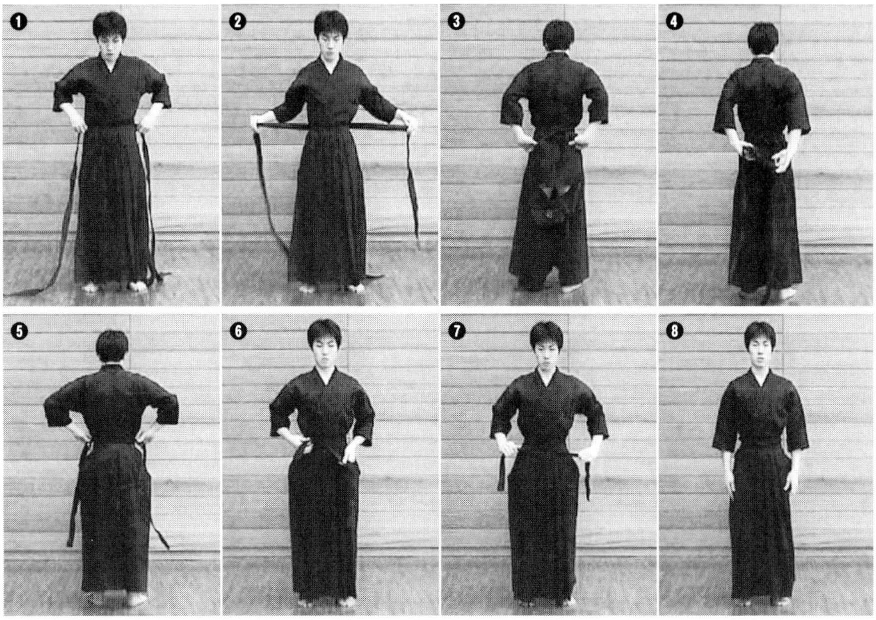

4 剣道着と袴のたたみ方

剣道着、袴は清潔を保ち、汗などで汚れたときは洗濯し、よく乾燥させておくことが大切である。また、きちんと折りたたむ習慣を身に付けたいものである。

❶剣道着のたたみ方

剣道着を大きく広げ、左右の脇の縫い目に合わせてしわを伸ばす→一方を身頃の中程まで重ね、袖を折る→片方もつき合わせにして袖を折る→裾から丈を３つ折りにする。

❷袴のたたみ方

袴のひもつきの前後をそろえながら下げて持つ→前のひだを整え、平らなところへ後ろを上にして置く→後ろのひだをまっすぐに伸ばして重ね、左右の裾をそろえる→後ろひだが崩れないように、上下部を引っ張りながら表を上にして置く→左右の相引の縫い目に平行に、５本のひだを伸ばしてそろえ、両わきを折り重ねる→崩れないように裾を持って、３つ折りにする→左右の前ひもをそれぞれ４つ折りにして、袴の上で交差させる→後ろひもで前ひもと折り結ぶ。

▼剣道着のたたみ方

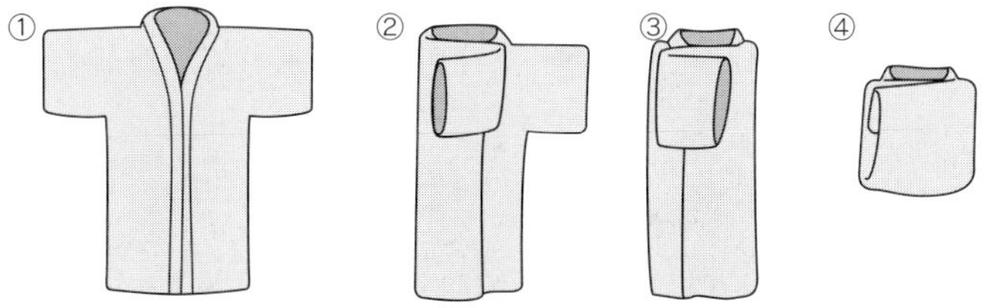

▼袴のたたみ方

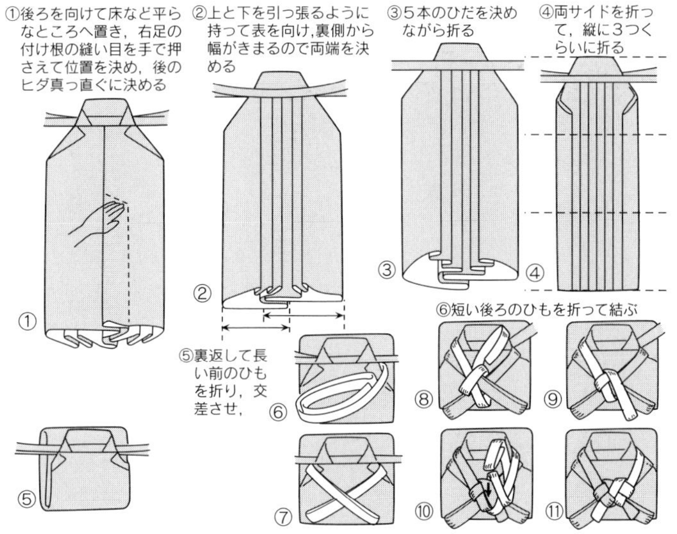

①後ろを向けて床など平らなところへ置き，右足の付け根の縫い目を手で押さえて位置を決め，後のヒダ真っ直ぐに決める
②上と下を引っ張るように持って表を向け，裏側から幅がきまるので両端を決める
③５本のひだを決めながら折る
④両サイドを折って，縦に３つくらいに折る
⑤裏返して長い前のひもを折り，交差させ，
⑥短い後ろのひもを折って結ぶ
①
②
③
④
⑤
⑥
⑦
⑧
⑨
⑩
⑪

第４節
基本動作

「構え」とは体と心が一体となり、隙のない状態のことを言うが、普通は「身構え」を指す。

主な構えには中段の構え、上段の構え、下段の構えなどがあるが、主に用いられるのは、すべての構えの基礎となる中段の構えである。

1 自然体と中段の構え

1 自然体

自然体は剣道の「構え」の基となる体勢であり、安定感があり､体のどこにも無理がない永続性のある姿勢である。

両足をわずかに開き、両膝は自然に楽に保ち、体の重心を両足の中間におく。上体は背筋を伸ばして両肩の力を抜いて下げ、少し胸を張って下腹部にやや力を入れる。あごを引いて首筋を伸ばし、目は水平方向を見る。竹刀は左手でつるを下にし、刃部のつば元を軽く握って持つ。

2 中段の構え

中段の構えは、攻撃、防御両方に最も適した構え方である。

自然体より右足を少し前に出し、竹刀のつるを真上にして、左拳は下腹部より約ひと握り前に出し、常に正中線上におき、右拳はつばよりわずかに離して握る。剣先はおよそ自分ののどの高さになるようにする。目のつけ方は相手の目を中心に、体全体を見る。

❶竹刀の握り方

○左手――小指を柄頭いっぱいにかけて上から握り､小指、薬指、中指を締め、人差し指と親指は軽く添えるように握る。

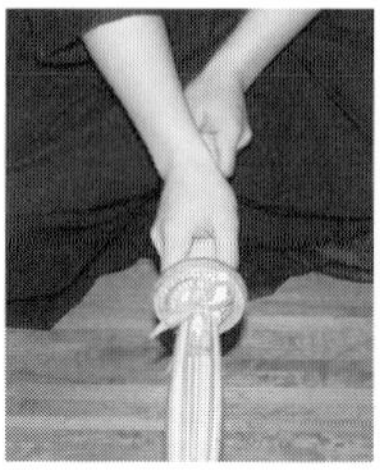

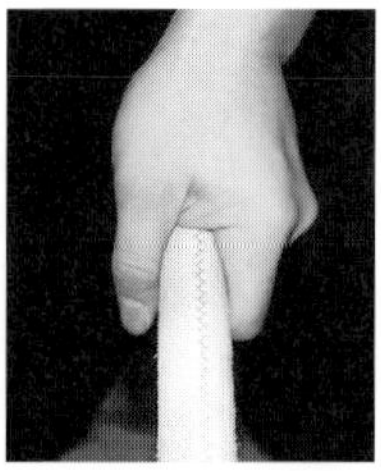

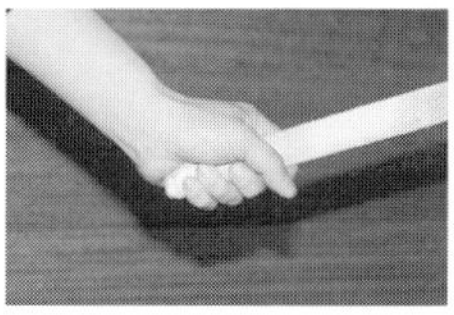

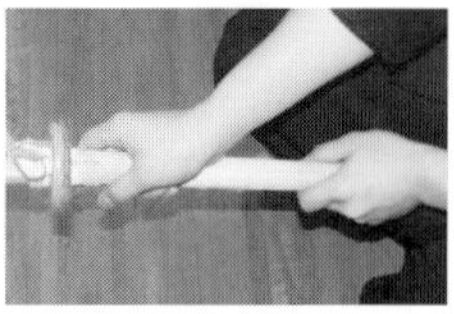

○右手――左手同様に上から柔らかく握り、右拳はつばよりわずかに離れるようにする。
○両手――親指と人差し指との付け根が、両手とも竹刀のつるの延長線上になるようにおく。
○両腕――両肘は突っ張らずにゆとりをもたせ、腕や肩の力を抜く。両わきも締めすぎないようにする。

留意点

・右手に力が入った、右手中心の握り方になると、剣先が過度に高くなる傾向がある。
・両手とも上から正しく竹刀を握り、左拳と剣線を正中線からはずさない。

❷足の位置

両足のつま先は前方に向け、左右の足の間隔は間に片足が入るくらいである。前後の間隔は、右足のかかとの線に沿って左足のつま先をおくようにする。両膝は曲げ過ぎたり伸ばし過ぎたりしないように保つ。

体重は両足に均等にかけるが、左足はかかとをわずかに浮かせ、体の重心が後ろ側にかからないようにする。

留意点

・左足の方向が左外側を向くと俊敏な動きがしにくいので、正しく前方向を保つ。

❸剣先の高さ

およそ自分ののどの高さとする。相対動作の場合には相手ののどの高さとし、その延長が相手の両目の間の方向（左目の方向とも言われる）を向くようにする。

留意点

・剣先が上がりすぎるときは、往々にして左拳の位置が低い場合が多いので注意する。

▼足の位置（左：正しい例、右：悪い例）

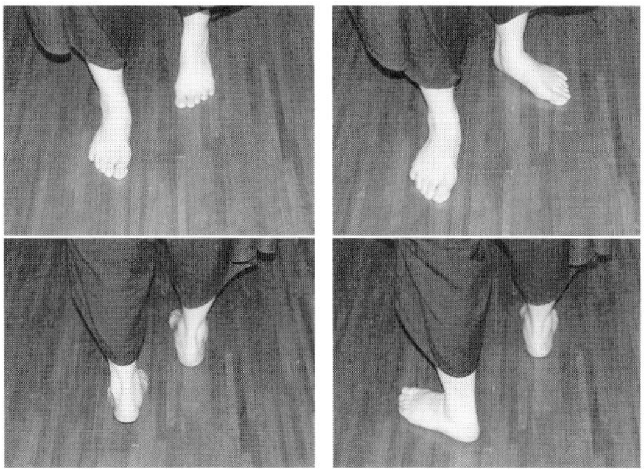

2 足さばき

足さばき（フットワーク）は、体の移動や打突のための足の運び方であり、正しい足さばきを身に付けることは、打突の第一条件と言える。

足さばきには、送り足、歩み足、開き足、継ぎ足がある。体をリラックスさせて自然体を保ち、腰の上下動を少なくして「すり足」で、床に水平に移動する。また、どの方向に移動しても、後ろ足のかかとが床につかないように注意する。

❶歩み足

前後に遠く早く移動する場合の足さばきで、遠い間合から打突するときや打ち返しを受けるときなどに用いる。平常の歩行のように、右足、左足を交互に動かして移動する。

留意点

・歩幅を小さく、素早く行う。
・滑らかに行い、かけ足をしたり、体勢を崩したりしない。

❷送り足

稽古や試合での一足一刀の間合で、最もよく使われる剣道の基本的な足さばきである。前進、後退、左右、斜めへ素早く移動する場合に用いる。移動する方向に近いほうの足から踏み出し、他の足を直ちに送り込むように引きつける。

留意点

・特に後退の際、後ろ足のかかとが床につかないように気をつける。
・移動しても、つま先の向きや歩幅に気をつけ、正しい足の位置を保つ。
・送り込む足（後ろ足）が遅かったり、残ったりしないよう素早く引きつけさせる。

▼送り足

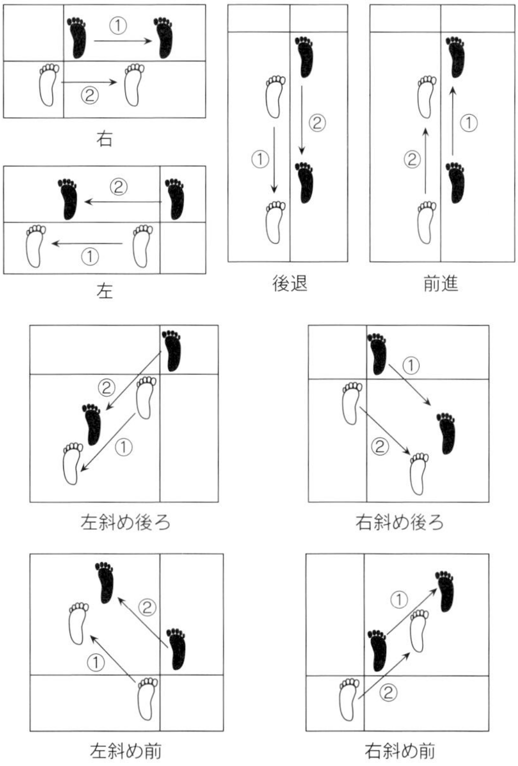

▼送り足(後退・左ー右)

▼送り足(前進・右ー左)

❸開き足

相手の攻撃に対して、体をかわしながら打突したり防いだりするときに用いる。移動する方向の足から踏み出し、次いで他の足を直ちに移動した足の後ろに引きつける。

留意点

・足先の方向だけでなく、体も常に相手に正対する。
・移動したとき、後ろ足のつま先が外を向かないように両足の平行を保ち、後ろ足のかかとはつけない。

❹継ぎ足

相手との距離が遠くて、打突が届かないときに、1 歩踏み込んで打突する際に用いる。この足さばきは前方向だけである。左足を右足の位置まで引きつけたと同時に、右足から大きく踏み出す。

留意点

・左足が右足より前に出ないように引きつける。
・左足を引きつけたときに、右足を静止させず直ちに踏み出す。

▼開き足

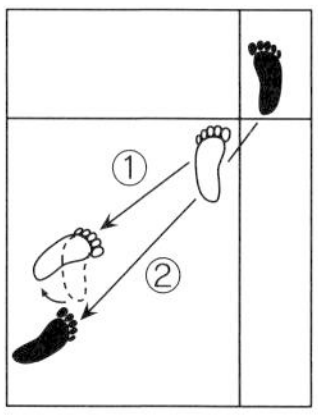

左斜め後ろ

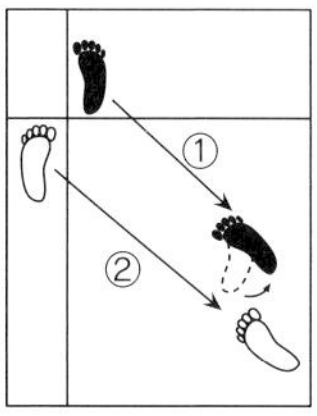

右斜め後ろ

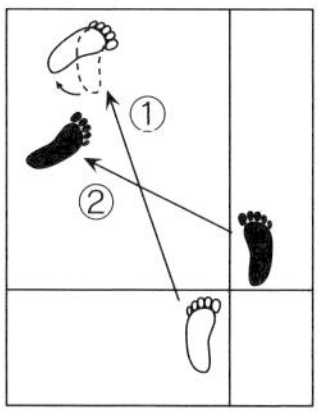

左斜め前

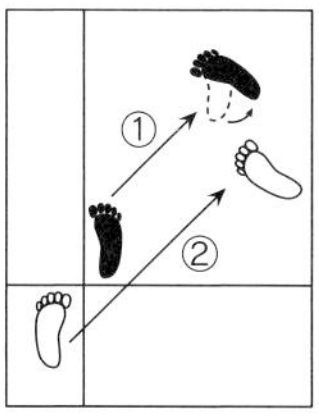

右斜め前

▼継ぎ足

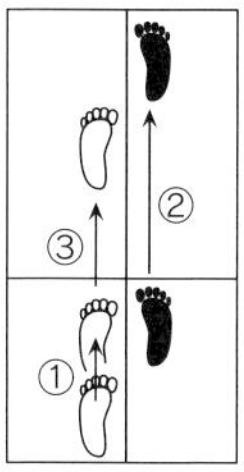

▼開き足

▼継ぎ足

❺踏み込み足

打突する際に用いられる足運びで、左足の蹴りと右足の床面への踏み込み動作によって行う。

左足で鋭く蹴って右足を大きく踏み込み、左足を直ちに引きつけ、体勢を崩さないように送り足で３～４歩まっすぐ前進する。

留意点

・右足の膝をあまり高く上げず、足裏を床面に近く移動させる。
・無理な着床はかかとや膝を痛めやすいので、右足の裏全体で床を踏みつける。
・体勢が崩れないように、腰を中心に移動する。
・踏み切った後の左足が「ずり足」や「はね足」にならないように、引きつけを素早く行う。

▼送り足からの踏み込み足

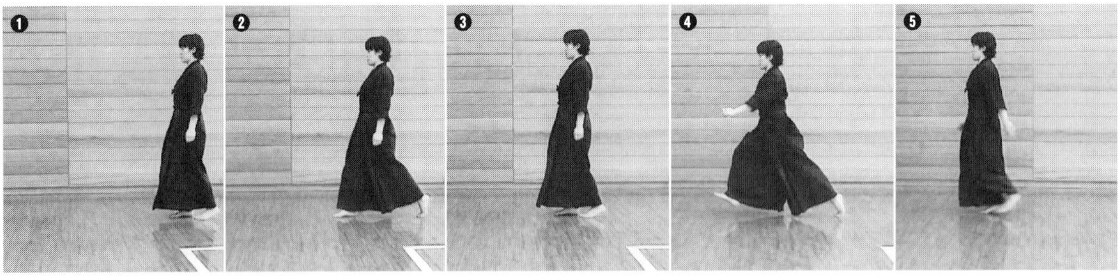

▼その場からの踏み込み足

▼踏み込み足の悪い例

①右足が上がりすぎる

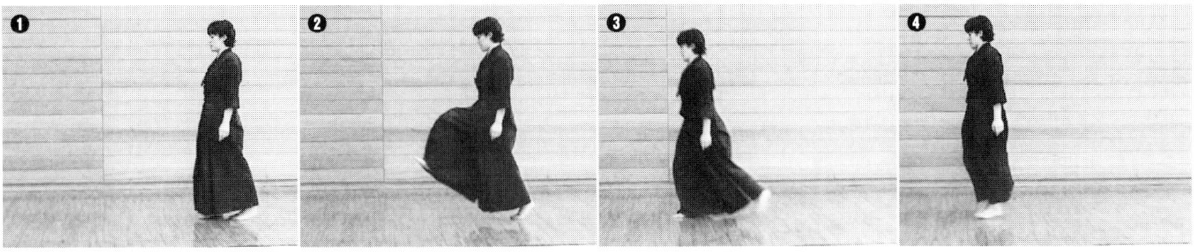

②前傾のしすぎ

③左足が残る

▼矯正法（上：正しい例、下：悪い例）

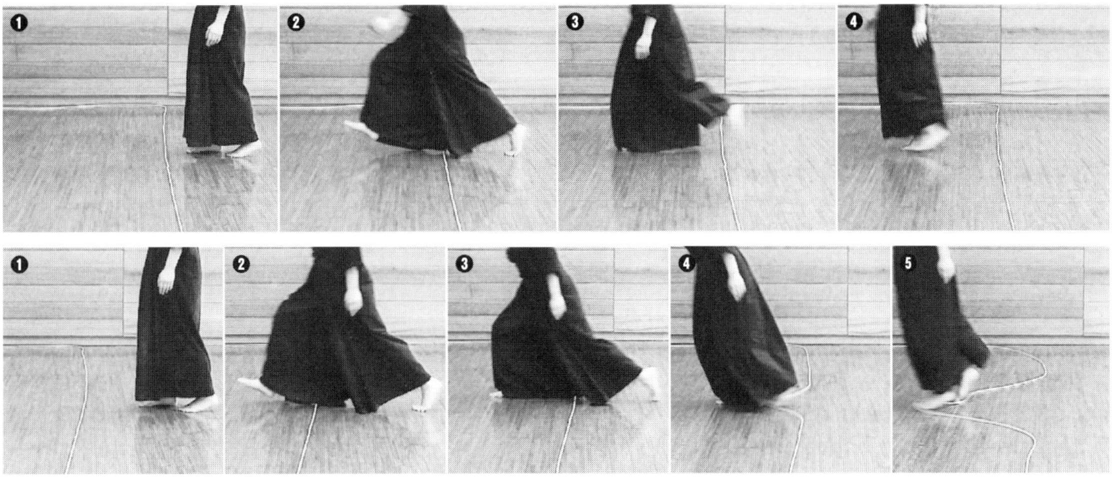

※左足の蹴りが悪いと左足が流れ、引きつけがうまくいかずに「ずり足」になる。左足の蹴りを鋭くし、引きつけも素早く行い、床のロープを引きずらないようにする

3 素振り

素振りは、打つ動作の基本となる竹刀の操作や竹刀の正しい動き（刃筋）を身に付けるうえで重要な項目であり、体の動き（足さばき）と連動した動作を習得するためにも効果的な方法である。

また、授業の準備、整理運動として活用でき、打ち方の矯正法としての役割も果たしている。

1 上下振り

❶その場で

中段の構えから、握り方（手の内）を変えないで、両拳は正中線をはずさずに竹刀をできるだけ大きく振りかぶり、直ちに両腕を伸ばしながら内側に絞るようにして左拳が下腹部に触れるくらいまで振り下ろす。この動作を連続して行う。

❷送り足で

右足を前に出しながら振りかぶり、左足をすみやかに引きつけながら竹刀を振り下ろす。左足を後ろに引きながら振りかぶり、右足をすみやかに引きつけながら竹刀を振り下ろす。この動作を連続して行う。

留意点

- 竹刀の軌跡は体の正中線を通るように振る。
- 頭上に振り上げたときの左拳の位置は、小指、薬指の締めが緩まないところまでとする。
- 振り下ろした剣先は膝の高さぐらいとし、左手の握りや手首の角度を変えずに保つ。
- 振りかぶり、振り下ろしは、左手、左腕に力を入れて行う。右手、右腕に過度の力を入れると前かがみになりやすい。
- 歩幅が広くなりがちなので、振り下ろしの際の引きつけ足に気をつける。

▼上下振り（その場で）

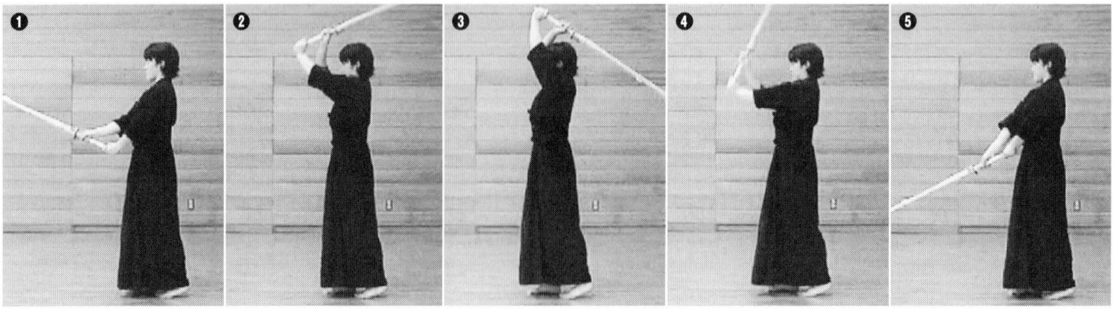

▼上下振り（送り足で）

2 斜め振り

❶その場で

中段の構えから、上下振りと同じ要領で竹刀をまっすぐ大きく振りかぶり、右斜め上方から約 45 度の角度で左膝頭の高さぐらいまで振り下ろす。さらに、振り下ろした軌跡に沿って大きく振りかぶり、頭上で両手首を返し、左斜め上方から約 45 度の角度で右膝頭の高さぐらいまで振り下ろす。この動作を連続して行う。

❷送り足、開き足で

上下振りと同じ要領で、送り足や開き足を伴っての斜め振りを行う。

留意点

- ・左拳が常に体の正中線から外れないようにし、振り下ろし角度は左右均等（約 45 度）になるように行う。
- ・手首を正しく返して、刃筋の通った打ちを行う。
- ・習熟するにつれて打点の位置を変え、左右面打ち、左右胴打ちの空間打突へと発展させる。
- ・開き足のときは、振り下ろしの際の引きつけ足に気をつけ、足先の方向だけでなく、体も常に相手に正対する。

▼斜め振り（送り足で・前進後退）

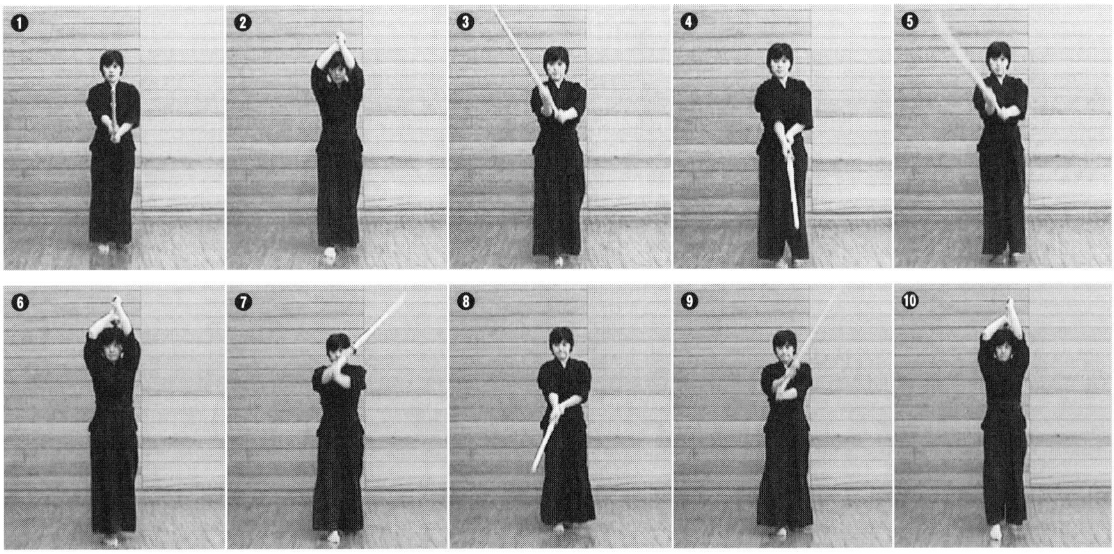

▼斜め振り（開き足で）

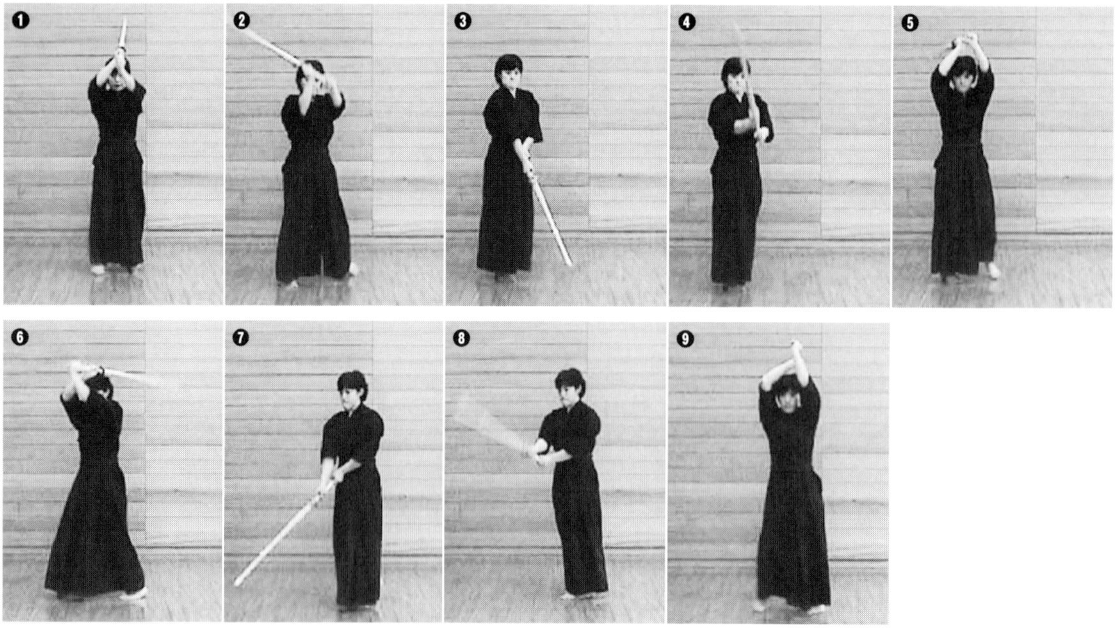

3 跳躍素振り

前後に跳躍しながらの正面打ちで、上肢と下肢のバランスが取れた打撃動作の習得に役立つ。また、準備運動や補強運動としても効果的な方法である。中段の構えから、後ろに軽く跳びながら竹刀を振りかぶり、前に軽く跳びながら正面を打つ。これを繰り返し行う。

留意点

・打ち込み棒や竹刀を利用し実際に打突させ、連続しても剣先が立ったり、右手中心の打ちになったりしないように注意する。
・跳躍は両足をそろえて同時に跳ばないようにする。
・正面を打つ瞬間は、左足を素早く引きつけ、正しい姿勢を保つ。
・打撃時に右足だけが着床していたり、右足の前に左足がきたりすることのないようにする。

▼跳躍素振り

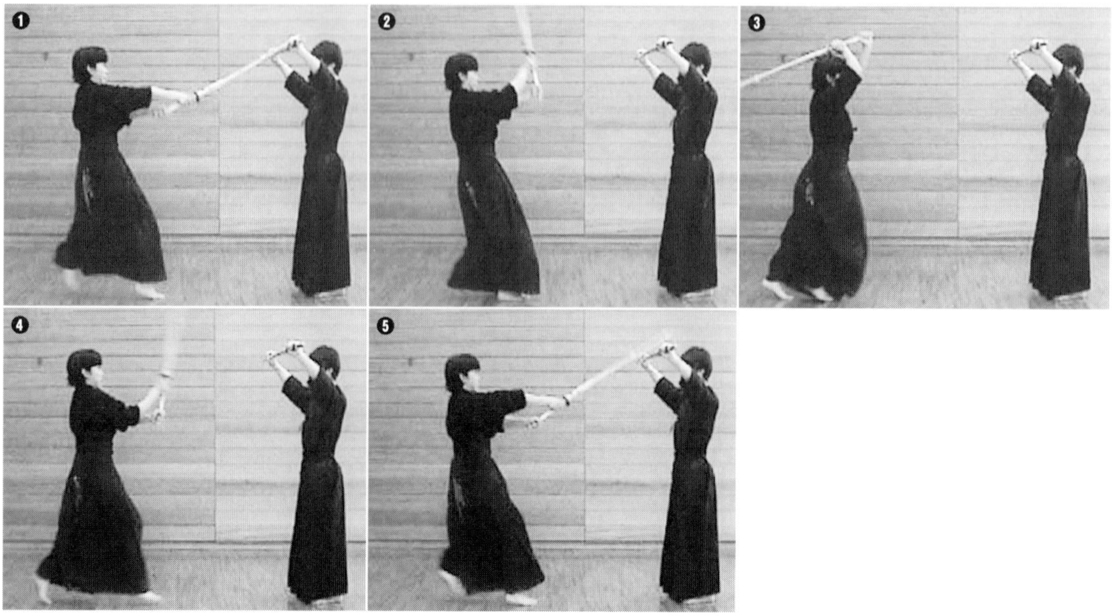

4 空間打突

空間打突は、相手がいるものと目標を想定して、それに向かって面、胴、小手、突きと、空間を打ち込むことであり、基本打突の前提となるものである。

留意点は、打突部（面、胴、小手、突き）の位置で止めるようにし、下まで振り下ろしたり振り抜いたりしないことである。

1 正面打ち

❶送り足－前進して

中段の構えから、握り方（手の内）を変えないで、右足を前に出しながら竹刀を大きく振りかぶり、左足をすみやかに引きつけながら、直ちに両腕を伸ばし内側に絞るようにして正面を打つ。送り足で1歩後退しながら中段の構えに戻る。この動作を繰り返し行う。

▼正面打ち

▼正面打ち（前進後退）

注：初心者が行う空間打突では、剣先が高くなったり、左こぶしが下がりすぎるなどの悪いくせがつく恐れがあるので、写真のように竹刀を打たせることが望ましい

❷送り足ー前進後退して

右足を前に出しながら振りかぶり、左足をすみやかに引きつけながら正面を打つ。左足を後ろに引きながら振りかぶり、右足をすみやかに引きつけると同時に正面を打つ。この動作を連続して行う。

留意点

・正面を打ったときの左拳はおよそ胃の高さ、右拳は右肩よりやや低く保つ。
・初心者は打突の際、右手に無意識のうちに力が入りやすいので、左腕を中心とした打突となるように気をつける。
・空間打突では剣先が立ったり、左拳が下がりすぎてしまったりと、悪い癖のつく恐れがあるので、打ち込み棒や竹刀を利用し実際に打突させることが大切である。また、初心者には、打突時の衝撃を打ち手と受け手の両方の立場から体感させることにも役立つ。

2 胴打ち

❶送り足ー前進して

中段の構えから、握り方を変えないで、右足を前に出しながら竹刀を大きく振りかぶり、頭上で手首を返して左斜め 45 度の角度で左足をすみやかに引きつけながら、両腕を伸ばすようにして右胴を打つ。送り足で 1 歩後退しながら中段の構えに戻る。この動作を繰り返し行う。

❷送り足ー後退して

左足を後ろに引きながら振りかぶり、右足をすみやかに引きつけると同時に右胴を打つ。送り足で 1 歩前進しながら中段の構えに戻る。この動作を連続して行う。

留意点

・打ったときの左拳はおよそ腰の高さにして、体の正中線からはずさない。
・初心者は、右手首の返しがうまくできないため、体をねじ曲げて打とうとするので斜め振りの要領を活用させる。
・左足の引きつけが悪いと腰の引けた姿勢になりやすいので、下半身をリラックスさせ、膝を少し緩めて腰をやや落とすようにして打つ。
・空間打突では平打ちになりやすいので、ゆっくりと確実に行わせる。

胴打ち▶

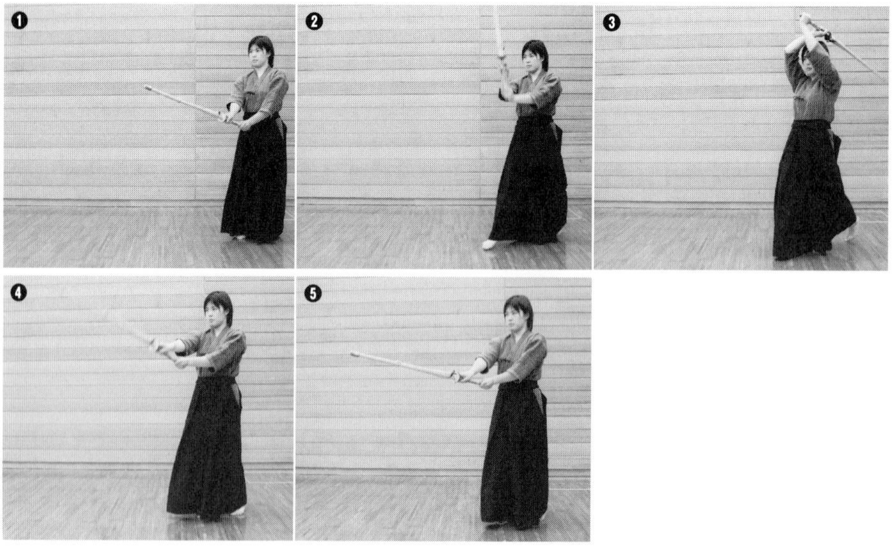

3 小手打ち

❶送り足ー前進して

中段の構えから、握り方を変えないで、右足を前に出しながら竹刀を振りかぶり、左足をすみやかに引きつけながら、直ちに両腕を伸ばし内側に絞るようにして小手を打つ。送り足で 1 歩後退しながら中段の構えに戻る。この動作を繰り返し行う。

❷送り足ー前進後退して

右足を前に出しながら振りかぶり、左足をすみやかに引きつけながら小手を打つ。左足を後ろに引きながら振りかぶり、右足をすみやかに引きつけると同時に小手を打つ。この動作を連続して行う。

留意点

・小手を打ったときの左拳はおよそへその高さに保ち、両腕を前に伸ばすようにする。
・右手に無意識のうちに力が入りやすいので、右手の柄の握りに注意する。また、左足の引きつけを意識させ、背筋を伸ばすことを心がける。
・空間打突では剣先が立ったり、左拳が下がりすぎてしまったりと、悪い癖のつく恐れがあるので、打ち込み棒や竹刀を利用し、実際に打突させることが大切である。

小手打ち▶（送り足前進）

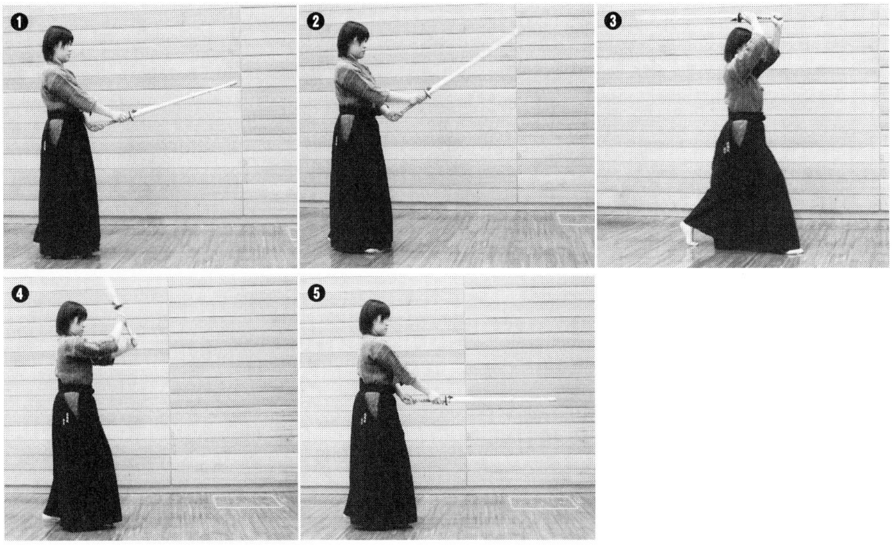

5 間合

相手と構え合ったときの距離（時間的と空間的距離）を間合と言う。基準となるのは「一足一刀の間合」で、それより遠い間合を「遠間」、近い間合を「近間」と言う。

❶一足一刀の間合

中段に構えた相互の剣先が 10cm 程度交差し、1 歩踏み込めば相手を打突でき、1 歩退けば相手の攻撃をかわすことができる距離である。稽古や試合のときの標準となる間合で「打ち間」とも言う。

❷遠い間合（遠間）

一足一刀の間合より遠い間合であり、相手から打ち込まれても届かないかわりに､自分の打突も届かない距離である。

❸近い間合（近間）

一足一刀の間合より近い間合であり、自分の打突が容易に届くかわりに､相手からも打ち込まれやすい距離である。

留意点

・一足一刀の間合からの打突を繰り返し、相手との距離間を養う。
・間合は体格、体力、技量、構えなど多くの要素によって異なる。早く自分の間合を知ることが大切である。

❹つばぜり合い

つばぜり合いとは、相手との攻め合いや打ち合いによる攻防の流れから、互いに体が接近した「最も近い間合」であり、つばとつばとが競り合った緊迫した状態である。

自分の竹刀をやや右側に傾け、お互いのつばとつばとを合わせ、相手に正対した体勢を保つようにする。

留意点

・手元を下げて下腹に力を入れ、腰を十分に伸ばす。
・体を前傾させずに、相手と背比べをする気持ちで相対する。
・力比べの場ではないので、必要以上に力んだり、相手の体に竹刀を押しつけたりしない。
・気を抜いたり休んだりせず、積極的に攻撃をしかける場であることを認識させる。

▼一足一刀の間合

▼遠間

▼近間

▼正しいつばぜり合い

▼不正なつばぜり合い

6 かけ声（発声）

かけ声とは、心に油断なく、気力が充実した状態が自然に声となって外にあらわれたものである。

かけ声を出すことによって自分自身を励ますとともに、気持ちの集中により普段の自分以上の力を発揮させる。また、相手を威圧し、相手の気のまとまりをくじかせる。

腹の底から自然に出る鋭い発声（ヤー、イェー、イヤーなど）であり、打突瞬時には打突部位の名称を「メン！」「コテ！」「ドー！」「ツキ！」と発声する。

留意点

・初心者は大きな声を出す経験がなかったり、恥ずかしさなどで声が出にくかったりする傾向が見られるが、意識的にできるだけ大きな声をかけさせる。

・打突の動作時に打突部位を呼称するのは、剣道特有のものであることを理解させる。

・自分の意志を行動で表わし、それが一致していること（心と体の一体化）が、有効打突の大切な要素であることを理解させる。

7 正面の打ち方と打たせ方・受け方

❶打ち方

中段の構えから竹刀をまっすぐ、相手の面が見えるまで頭上に振りかぶり、右足より踏み込んで正面を打つ。そのまま送り足で直進し、振り向いて中段に構え、残心を示す。

正面打ちは、下まで振り下ろしたりせず、竹刀を面にぶつける感じで行う。

学習の手順

①足さばきを伴わずに正面打ちを行う。
②送り足を用いて正面打ちを行う。
③踏み込み足を用いて正面打ちを行う。
④竹刀の振りかぶりを小さくしての③。

▼正面打ち（送り足を用いて）

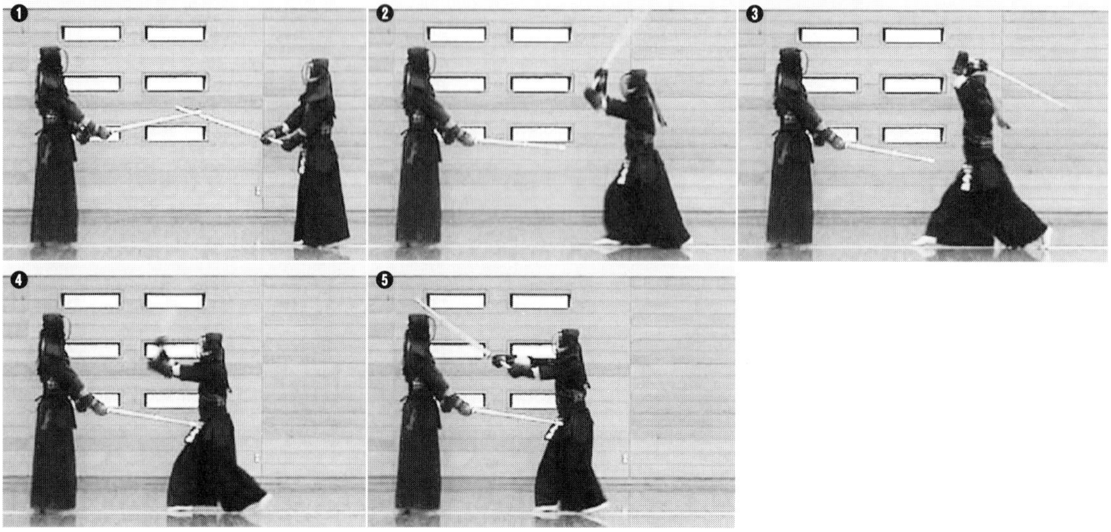

留意点

・両拳と竹刀の軌跡が体の正中線を通るようにする。
・背筋を伸ばし、打ったときの左拳の位置(およそ胃の高さ)を正しく保つ。
・振りかぶりと打ちの動作が中断しないように、1 拍子で打つ。
・打ち込むときに上体に力を入れ過ぎたり、右足を高く上げ過ぎたりしないようにする。
・踏み込んだ右足の着床と打ちが同時となるようにし、左足は引きずったりはねたりせず、素早く右足方向に引きつける。

▼正面打ち（踏み込み足を用いて）

❷打たせ方

剣先をやや右斜め下に開き、相手の中心からはずす。あごを少し引き気味にして打ちやすくするとともに、前後に移動したり、「ハイ」と声をかけたりして、打つ機会や隙を与えるようにする。

❸受け方

開き足で体を右（左）へ移動しながら両拳を前に上げて、竹刀を斜めにし、竹刀の右側、または左側で受ける。

留意点

・受けから打ちへと応じていく技（すり上げ技や返し技）に発展させることを理解させる。
・左拳と剣先は体の正中線からなるべくはずさないようにする。
・竹刀の接点が自分の体からできるだけ遠くなるように、前方に両腕を伸ばし気味に受ける。

▼受け方の悪い例

▼正面の打たせ方

▼正しい正面の受け方

8 左右面の打ち方と受け方

❶打ち方

中段の構えから竹刀を相手の面が見えるまで頭上に振りかぶり、右足より送り足で左面を打ち、中段の構えに復することなく、直ちに手を返して右面を打つ。左右面の角度は45度くらいとし、交互に左面と右面を連続して打つ。

学習の手順

①足さばきを伴わずに左右面打ちを行う。
②送り足(前進後退)を用いて左右面打ちを行う。

留意点

・左拳はできるだけ体の正中線を通るようにする。
・打ったときの左拳の位置(およそ胃の高さ)を正しく保つ。
・竹刀を顔の前で手首だけで返すことなく、振りかぶって頭上で返すようにする。
・前身後退時の足の引きつけを早くさせ、打ちと足の引きつけを一致させる。

❷受け方

初心者に対しては、竹刀を垂直に立てて構え、相手の左（右）面打ちを自分の左（右）肩のほうへ引き込むようにして受け、両肘を十分に伸ばして打たせる。技能が上達してきた者には、竹刀を垂直に立て、左拳を中心からはずさずに左（右）肩の前で相手の竹刀を打ち落とすようにして受ける。

留意点

・歩み足で行い、竹刀を垂直にし、左拳の位置はほぼ腰の高さとし、上がり過ぎないようにする。
・相手との間合や受ける際の手の内、足の運びや姿勢などが正しくなされているかを心がける。

左右面の打ち方
（その場で）▶

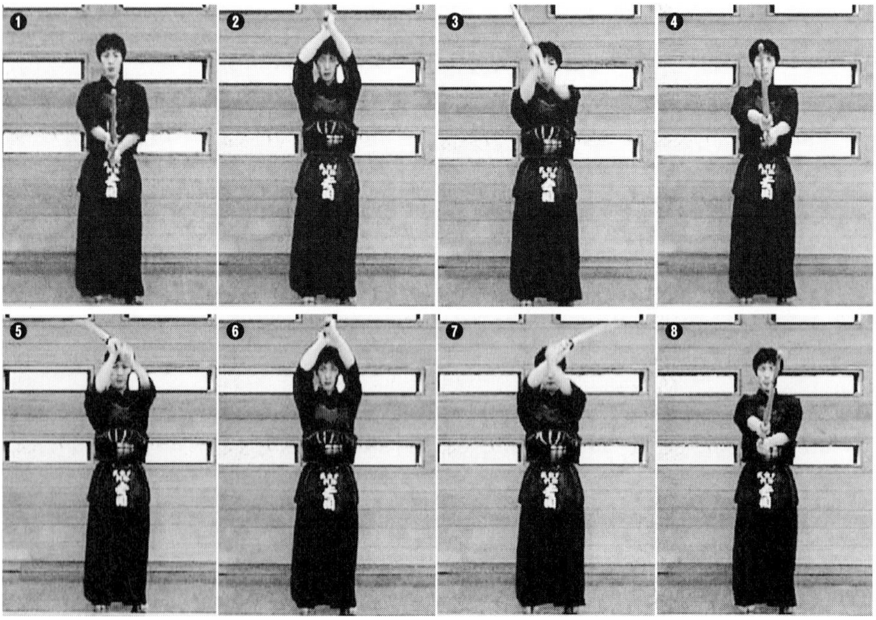

9 胴の打ち方と打たせ方・受け方

❶打ち方

中段の構えから竹刀を頭上に振りかぶり手首を返し、右足より踏み込みながら竹刀を左斜め 45 度の角度で振り下ろし右胴を打つ。そのまま送り足で前進し、振り向いて中段に構え、残心を示す。

学習の手順

①足さばきを伴わずに左右胴打ちを行う。
②送り足を用いて右胴打ちを行う。
③踏み込み足を用いて右胴打ちを行う

留意点

・打撃時は、左拳を腰の高さとし、体の正中線からはずれないようにする。
・右手首を返し、刃部（つるの反対側）で刃筋正しく打つようにする。
・腰をかがめたり、上体をひねって打たない。
・踏み込んだ右足の着床と打ちが同時となるようにし、左足は素早く右足方向に引きつける。

▼胴打ち（送り足を用いて）

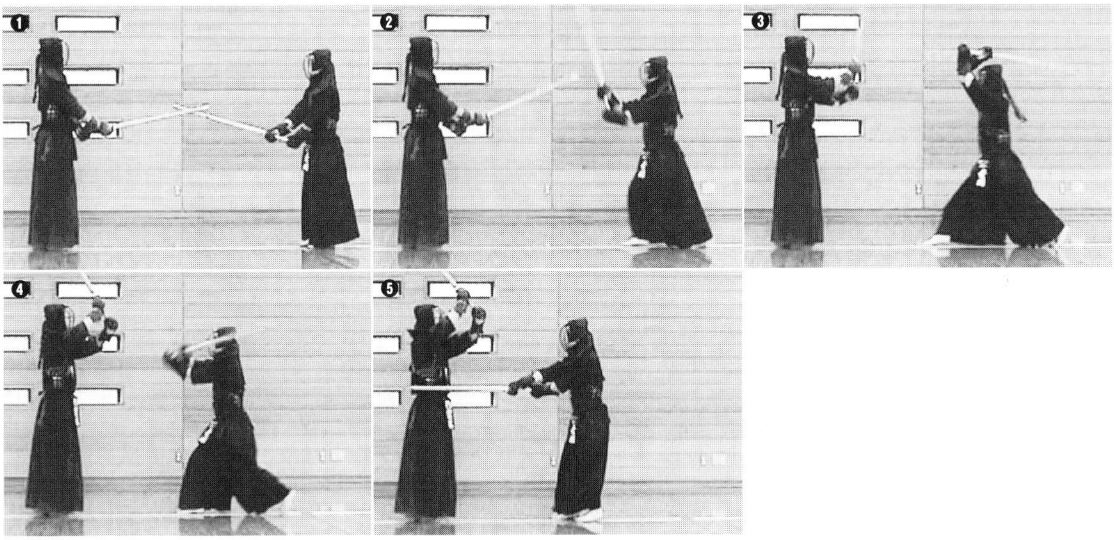

▼胴打ち（踏み込み足を用いて）

❷打たせ方

竹刀を上段に振りかぶり、やや前に出るような気持ちで打たせる。初心者は胴部のねらいが不正確になりやすいので、体を右に開いて打ちやすくするのもひとつの方法である。「ハイ」と声をかけ打つ機会や隙を与えるようにする。

❸受け方

体を後ろへ移動しながら竹刀を立てて、相手の竹刀を打ち落とすようにして体の右斜め前で受ける。左斜め後方へかわしながら受ける方法もある。

留意点

・受けから打ちへと応じていく技（打ち落とし技）に発展させることを理解させる。

・その他は正面打ちの受け方に準ずる。

▼打たせ方

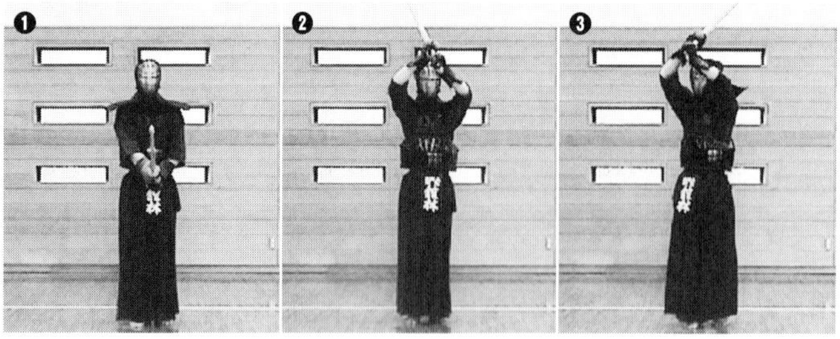

▼受け方①（竹刀の表・左側で受ける）

▼受け方②（相手の竹刀を打ち落とすように）

10 小手の打ち方と打たせ方・受け方

❶打ち方

中段に構え、両腕の間から相手の右小手が見える程度に振りかぶり、右足より踏み込んで右小手を打つ。そのまま送り足で数歩直進し、中段に構えて残心を示す。

小手打ちは、下まで振り下ろしたりせず、両腕を前に伸ばし竹刀をぶつけるような感じで打つ。

学習の手順

①足さばきを伴わずに右小手打ちを行う。
②送り足を用いて右小手打ちを行う。
③踏み込み足を用いて右小手打ちを行う。
④竹刀の振りかぶりを小さくしての③。

留意点

・相手の目を中心に、体全体を見て打つようにする。
・体勢を崩さず、左拳が正中線から外れないようにして刃筋正しく打つ。
・上体先行の腰の引けた打ちにならないように、右足から踏み込んで打つ。
・相手にまっすぐ右足を踏み込むと同時に、素早く左足を右足方向に引きつける。

▼小手打ち（送り足を用いて）

▼小手打ち（踏み込み足を用いて）

❷打たせ方

剣先を左斜め上にして、右腕をやや高めに床と平行にして相手が右小手を打ちやすくするとともに、「ハイ」と声をかけ、打つ機会や隙を与えるようにする。打たせたら数歩後退し、相手に正対する。

❸受け方

体を左後方へ移動しながら、剣先が相手の体から外れないように右拳を内側に絞り、竹刀を右斜め前にわずかに押し出して竹刀の右側で受ける。または、両腕を伸ばし、わずかに手元を上げて剣先を右に開き、竹刀の左側で受ける。

留意点

- 受けから打ちへの応じていく技（すり上げ技、返し技）に発展させることを理解させる。
- 押し出しは小さくし、剣先は相手の体からなるべくはずさないようにする。
- 両手首を柔軟にするとともに、握りが緩まないようにする。

▼打たせ方

▼受け方の悪い例

▼正しい受け方（❸：竹刀の裏・右側で受ける、❹：竹刀の表・左側で受ける）

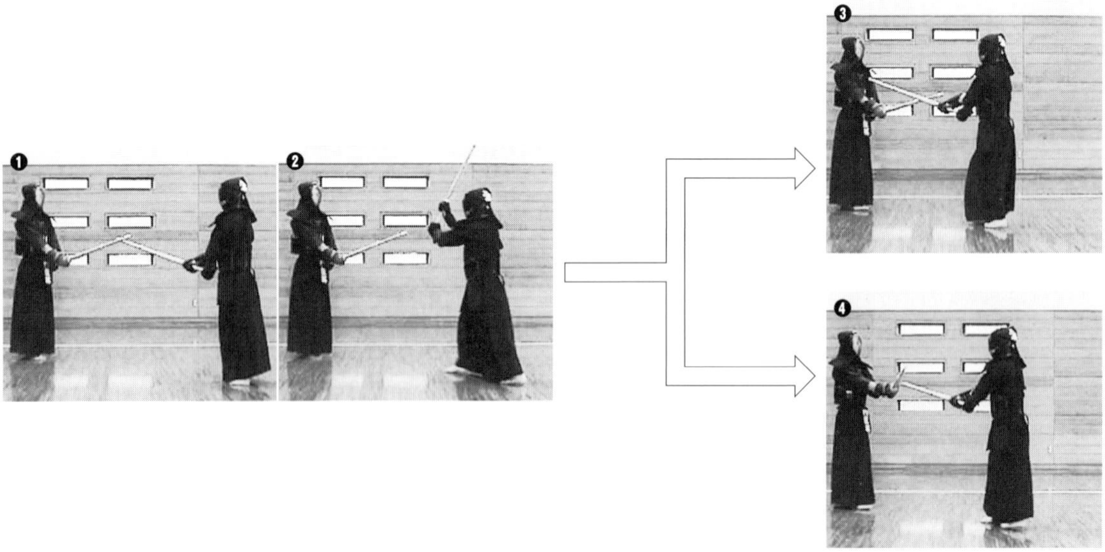

11 突き方と突かせ方・受け方

❶突き方

　中段の構えから、両手の握りを内側に絞りながら両腕を伸ばし、右足から踏み込んで相手の突部を突く。そのまま中段に構え残心を示す。

学習の手順

①足さばきを伴わずに突きを行う。
②送り足を用いて突きを行う。
③踏み込み足を用いて突きを行う。

留意点

・手突きにならないように、体全体で腰を入れて突くようにする。
・突いたときに左拳が上がり過ぎないように、正しい位置に保つ。
・踏み込んだ右足の着床と突きが同時となるようにし、左足を素早く右足方向に引きつける。

▼突き（送り足を用いて）

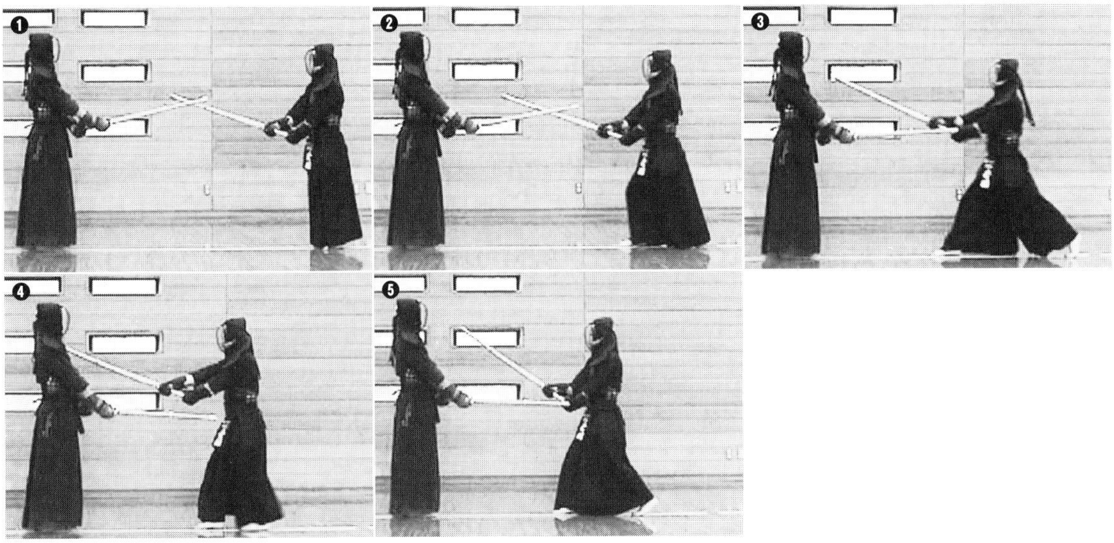

▼突き（踏み込み足を用いて）

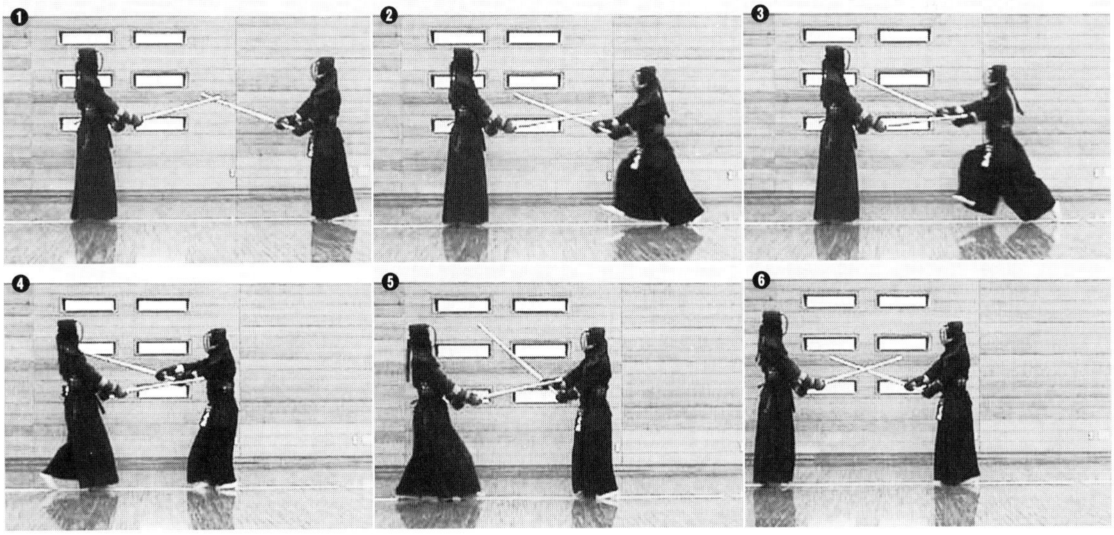

❷突かせ方

剣先をやや右斜め下に開き、相手の中心から外す。あごを引き気味にして少し前へ出る気持ちで受ける。突かれた後は数歩後退して、相手に正対する。

❸受け方

開き足で体を右（左）斜め前へ移動しながら、竹刀の左（右）側で斜め上へすり上げる(あるいははね上げる)ようにして、相手の剣先の方向を変えてかわす方法と、わずかに後退しながら左（右）斜め下に相手の竹刀を打ち落としてかわす方法がある。

留意点

- 応じていく技（すり上げ技や打ち落とし技）に発展させることを理解させる。
- 上体だけでかわさずに、足さばきを伴った機敏な動きで行わせる。

▼突かせ方

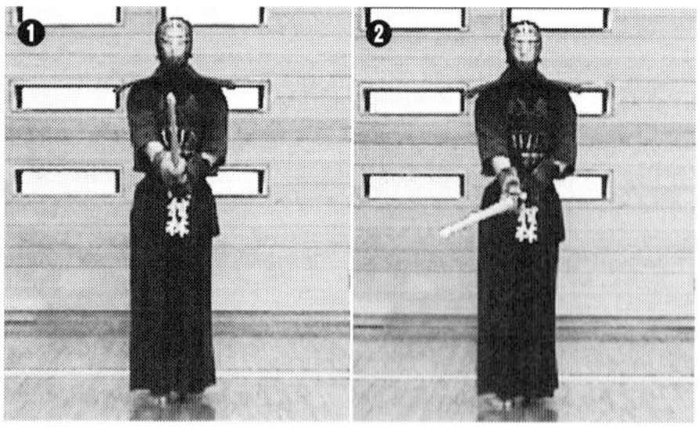

▼受け方の悪い例

受け方―表で▶

▼受け方―裏で

12 基本打突の練習法

練習法の種類には、約束稽古、打ち込み稽古などがあげられる。

1 約束練習

打ち手と受け手が打つべき部位をあらかじめ決めておき、いままで習得した基本打突をもとに繰り返し行う練習法である。

姿勢や竹刀の操作、間合、足さばきといった剣道の基本を正しく身につけるために行う。

留意点

・互いに攻め合う気持ちで、「気」を充実させて行う。
・間合を重視しながら、竹刀の物打ちで打突部位を正しく打つために互いに協力して行う。
・はじめは「ゆっくり、大きく、正確に」行い、次第に「速く、強く、正確に」打突する。

2 切り返し

切り返しは、「打ち返し」とも言われ、正面打ちと連続左右面打ちを組み合わせたものである。間合、足さばき、握り（手の内）などの基本動作に加え、かけ声、呼吸法を対人的な関係の中で総合的に習得する練習法である。全身運動としての準備運動や整理運動にも適切な動作であり、初心者から熟練者まで欠くことのできない修練方法のひとつである。

❶打ち方

1)中段の構えから、一足一刀の間合で大きく振りかぶり、正面を打つ。
2)そのまま前進しながら、相手の左面から左右交互に連続して大きく４本打つ。
3)引き続き後退しながら、左右面を連続５本打つ。
4)後退しながら中段に構え、一足一刀の間合から大きく振りかぶり、正面を打つ。
5)ここまでを１回とし、通常はこれを２回繰り返す。続けて行うときには、前回の最後の正面打ちを次回の最初の正面打ちとして行う。
6)正面打ちで終えるときは、打った後、元立ちのわきを小刻みの送り足で前方へ抜ける。振り向きながら中段の構えになり、残心を示す。

留意点

・左右面は、竹刀を顔の前ではなく頭上で返して打たせ、正しい太刀筋を身に付けさせる。
・左右の面は物打ちで正確に打てる間合を保ち、元立ちの竹刀をめがけての打ちや空間打ちにならないようにする。
・手首や肩の余分な力を抜いて、関節を柔軟にし、左右の面打ちが同じになるようにする。
・左拳は相手の顔が見える位置まで振りかぶり、打ち下ろしたときには鳩尾（みぞおち）（およそ胃の高さ）に保つ。
・左拳は体の正中線上を上下動させる。
・左右面は打ちと足の引きつけを一致させ、背筋の伸びた安定した体勢で行わせる。
・連続して左右面を打つ場合は、できるだけ息継ぎをせずに行わせる。
・後退の際は左足の引きを大きくし、引きつけ足が「歩み足」にならないようにする。

▼切り返しの打ち方

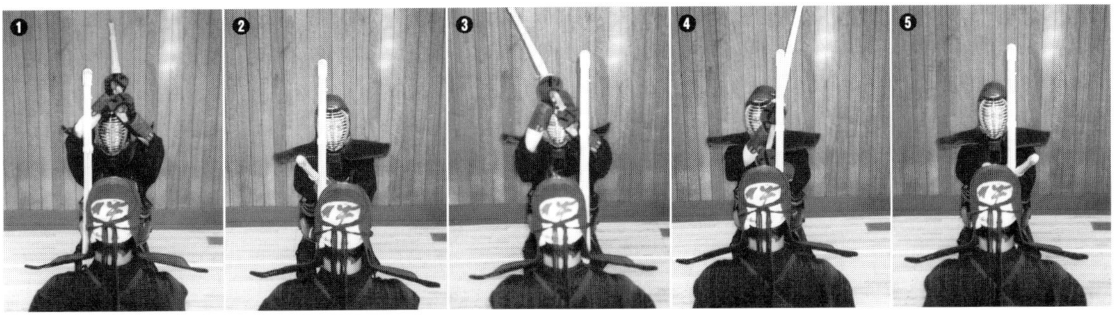

❷受け方

1)中段の構えから、機を見て剣先を右に開いて正面を打たせる。
2)そのまま後退しながら、自分の左面から左右交互に連続して大きく４本打たせる。
3)引き続き前進しながら、左右面を連続５本打たせる。
4)相手が打ち終えたら中段に構え、一足一刀の間合から直ちに剣先を右に開いて正面を打たせる。
5)続けて行うときには、前回の最後の正面打ちを次回の最初の正面打ちとして受ける。
6)最後の正面打ちは、打たせた後、体を右にさばき、打ち手をまっすぐ前へ出させる。振り向きながら中段の構えになる。

留意点

・打ち手の気が高まるように、受け手も気合を入れて相手を引き立てる心構えで受ける。
・連続左右面は、「歩み足」で受け、打ち手が前進するときは引き込むように、後退するときは押しやるようにする。
・竹刀は垂直に立てて、おおむね腰の高さに左拳を保ち、手元が上がらないようにする。
・余分な力を抜いて、両拳を体の中心から左または右に引き寄せながら受ける。
・物打ちで正確に左右面を打たせるため、打ってくる竹刀を左右面付近まで引き込んで受ける。
・最後の正面打ちは、打ち手をまっすぐ前へ出させるため２，３歩後退した後、体を右にさばくようにする。

▼受け方

▼打ち方の悪い例

３ 打ち込み練習

基本打突の代表的な練習法であり、受け手が与える打突の機会に気力を充実させて、体全体で腰を中心に打ち込んでいく。

留意点

・打ち手は打突の機会を的確にとらえ、受け手の指示にしたがって、正しい姿勢で適切な間合から大技での１本打

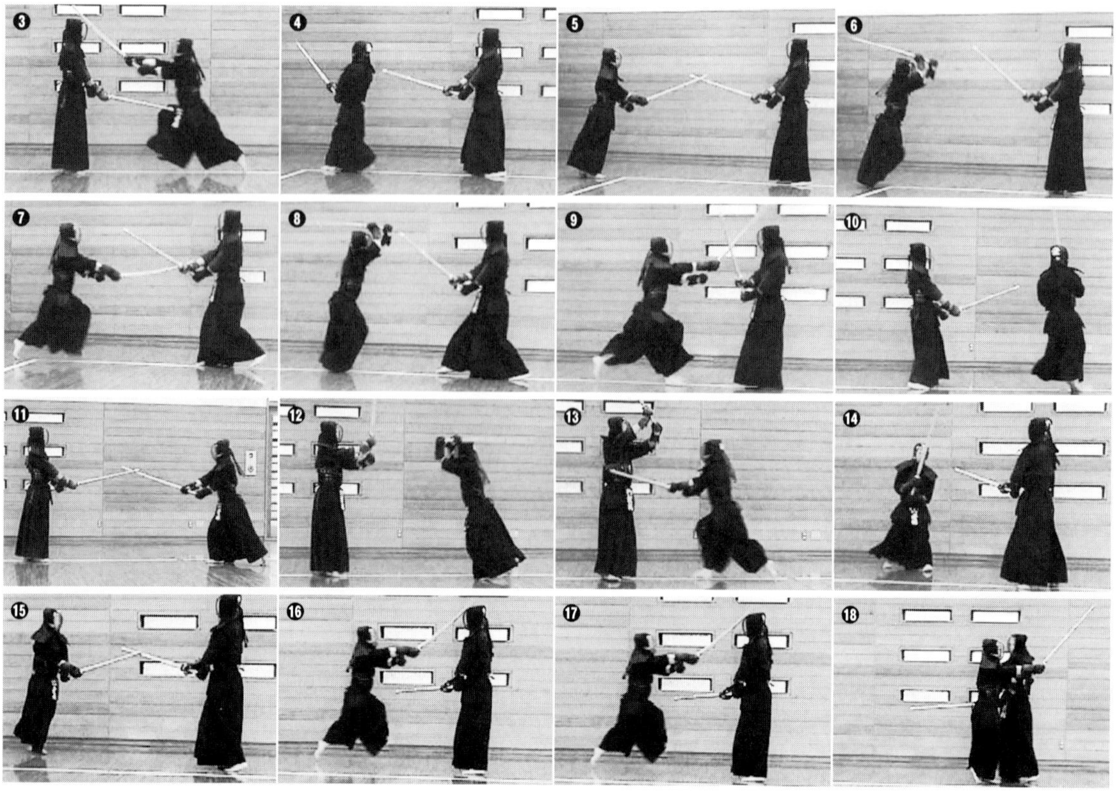

ちや連続技、体当たりや引き技などをまじえて正確に打ち込む。
・1本1本の打ちに心を込め、確実に「気剣体一致」の打突ができるよう心がける。
・手先や上肢だけで打つのではなく、充実した気勢と体の伴った打ち込みを心がける。
・打突後の「残心」（身構え、心構え）を確実に示し、次の打突の機会に素早く備える。
・打ち込む際には的確な「足さばき」を心がける。

受け手の留意点

・受け手は居つくことなくできるだけ体を動かし、適切な間合から打ち込ませるようにする。
・受け手は気を抜かずに相手に対するとともに、打ち手の気勢や体勢が崩れないように大きなかけ声を発して、励まし、引き立ててやるようにする。
・単調な動作の繰り返しにならないように打ち込み内容を工夫し、変化をもたせる。

第5節
対人的技能

1 対人的技能の分類と学び方の原則

対人的技能は大別すると2つに分類される。1つはしかけ技であり、もう1つは応じ技である。

しかけ技には、相手自身による隙を打突する場合と、攻めてきた相手の隙をとらえて打つ場合がある。前者の場合は、二・三段の技、払い技、引き技などがあり、後者の場合には出ばな技がある。

一方、応じ技は、相手が打ってきたところを体をさばいて（移動して）、自分の竹刀で相手の打ちを防ぎ（応じ）、隙のできた相手の部位を打って勝ちを制する技である。抜き技、すり上げ技、返し技、打ち落とし技などがある。

これらの対人的技能を効果的、能率的に学ぶ（練習の仕方）には、以下に示す原則に留意することが必要である。

①ゆっくりした動作から学び始める。
②近い間合（距離）から学び始める。
③小さい動作から学び始める。
④簡単な動作から学び始める。
⑤打ち手と受け手は協力し合いながら行う。

なお、各技（二・三段の技、払い技、抜き技、すり上げ技など）についての学び方を2段階に分けて示した。

対人的技術
- しかけ技
  - 二・三段の技（小手ー面、小手ー胴、面ー面、面ー胴、突きー面、小手ー面ー胴）
  - 払い技（払い面、払い胴、払い小手、払い突き）
  - 出ばな技（出ばな面、出ばな小手）
  - 引き技（引き面、引き小手、引き胴）
- 応じ技
  - 抜き技（面抜き面、面抜き胴、小手抜き面、面抜き小手）
  - すり上げ技（面すり上げ面、小手すり上げ面、面すり上げ胴、小手すり上げ小手）
  - 返し技（面返し胴、面返し面、小手返し面、小手返し小手）
  - 打ち落とし技（胴打ち落とし面）

［図Ⅱ-2-1］中・高等学校における対人的技能（代表的な技）

2 しかけ技

1. 二・三段の技

最初の技が失敗したときに次の技を繰り出して勝ちを制するものと、最初の技を攻めに利用して次の技で勝ちを制するものとがある。ここでは前者の技について説明する。

1 小手ー面

しかけた小手打ちに対して、相手が竹刀を斜め右上に移動して小手を防ぐ。そのとき剣先が中心からはずれて面に隙ができる。そこを右足から踏み込んで打つ技である。

＊練習の仕方

❶近間から小手を打ち止まり、その後に面を打つ

1)受け手（元立・左）は近間から「コテこい！」と声をかけ、剣先を左に移動させる。
2)打ち手（習技者・右）は「コテこい！」の声とともに、隙のできた受け手の小手を、竹刀を小さく振りかぶり右足から半歩踏み込んで「コテ！」と打つ。同時に左足を右足に引きつけて止まる。
3)受け手は小手を打たせた後、竹刀を右に移動させ、さらに半歩後退して、面に隙を与える。
4)打ち手は竹刀を小さく振りかぶり、隙のできた面を右足から半歩踏み込んで「メン！」と打つ。その後、送り足で体を前に進める。

❷一足一刀の間から、小手から面を打つ

❶の 1)、2)、4）と同じ。ただし、3）のとき、受け手は竹刀を右に移動して、打ち手の小手打ちを防ぐ（写真②)。

＊つまずきへの対応

● 小手を打った後、左足を右足に正しく引きつけて止まることができず、面を打つときに受け手に接近し過ぎて元打ち（竹刀のつば側）になりやすい。
➡ 相手との距離を近くして小手打ちを数回練習し、打った後には必ず左足を右足に引きつけて止まる動作を身に付ける（写真②)。その後、面を打つときには竹刀を小さく振りかぶり、振り下ろして打つ。

＊技能の評価

● 小手を打った後、左足を右足に引きつけて止まることができたか。
● 小手から面をスムーズに打つことができたか。

2 小手ー胴

しかけた小手打ちに対して、相手が竹刀を斜め右上に移動して小手を防ぐ。そのとき胴に隙ができる。そこを右足から踏み込んで胴を打つ技である。

＊練習の仕方

❶近間から小手打ちで止まり、その後、胴を打つ

1)受け手は「コテこい！」と声をかけ、剣先を左に移動させる。

2)打ち手は「コテこい！」の声とともに、隙のできた小手を、竹刀を小さく振りかぶり右足から半歩踏み込んで「コテ！」と打つ。その後、左足を右足に引きつけて止まる（写真②）。
3)受け手は小手を打たせた後、右腕（竹刀）を上げて半歩後退し、胴に隙を与える。
4)打ち手は竹刀を小さく振りかぶり、隙のできた胴を右足から半歩斜め右前に踏み込んで「ドウ！」と打ち、左足を右足に引きつける。

❷スムーズに小手から胴を打つ

1)受け手は「コテこい！」と声をかけ、剣先を左に移動させる。
2)打ち手は竹刀を小さく振りかぶり、隙のできた小手を右足から半歩踏み込んで「コテ！」と打つ。その後、左足を右足に引きつけて止まる。
3)受け手は竹刀を斜め右上に移動させて、打ち手の竹刀を防ぐ（写真②）。
4)打ち手は竹刀を小さく振りかぶり、隙のできた胴を右足から半歩斜め右前に踏み込んで「ドウ！」と打つ。その後、送り足で体を前に進める。

＊つまずきへの対応

●上記❶の 4）の胴打ちのとき、打ち手は受け手に近づきすぎて元打ち（竹刀のつば側）になる。
➡小手を打った後、左足を右足に引きつけて止まり、受け手との距離を保つ。
●胴を打った後、左右の腕が交差して、竹刀がうまく抜けない。
➡竹刀を持っている左手を離して抜く。

＊技能の評価

●胴を打つとき、腰を入れて正しい姿勢で打つことができたか。
●小手から胴をスムーズに打つことができたか。

3 小手－面－胴

しかけた小手打ちに対して、相手が竹刀を斜め右上に移動して小手を防ぐ。そのとき面に隙ができる。そこをすかさず面を打つ。この面打ちに対して、相手がさらに竹刀を斜め左上に移動させて面を防ぐ。このとき、胴に隙ができる。そこを右足から踏み込んで胴を打つ技である。

＊練習の仕方

❶近間から小手打ち・面打ちで止まる

1)受け手は「コテこい！」と声をかけ、剣先を左に移動させる。
2)打ち手は「コテこい！」の声とともに竹刀を小さく振りかぶり、隙のできた小手を右足から半歩踏み込んで「コテ！」と打ち、その後、左足を右足に引きつけて止まる（写真②）。
3)受け手は小手を打たせた後、竹刀を右に移動させ、さらに半歩後退し、面に隙を与える。
4)打ち手は竹刀を小さく振りかぶり、隙のできた面を右足から半歩踏み込んで「メン！」と打つ（写真③）。
5)受け手は半歩後退しながら、腕を上げ、胴に隙を与える。
6)打ち手は竹刀を小さく振りかぶり、隙のできた胴を右足から 1 歩踏み込んで「ドウ！」と打つ。その後、送り足で体を前に進める。

❷スムーズに小手－面－胴を打つ。

1)❶の 1）、2）と同じ。
2)受け手は竹刀を斜め右上に移動させて、打ち手の小手打ちを防ぐ（写真②）。次いで、防いだ竹刀を右に移動させて「メンこい！」と声をかける。
3)打ち手は竹刀を小さく振りかぶり、隙のできた面を右足から半歩踏み込んで「メン！」と打つ。
4)受け手は竹刀を斜め左上に移動させるとともに、半歩後退して面を防ぐ（写真③）。
5)打ち手は竹刀を小さく振りかぶり、隙のできた胴を右足から 1 歩踏み込んで「ドウ！」と打つ。その後、送り足で体を前に進める。

＊つまずきへの対応

●打ち手は小手や面を打った後、受け手に近づきすぎて元打ちになりやすい。
➡小手や面を打った後、必ず左足を右足に引きつけて止まる。

＊技能の評価

●小手、面を打った後、左足を右足に引きつけて止まることができたか。
●小手から面を打ったとき、竹刀を小さく振りかぶることができたか。

4 突き－面

しかけた突き（のどを突く）に対して、相手が竹刀を左に移動させて突きを防ぐ。そのとき、剣先が中心からはずれて面に隙ができる。そこを右足から踏み込んで面を打つ技である。

＊練習の仕方

❶近間から突いて止まり、その後に面を打つ

1)受け手は「ツキこい！」と声をかけ、剣先を右に移動させる。
2)打ち手は「ツキこい！」の声とともに、隙のできたのどを右足から半歩踏み込んで「ツキ！」と突き、同時に左足を右足に引きつけて止まる（写真②）。
3)受け手は突かせた後、半歩後退し、竹刀を右に移動させて面に隙を与える。
4)打ち手は竹刀を小さく振りかぶり、隙のできた面を右足から半歩踏み込んで「メン！」と打つ。その後、送り足で体を前に進める。

❷スムーズに突きから面を打つ

1)受け手は「ツキこい！」と声をかけ、剣先を右に移動させる。
2)打ち手は、隙のできたのどを、右足から半歩踏み込んで「ツキ！」と突き、同時に左足を右足に引きつけて止まる。
3)受け手は、打ち手の突きをその場で竹刀を左に移動させて防ぐ（写真②）。
4)打ち手は竹刀を小さく振りかぶり、隙のできた面を右足から半歩踏み込んで「メン！」と打つ。その後、送り足で体を前に進める。

＊つまずきへの対応

●のどを突くときに腕を伸ばし過ぎて、正確に突くことができない。
➡できる限り近間から、左足の蹴りを使って腰から突くようにする。
●受け手が突きを怖がって、うまく突きができない。
➡受け手はあごを引いて突きを受けるようにする。

＊技能の評価

●のどを突くとき、近間から左足の蹴りを使って腰から突くようにできたか。
●のどを突いた後、左足を右足に引きつけて止まることができたか。

5 面－面

しかけた面打ちに対して、相手はその打ちを半歩後退して辛うじてかわす。その際、剣先が右に外れ、構えが崩れて面に隙ができる。そこを右足から踏み込んで面を打つ技である。

＊練習の仕方

❶近間から面打ちで止まり、その後面を打つ

1)受け手は剣先を右に移動させながら「メンこい！」と声をかける。
2)打ち手は「メンこい！」の声とともに、隙のできた受け手の面を、竹刀を小さく振りかぶり右足から半歩踏み込んで「メン！」と打つ。同時に左足を右足に引きつけて止まる（写真②）。
3)受け手は面をかわした後、半歩後ろに下がり、面に隙を与える。
4)打ち手は竹刀を小さく振りかぶり、隙のできた面を右足から１歩踏み込んで「メン！」と打つ。その後、送り足で体を前に進める。

❷スムーズに面から面を打つ

1)受け手は剣先を右に移動させ、「メンこい！」と声をかける。

2)打ち手は竹刀を小さく振りかぶり、隙のできた面を右足から半歩踏み込んで「メン！」と打つ。

3)受け手は打ち手の面打ちを半歩後退してかわす。そのとき、剣先が中心からはずれて面に隙ができる（写真②）。

4)隙のできた面を、打ち手は右足から 1 歩踏み込んで「メン！」と打つ。その後、送り足で体を前に進める。

＊つまずきへの対応

●打ち手は面を打った後に歩み足となり、受け手に近づきすぎて元打ち（竹刀のつば側）になりやすい。

➡打った後、必ず左足を右足に引きつけて止まる。

●面から面へ移るとき、竹刀を大きく振りかぶると、剣と体（右足の着床）がばらばらになりやすい。

➡面から面へ移るとき、竹刀を小さく振りかぶり、振り下ろして打つ。

＊技能の評価

●面を打った後、左足を右足に引きつけて止まることができたか。

●面を打った後の面打ちで、竹刀を小さく振りかぶり、振り下ろして打つことができたか。

6 面ー胴

しかけた面打ちに対して、相手が竹刀を斜め左に移動させて面を防ぐ。そのとき、手元が上がって胴に隙ができる。そこを右足から踏み込んで胴を打つ技である。

＊練習の仕方

❶近間から面打ちで止まり、その後胴を打つ

1)受け手は「メンこい！」と声をかけ、剣先を右に移動させる。

2)打ち手は「メンこい！」の声とともに、隙のできた受け手の面を、竹刀を小さく振りかぶり右足から半歩踏み込んで「メン！」と打つ。同時に、左足を右足に引きつけて止まる。

3)受け手は打ち手が竹刀を小さく振りかぶると同時に、1 歩後退し腕を上げて胴に隙をつくる（写真②）。

4)打ち手は竹刀を振りかぶり、隙のできた胴を右足から 1 歩踏み込んで「ドウ！」と打つ。その後、送り足で体を前に進める。

❷スムーズに面から胴を打つ

1)受け手は「メンこい！」と声をかけ、剣先を右に移動させる。

2)打ち手は竹刀を小さく振りかぶり、隙のできた受け手の面を右足から半歩踏み込んで「メン！」と打つと同時に、左足を右足に引きつけて止まる。

3)受け手は、打ち手の面打ちを、やや後傾姿勢から竹刀を左斜め上に移動させて防ぐ（写真②）。

4)打ち手は受け手に防がれた竹刀を小さく振りかぶり、隙のできた胴を右足から 1 歩踏み込んで「ドウ！」と打つ。その後、送り足で体を前に進める。

＊つまずきへの対応

●打ち手は面を打った後、受け手に近づきすぎて胴打ちが元打ちになりやすい。

➡面を打った後、左足を右足に引きつけて止まることが必要である。また、胴を打つ際にできる限り竹刀の振りかぶりを小さくし、振り下ろしは斜めにする。

＊技能の評価

●面を打った後、胴が打てる距離を保つことができたか。

●胴打ちのとき、竹刀を斜めに振り下ろすことができたか。

2. 払い技

相手の構えに隙のない場合、相手の竹刀を自分の竹刀で斜め右上、または斜め左下に払って相手の構えを崩し、隙のできた部位をすかさず打突する技である。

1 払い面

相手の竹刀を右から斜め左下に鋭く払い、相手の剣先が左にはずれて面に隙ができる。そこを右足から踏み込んで面を打つ。相手の竹刀を左から斜め右上に払う場合もある。

＊練習の仕方

❶近間から竹刀を払い、面を打つ

1)受け手は中段の構えから剣先をやや斜め上に移動させ、「メンこい！」と声をかける。
2)打ち手は受け手の竹刀を右から斜め左下へ小さく鋭く払い（写真②）、右足から半歩踏み込んで「メン！」と打つ。その後、送り足で体を前に進める。
3)受け手は面を打たせた後、手元を下げ、打ち手が接近してくるのを、右足を軸にして左足を時計回りとは逆方向に引き、打ち手を通す。

❷一足一刀の間から竹刀を払い、面を打つ

1)受け手は中段の構えから剣先をやや上に移動させ、「メンこい！」と声をかける。
2)打ち手は受け手の竹刀を右から斜め左下へ鋭く払い、隙のできた面を右足から踏み込んで「メン！」と打つ。
3)受け手は面を打たせた後、打ち手が接近してくるのを、右足を軸にして左足を時計回りとは逆方向に引き、打ち手を通す。
4)打ち手は面を打った後、送り足にて体を前に進める。

＊つまずきへの対応

●打ち手が相手の竹刀を払うとき、真横に払ってしまう。
➡払うときは右から斜め左下へ鋭く行う。
●打ち手が面を打つとき、払う動作と打つ動作が 2 拍子になる。
➡1 拍子で行う。

＊技能の評価

●相手の竹刀を真横ではなく、斜め左下へ払うことができたか。
●面を打つとき、「払う」と「打つ」動作を 1 拍子で行うことができたか。

2 払い小手

相手の竹刀を左から斜め右上に払い、相手の剣先が右にはずれて小手に隙ができる。そこを右足から踏み込んで小手を打つ技である。

＊練習の仕方

❶近間で払い、半歩踏み込んで小手を打つ

1)受け手は中段の構えから剣先をやや上に移動させ、「コテこい！」と声をかける。
2)打ち手は竹刀を受け手の竹刀の下を回し、左から斜め右上に鋭く払う（写真②）。
3)受け手は払われた竹刀を斜め左上に移動させ、小手に隙をつくる。
4)打ち手は、隙のできた小手を右足から 1 歩踏み込んで軽く「コテ！」と打ち、左足を右足に引きつけて止まる。

❷一足一刀の間からスムーズに胴を打つ

1)受け手は中段の構えから剣先をやや上に移動させ、「コテこい！」と声をかける。

2)打ち手は竹刀を受け手の竹刀の下を回し、左から斜め右上に鋭く払い（写真②）、隙のできた小手を右足から 1 歩踏み込んで「コテ！」と打つ。その後、右足に左足を引きつけて受け手に接近し、つばぜり合いの構えをとる。

＊つまずきへの対応

●打ち手は払い面打ちと同じく、受け手の竹刀を真横に払ってしまう。

➡払う場合は、左から斜め右上に鋭く行う。

●打ち手は面を打つとき、払う動作と打つ動作が 2 拍子になる。

➡1 拍子で行う

●打ち手は相手の竹刀を払うとき、竹刀を強く（固く）握って行う。

➡竹刀の握りは弱く（柔らかく）する。

＊技能の評価

●相手の竹刀を真横ではなく、斜め右上に払うことができたか。

●面を打つとき、「払う」と「打つ」動作を 1 拍子でできたか。

●払うとき、竹刀を強く（固く）握らないで、弱く（柔らかく）握って行うことができたか。

3 払い胴

❶

❷

❸

相手の竹刀を左から斜め右上に払い、相手の手元が上がり胴に隙ができる。そこを右足から踏み込んで打つ技である。上から斜め左下に払う場合もある。

＊練習の仕方

❶その場で大きく鋭く払い、胴を打つ

1)受け手は「ドウこい！」と声をかけ、手の内（竹刀の握り）を緩める。

2)打ち手はその場（近間）から、受け手の竹刀を左から斜め右上に大きく鋭く払う（写真②）。

3)受け手は竹刀を払われた後、打ち手が胴を打ちやすいように手元を上げる（写真②）。

4)打ち手は、隙のできた胴を、右足から半歩踏み込んで「ドウ！」と打つ。その後、送り足で体を前に進める。

❷一足一刀の間からスムーズに胴を打つ

1)受け手は「ドウこい！」と声をかける。

2)打ち手は右足から送り足で 1 歩前に出ながら、受け手の竹刀を左から斜め右上に大きく鋭く払うと同時に、素早く左足を右足に引きつける（写真②）。

3)受け手は竹刀を斜め左上に払われた後、打ち手が胴を打ちやすいように手元を上げる。

4)打ち手は、隙のできた胴を、右足から半歩踏み込んで「ドウ！」と打つ。その後、送り足で体を前に進める。

＊つまずきへの対応

●相手の竹刀を払っても胴に隙ができない。

➡払う場合は、腕全体で大きく鋭く左から斜め右上に払う。したがって、受け手は竹刀を斜め左上に払われた後、打ち手が胴を打ちやすいように手元を上げる。

●打ち手は一足一刀の間から胴を打つとき、払う動作と打つ動作が大きく 2 拍子になる。

➡払う動作と打つ動作はできる限り 1 拍子で行う。

＊技能の評価

●竹刀を払うとき、腕全体で鋭く左から斜め右上に払うことができたか。

●一足一刀の間から胴を打つとき、素早く左足を右足に引きつけることができたか。

4 払い突き

❶ ❷ ❸

相手の竹刀を右から斜め左下に払い、相手の竹刀が左にはずれてのどに隙ができる。そこを右足から踏み込んで突く技である。左から斜め右上に払う場合もある。

＊練習の仕方

❶近間で払い、半歩踏み込んで軽く突く

1)受け手は剣先をやや上に移動させ、「ツキこい！」と声をかけるとともに、手の内を緩める。
2)打ち手は受け手の竹刀を右から斜め左下へ小さく軽く払い（写真②）、隙のできたのどを右足から半歩踏み込んで「ツキ！」と突く（写真③）。
3)受け手は払われた竹刀を右下に移動させる。

❷一足一刀の間から 1 拍子で突く

1)受け手は剣先をやや上に移動させ、「ツキこい！」と声をかけるとともに、手の内を緩める。
2)打ち手は受け手の竹刀を右から斜め左下へ小さく強く（鋭く）払い、隙のできたのどを右足から半歩踏み込んで「ツキ！」と突く。その後、素早く左足を右足に引きつける。
3)受け手は払われた竹刀を右下に移動させる。

＊つまずきへの対応

●受け手の竹刀を払うときに大きく左下へ払い、次の突きの動作がうまくいかない。
➡小さく強く（鋭く）払う。
●のどを突くときに、竹刀を払う動作と突く動作が大きいために 2 拍子になる。
➡竹刀を払う動作と突く動作はできる限り 1 拍子で行う。

＊技術の評価

●のどを突くときに、竹刀を払う動作と突く動作が 1 拍子でできたか。
●受け手が怖がらずにのどを突かせることができたか。

3. 出ばな技

相手が打とうとして手元の上がった（下がった）瞬間、すかさず半歩（1 歩）踏み込んで打突する技である。

1 出ばな小手

❶ ❷ ❸

相手が打とうとして手元を上げた瞬間、隙のできた小手を右足から踏み込んで打つ技である。

＊練習の仕方

❶その場で出ばな小手を打つ

1)受け手は右足から半歩前に出ながら、手元を斜め左上に移動させて（剣先をやや斜め左に上げる）、「コテこい！」と声をかける。
2)打ち手は、隙のできた小手を、右足から半歩踏み込んで（このとき左足は移動させない）軽く「コテ！」と打つ（写真②）。

❷右足を軸に体をかわす

1)受け手は「コテこい！」と声をかけながら、ゆっくりと竹刀を振りかぶり、振り下ろして面を打っていく。
2)打ち手は「コテこい！」の声を聞くと同時に、隙のできた小手を、右足から半歩踏み込んで軽く「コテ！」と打つ（写真②）。その後、右足を軸に左足を逆時計回りにして、左足を右足後ろに引きつけながら体を後ろに引く。

＊つまずきへの対応

●出ばな小手を打つタイミングが遅くなりやすい。
➡打ち手は受け手の「コテこい！」の声を聞くと同時に小手を打ち出す。
●その場で打つときに、打ち手が「コテ！」と打った後、右足から体を前に進めて相手と接触してしまう。
➡右足のみで打ち、左足を移動させないことが重要である。
●受け手が面を普通の早さで打っていくと、打ち手は出ばな小手を打つタイミングをつかみにくい。
➡受け手はゆっくりと打っていく。

＊技能の評価

●出ばな小手打ちをタイミングよく打つことができたか。
●小手を打ったとき、左足を移動させずに右足だけで打つことができたか。

2 出ばな面

❶

❷

❸

相手が打とうとして手元を下げた瞬間、隙のできた面を右足から踏み込んで打つ技である。

＊練習の仕方

❶近間から半歩踏み込んで面を打つ

1)受け手は剣先をやや下げて「メンこい！」と声をかける（写真②）。
2)打ち手は「メンこい！」を聞くと同時に、隙のできた面を右足から半歩踏み込んで、小さく軽く「メン！」（ポン！）と打つ。その後、左足を右足に引きつける。

❷一足一刀の間から半歩踏み込んで面を打つ

1)受け手は剣先をやや下げた後、竹刀を振りかぶり右足から踏み込んで面を打っていく。
2)打ち手は受け手の剣先がやや下がり気味のとき（写真②）、隙のできた面を、竹刀を小さく振りかぶり右足から半歩踏み込んで、「メン！」（ポン！）と打つ。その後、送り足で体を前に進める。

＊つまずきへの対応

●打ち手は面を打つとき、タイミングが遅くなりやすい。
➡受け手の剣先がやや下がった瞬間、面打ち動作を素早く開始する。
●打ち手は出ばな面打ちのとき、竹刀を大きく振りかぶって打っていくと元打ちになりやすい。
➡竹刀の振りかぶり動作は小さく、右足の踏み込み距離は少なくする。
●出ばな面を打ったとき、右足が早く床についてしまう場合が多い。
➡竹刀の振りかぶりを小さくし、大腿部（もも）の振り上げをやや大きくするとともに、踏み込み距離を少なくする。

＊技能の評価

●竹刀の振りかぶりを小さく、右足の踏み込みを少なく行うことができたか。
●面打ちをタイミングよくできたか。
●面打ちと右足の踏み込みを一致させて行うことができたか。

4. 引き技

打ち込んだとき、あるいは打ち込まれたときに、お互いが接近してつばとつばとが競り合う状態となった場合に、体を引きながら打突する技である。

1 引き面

❶ ❷ ❸

つばぜり合いの状態から、左足を引きながら、竹刀を頭上に振りかぶり、振り下ろして面を打つ技である。

＊練習の仕方

❶ 2 拍子で面を打つ

1)受け手は打ち手との距離を十分に取り（写真①）、剣先を右に移動させながら「メンこい！」と声をかける。

2)受け手が「メンこい！」と声をかけたら、打ち手は竹刀を頭上に大きく振りかぶるとともに左足を半歩後ろに引く（写真②）。次いで、振りかぶった竹刀を振り下ろして「メン！」と打つ。その後、右足を左足に引きつける。

❷ 1 拍子でスムーズに面を打つ

1)受け手は打ち手との距離を十分に取り、剣先を右に移動させ「メンこい！」と声をかける。

2)打ち手は「メンこい！」の声を聞くと同時に、竹刀を頭上に大きく振りかぶり、左足を半歩後ろに引く。次いで振りかぶった竹刀を振り下ろしながら、右足を左足に引きつけて「メン！」と打つ。その後、送り足で体を後ろに引く。

＊つまずきへの対応

●引き面打ちが元打ちになりやすい。

⇒つばぜり合いのとき、受け手との距離を十分に取る（写真①）。

●後ろに引くとき、竹刀の振りかぶりと体の後方への引きがうまくいかない。

⇒2 拍子の打ちに戻って反復練習をする。

＊技能の評価

●左足を後ろに引いて、正確に面を打つことができたか。

●竹刀の振りかぶりと体の後方への引きがうまくできたか。

●つばぜり合いのとき、相手との距離を十分に取ることができたか。

2 引き小手

❶ ❷ ❸

つばぜり合いから左足を半歩後ろに引き、右肘をやや左に移動させながら、竹刀を振り下ろして小手を打つ技である。

＊練習の仕方

❶ 2 拍子で小手を打つ

1)受け手は打ち手との距離を十分に取り、剣先を左に移動させながら「コテこい！」と声をかける。

2)受け手の「コテこい！」の声がしたら、打ち手は左足を半歩後ろに引きながら、右肘をやや左に移動させる（写真②）。次に、竹刀を振り下ろして「コテ！」と打ち、右足を左足に引きつける。

❷ 1 拍子でスムーズに小手を打つ

1)受け手は打ち手との距離を十分に取り、剣先を左に移動させながら「コテこい！」と声をかける。

2)受け手の「コテこい！」の声がしたら、打ち手は左足を半歩後ろに引きながら、右肘をやや左わき腹に引き、竹刀を振り下ろして、右足を左足に引きつけて「コテ！」と打つ。その後、送り足で体を後ろに引く。

＊つまずきへの対応

●小手を打つとき、元打ちになりやすい。
➡受け手との距離を十分に取るとともに、左足を後ろに大きく１歩引く。
●小手を打つとき、竹刀を大きく振り上げたり腕を伸ばしたりして打つために、元打ちになりやすい。
➡右肘をやや左わき腹に引いて打つ。
●つばぜり合いのとき、肩や腕に力が入り過ぎて押し合いになりやすい。
➡つばぜり合いではうまく技をしかけるためにも、肩や腕に力を入れ過ぎないようにする。

＊技能の評価

●小手を打つとき、受け手との距離を十分に取るとともに、左足を後ろに大きく１歩引くことができたか。
●竹刀の打突部位で正しく小手を打つことができたか。
●小手を打つとき、腕を伸ばさずに右肘をやや左わき腹に引いて打つことができたか。

3 引き胴

❶ ❷ ❸

つばぜり合いから左足を引きながら、竹刀を斜め左に振り下ろして胴を打つ技である。

＊練習の仕方

❶ 2 拍子で胴を打つ

1)受け手は打ち手との距離を十分に取り（写真①）、腕を上げながら「ドウこい！」と声をかける（写真②）。
2)打ち手は「ドウこい！」の声とともに、左足を１歩後ろに引く（写真②）。次いで、竹刀を斜め左に振り下ろしながら、右足を左足に引きつけて「ドウ！」と打つ。

❷ 1 拍子でスムーズに胴を打つ

1)受け手は打ち手との距離を十分に取り、腕を上げながら「ドウこい！」と声をかける。
2)打ち手は「ドウこい！」の声とともに、左足を１歩後ろに引き、竹刀を斜め左に振り下ろしながら、右足を左足に引きつけて「ドウ！」と打つ。その後、送り足で体を後ろに引く。

＊つまずきへの対応

●胴打ちが元打ちになりやすい。
➡打ち手は左足を１歩後ろに引いて、十分に距離を取って打つ。
●竹刀を斜めに振り下ろして胴を打つことが難しい。
➡受け手は「ドウこい！」と言うとともに、腕を大きく上げて、打ち手が胴を打ちやすいようにする。
●つばぜり合いのとき、打たれることを警戒して肩や腕に力を入れ過ぎ、押し合いになりやすい。
➡つばぜり合いではうまく技をしかけるためにも、肩や腕に力を入れ過ぎないようにする。

＊技能の評価

●胴を打つとき、受け手との距離を十分に取ることができたか。
●１拍子でスムーズに胴を打つことができたか。
●受け手は、打ち手が打ちやすいように腕を大きく上げることができたか。
●つばぜり合いで、肩や腕の力を抜くことができたか。

4 体当たりから引き面

面を打ったその勢いで体当たりし、相手の態勢が崩れて隙のできた面を、竹刀を頭上に振りかぶりながら左足を後ろに引き、竹刀を振り下ろして面を打つ技である。

＊練習の仕方

❶面を打った後、つばぜり合いとなる

1)受け手は剣先を右に移動させて面に隙をつくり、「メンこい！」と声をかける。
2)打ち手は受け手の「メンこい！」の声を聞くと同時に、竹刀を小さく振りかぶり、右足から半歩踏み込んで「メン！」と打つ。
3)受け手は打ち手が面を打った後、体当たりしてくるのを手元を下げて待つ（写真②）。
4)打ち手は面を打った後、伸ばした腕を手元に引いて体当たりをする（写真②）。

❷スムーズに体当たり面を打つ

1)受け手は剣先を右に移動させて面に隙をつくり、「メンこい！」と声をかける。
2)打ち手は「メンこい！」の声とともに竹刀を小さく振りかぶり、隙のできた面を右足から半歩踏み込んで「メン！」と打ち、その後、送り足で前に進み、手元を下げて体当たりをする。
3)受け手は打ち手の体当たりを手元を下げて受け、すかさず打ち手を軽く押し返す。
4)打ち手は受け手が軽く押し返す力を利用して、隙のできた面を、竹刀を頭上に振りかぶり、左足から引きながら「メン！」と打ち、右足を左足に引きつける。その後、送り足で体を後ろに引く。

＊つまずきへの対応

●引いて胴を打つとき、腕を伸ばし過ぎてうまく打てない。
➡面を打った後、つばぜり合いで一度止まり、ゆっくりと竹刀を振りかぶってから振り下ろして打つ。
●面を打った後、正しいつばぜり合いができない。
➡面を打った後、体を前に進めて、受け手と接触する直前に伸ばした腕を手元に下ろす（写真②）。

＊技能の評価

●面を打った後、正しいつばぜり合いができたか。
●体当たりの後、胴をうまく打つことができたか。

5 体当たりから引き胴

中段の構えから面に打ち込み、その勢いで相手に体当たりして相手の態勢を崩し、すかさず竹刀を頭上に振りかぶりながら左足を引き、竹刀を斜めに降り下ろして胴を打つ技である。

＊練習の仕方

❶面を打った後、一度つばぜり合いで止まる

1)受け手は剣先を右に移動させて面に隙をつくり、「メンこい！」と声をかける。
2)打ち手は受け手の「メンこい！」のかけ声を聞くとともに、竹刀を小さく振りかぶり右足から半歩踏み込んで「メン！」と打つ。

3)受け手は面を受けた後、打ち手が体当たりしてくるのを手元を下げて受ける（写真②）。
4)打ち手は面を打った後、一度つばぜり合いで止まり、正しいつばぜり合いの構えをとる。

❷体当たりからスムーズに引き胴を打つ

1)受け手は剣先を右に移動させて面に隙をつくり、「メンこい！」と声をかける。
2)打ち手は受け手の「メンこい！」のかけ声を聞くとともに竹刀を小さく振りかぶり、隙のできた面を右足から半歩踏み込んで「メン！」と打ち、その後、体当たりをする。
3)受け手は打ち手の体当たりを手元を下げて受けた後、打ち手を軽く押し返す。
4)打ち手は受け手が軽く押し返す力を利用して、隙のできた面を、竹刀を頭上に振りかぶり左足から下がりながら「メン！」と打ち、右足を左足に引きつける。その後、送り足で体を後ろに引く。

＊つまずきへの対応

●引いて胴を打つとき、うまく打てないことが多い。
➡面を打った後、つばぜり合いで一度止まり、ゆっくりと竹刀を振りかぶり、振り下ろして打つ。
●面を打った後、正しいつばぜり合いができない。
➡面を打った後、体を前に進めて、受け手と接触する直前に伸ばした腕を下ろす。

＊技能の評価

●面を打った後、正しいつばぜり合いができたか。
●体当たりの後の胴打ちがうまく打てたか。

3 応じ技

1. 抜き技

相手の打ちから体をかわすことにより、隙のできたところをすかさず打突する技である。なお、返し技やすり上げ技と異なる点は、相手の竹刀に接触しないことである。

1 面抜き胴

　相手が面に打ち込んでくるのを、右足から斜め右前に体をさばきながら相手の打ちをかわし、隙のできた胴を打つ技である。

＊練習の仕方

❶近間から胴を打ち、止まる

1)打ち手（習技者・左）は「メンこい！」と声をかける。
2)受け手（元立ち・右）は「メンこい！」のかけ声とともに、右足からすり足で半歩出て「メン！」と打つ（写真②）。その後、左足を右足に引きつけて止まる。
3)打ち手は受け手の面打ちに対して、隙のできた胴を右足から斜め右前に半歩踏み込んで「ドウ！」と打つ。その後、左足を右足に引きつけて止まる。

❷タイミングよく面を抜く

1)打ち手は「メンこい！」と声をかける。
2)受け手は打ち手の「メンこい！」のかけ声とともに、ゆっくりと右足から1歩踏み込んで「メン！」と打っていく。
3)打ち手は受け手の面打ちに対して、隙のできた胴を右足から斜め右前に1歩踏み込んで（写真②）、素早く「ドウ！」と打つ。その後、送り足で体を前に進める。

＊つまずきへの対応

●受け手が面を打っていくときに前に大きく出過ぎたり早く出過ぎたりしてしまい、打ち手は正しく胴を打つことができずに元打ちになる。
➡受け手はゆっくりと打っていく。逆に、打ち手は面を抜くときに、素早く右足を斜め右前に移動する。

＊技能の評価

●面打ちのとき、受け手は半歩出て止まることができたか。
●タイミングよく面打ちを抜くことができたか。
●受け手はゆっくりとした動作で面を打っていくことができたか。

2 小手抜き面

❶

❷

❸

相手が小手に打ち込んでくるのを、左足からやや後ろに下がりながら、腕を素早く上げて相手の打ちを抜き、隙のできた面を右足から半歩踏み込んで打つ技である。なお、相手の小手打ちを左足から半歩後ろに引きながら抜き、後ろに下がって打つ場合もある。

＊練習の仕方

❶ 2 拍子で小手抜き面を打つ

1)打ち手は「コテこい！」と声をかける。
2)受け手は打ち手の「コテこい！」のかけ声とともに、右足からすり足で半歩出てゆっくりと小手を打つ（このとき、左足を引きつけて止まる）。
3)打ち手は受け手の小手打ちに対して、左足からやや後ろに下がり、腕を素早く上げて抜き（写真②）、隙のできた面を右足から半歩踏み込んで「メン！」と打ち、その場に止まる。

❷ 1 拍子で小手抜き面を打つ

1)打ち手は「コテこい！」と声をかける。
2)受け手は打ち手の「コテこい！」のかけ声とともに、右足から 1 歩踏み込んで小手を打つ。
3)打ち手は受け手の小手打ちに対して、左足から体を半歩後ろに下がり、腕を素早く上げて抜き、隙のできた面を右足から踏み込んで「メン！」と打つ。その後、送り足で体を前に進める。
4)受け手は小手を抜かれた後、剣先を右に移動させて打ち手が前に出やすいようにする。

＊つまずきへの対応

●❶のとき、打ち手と受け手が前に出過ぎて元打ちになりやすい。
➡両者とも、必ず半歩出て止まる。
●タイミングが悪いために、うまく抜けない。
➡受け手は小手打ちをゆっくりと打っていく。逆に、打ち手は素早く腕を上げて相手の打ちを抜く。
●受け手の小手打ちを抜いて打ち手が前に出ようとしても、受け手の剣先が邪魔になる。
➡打ち手は小手を抜かれた後、剣先を右に移動させて打ち手が前に出やすいようにする。

＊技能の評価

●打ち手は面、受け手は小手のときに、必ず半歩出て止まることができたか。
●受け手の小手打ちを、タイミングよく抜くことができたか。

3 面抜き小手

❶

❷

❸

相手が面に打ち込んでくるのを、左足から体を斜め左後ろに引きながら、相手の打ちをはずし、隙のできた小手をその場で右足を踏み込んで打つ技である。

＊練習の仕方

❶ 2 拍子で面抜き小手を打つ

1)打ち手は「メンこい！」と声をかける。
2)受け手は打ち手の「メンこい！」のかけ声とともに、右足からすり足で半歩出てゆっくりと大きく面を打つ。その後、左足を右足に引きつけて止まる。
3)打ち手は受け手の面打ちに対して、左足から体を半歩斜め左後ろにさばいて（このとき右足も後ろに引きつける）面打ちをかわし（写真②）、隙のできた小手を「コテ！」と打つ。

❷ **1拍子で面抜き小手を打つ**

1)打ち手は「メンこい！」と声をかける。
2)受け手は打ち手の「メンこい！」のかけ声とともに、ゆっくりと大きな面を打っていく。
3)打ち手は受け手の面打ちに対して、左足から体を半歩斜め左後ろにさばき（このとき右足も後ろに引く）、相手の面打ちを素早くかわし、隙のできた小手を「コテ！」と打つ。その後、送り足で体を後ろに引く。

＊つまずきへの対応

●受け手が面を打った後に送り足で早く前に出過ぎるために、打ち手が面を抜くのが難しくなる。
➡受け手は大きくゆっくりと打ち、ゆっくりと前に出る。
●打ち手が受け手の面打ちを素早く抜くことができないために、受け手が接近し過ぎてうまくいかない。
➡打ち手は素早く体を半歩斜め左後ろに引いて抜く。

＊技能の評価

●受け手は面を打った後、止まることができたか。
●スムーズに受け手の面打ちを抜くができたか。
●面を抜くときに、体を半歩斜め左後ろに引くことができたか。

4 面抜き面

相手が面に打ち込んでくるのを、左足から体を後ろに引きながらかわし、隙のできた面を右足を左足に引きつけて打つ技である。なお、相手の面を抜いて前に出て打つ場合もある。

＊練習の仕方

❶ **2拍子で面抜き面を打つ**

1)打ち手は「メンこい！」と声をかける。
2)受け手は打ち手の「メンこい！」のかけ声とともに、右足からすり足で半歩出て、ゆっくりと大きな動作で面を打つ。その後、左足を右足に引きつけて止まる。
3)打ち手は受け手の面打ちに対して、左足から体を半歩後ろに引き、相手の面打ちをかわし（写真②）、隙のできた面を「メン！」と打つ（写真③）。その後、送り足で体を後ろに引く。

❷ **1拍子で面抜き面を打つ**

1)打ち手は「メンこい！」と声をかける。
2)受け手は打ち手の「メンこい！」のかけ声とともに、右足から半歩踏み込んで、ゆっくりと大きな動作によって面を打っていく。
3)打ち手は受け手の面打ちに対して、左足から体を半歩後ろに引いて相手の打ちを素早くかわし、隙のできた面を「メン！」と打つ。その後、送り足で体を後ろに引く。

＊つまずきへの対応

●受け手が面を打っていくときに勢いよく前に進み過ぎて、打ち手が面を抜くのが難しくなる。
➡受け手はゆっくりと面を打っていく。
●打ち手は面を抜くとき、受け手とのタイミングが合わない。
➡受け手の打ち込んでくる早さに合わせて体を後ろに引く。
●打ち手は面を抜くときに、体を後ろに引き過ぎてうまく面打ちができない（2拍子打ちのとき）。
➡体を引き過ぎないようにする。

＊技能の評価

●タイミングよく面を抜くことができたか。
●抜く動作と打つ動作がスムーズにできたか。
●受け手は面を打っていくとき、ゆっくりと打つことができたか。

2. すり上げ技

相手の打ちに対して、体を右または左にさばきながら、自分の竹刀で相手の竹刀を斜め右上または斜め左上にすり上げて、隙のできたところを打突する技である。なお、返し技と異なる点は手首を返さない点である。

1 面すり上げ面

相手が面に打ち込んでくるのを、右足から体を斜め右前にさばきながら相手の竹刀を斜め左上にすり上げて、隙のできた面を打つ技である。なお、後退しながら打つ場合もある。

＊練習の仕方

❶その場ですり上げて面を打つ

1)打ち手は「メンこい！」と声をかける。
2)受け手は打ち手の「メンこい！」のかけ声とともに、右足からすり足で半歩出て面を打つ。
3)打ち手は受け手の面打ちに対して、その場で相手の竹刀を右から斜め左上にすり上げて隙のできた面を（写真②)、右足をその場でトンと踏み込んで「メン！」と打つ。

❷ 1 拍子ですり上げ面を打つ

1)打ち手は「メンこい！」と声をかける。
2)受け手は打ち手の「メンこい！」のかけ声とともに、右足から 1 歩踏み込んで面を打っていく。
3)打ち手は受け手の面打ちに対して、相手の竹刀を右から斜め左上にすり上げて隙のできた面を、右足から斜め右前に出ながら「メン！」と打つ。その後、体を送り足で前に進める。

＊つまずきへの対応

●受け手が面を打っていくときに勢いよく前に出過ぎて、打ち手がすり上げるのが難しくなる。
➡受け手は前に出るとき、ゆっくりと出る。また、竹刀を腕の高さに保つ（写真③)。
●打ち手のすり上げるタイミングが早すぎたり遅すぎたりしてうまくいかない。
➡打ち手は相手の竹刀の動きをよく見てタイミングよくすり上げる。

＊技能の評価

●受け手は面を打つとき、ゆっくりと前に出るとともに、竹刀を腕の高さに保つことができたか。
●相手の竹刀を斜め左上にすり上げるとき、タイミングよくできたか。

2 小手すり上げ面

相手が小手に打ち込んでくるのを、右足から体を半歩前にさばきながら、相手の竹刀を斜め右上にすり上げ、隙のできた面を打つ技である。

＊練習の仕方

❶その場ですり上げて面を打つ

1)打ち手は「コテこい！」と声をかける。
2)受け手は打ち手の「コテこい！」のかけ声とともに、右足からすり足で半歩出て小手を打ち、左足を右足に引きつけて止まる（写真③）。
3)打ち手は受け手の小手打ちに対して、相手の竹刀を左から斜め右上にすり上げて（写真②）隙のできた面を、その場で右足をトンと踏み込んで「メン！」と打つ（写真③）。打った後、左足を右足に引きつけて止まる。

❷ 1 拍子ですり上げ面を打つ

1)打ち手は「コテこい！」と声をかける。
2)受け手は打ち手の「コテこい！」のかけ声とともに、右足から 1 歩踏み込んで小手を打っていく（写真②）。
3)受け手の小手打ちに対して、打ち手は相手の竹刀を左から斜め右上にすり上げて隙のできた面を、右足から半歩前に踏み込みながら「メン！」と打つ。その後、体を送り足で前に進める。

＊つまずきへの対応

●受け手が小手を打った後に前に進み過ぎて間合い（距離）がつまり、打ち手が面を打ちにくくなる。
➡受け手は打った後、その場に止まる。
●打ち手はすり上げて面を打つとき、元打ちになる場合が多い。
➡すり上げる動作（打つ動作・右足の踏み込み）は小さく少なくし、打ちはテコの原理を利用して鋭く打つ。

＊技能の評価

●打ち手が面を打ちやすいように、受け手はゆっくりと小手を打ち、その場に止まることができたか。
●打ち手は、すり上げるタイミングをうまく受け手に合わせることができたか。
●打ち手はすり上げる動作と打つ動作が 1 拍子（スムーズな動き）でできたか。

3 小手すり上げ小手

相手が小手に打ち込んでくるのを、左足を半歩左横にさばきながら斜め右上にすり上げ、隙のできた小手を右足を左足に引きつけ踏み込んで打つ技である。

＊練習の仕方

❶ 2 拍子ですり上げ小手を打つ

1)打ち手（左）は「コテこい！」と声をかける。
2)受け手（右）は打ち手の「コテこい！」のかけ声とともに、右足からすり足で「コテ！」と打つ（左足はそのまま）。
3)打ち手は受け手の小手打ちに対して、左足を左横にさばきながら斜め右上にすり上げ（写真②）、隙のできた小手を右足を左足に引きつけて「コテ！」と打つ。

❷ 1 拍子ですり上げて小手を打つ

1)打ち手は「コテこい！」と声をかける。
2)受け手は打ち手の「コテこい！」のかけ声とともに、右足から 1 歩踏み込んで小手を打っていく。
3)打ち手は受け手の小手打ちに対して、左足を左横にさばきながら斜め右上にすり上げて隙のできた小手を、右足を左足に引きつけて「コテ！」と打つ。

＊つまずきへの対応

●受け手が小手を打った後に前に進み過ぎて、打ち手との距離がつまり、打ち手が小手打ちを打つことが難しくなる。
➡受け手は小手を打った後、左足を右足に引きつけてその場に止まる。
●受け手の小手打ちをすり上げて小手を打つとき、竹刀を大きく振りかぶるために小手が打ちにくくなる。
➡竹刀を小さく振りかぶるようにする。
●受け手の小手打ちをすり上げるとき、横に払う動作になりやすい。
➡正確に斜め右上にすり上げる。

＊技能の評価

●受け手は打ち手が小手を打ちやすいように、ゆっくりと小手を打つことができたか。
●打ち手は受け手のスピードにタイミングを合わせるようにしたか。
●受け手の小手打ちをすり上げたとき、正確に斜め右上にすり上げることができたか。

4 面すり上げ胴

❶ ❷ ❸

相手が面に打ち込んでくるのを、体を右足から右斜め前にさばきながらすり上げ、隙のできた胴を左足を右足に引きつけて打つ技である。なお、左足を後ろに引きながら、相手の面打ちをすり上げて隙のできた胴を、右足を左足に引きつけて打つ場合もある。

＊練習の仕方

❶ 2 拍子ですり上げ胴を打つ

1)打ち手は「メンこい！」と声をかける。

2)受け手は打ち手の「メンこい！」のかけ声とともに、右足からすり足で半歩出て「メン！」と打ち、左足を右足に引きつけて止まる（写真②）。

3)打ち手は受け手の面打ちに対して、その場で受け手の竹刀を左から斜め右上にすり上げ、隙のできた胴を右足から体を斜め右前にさばいて（写真②）（左足はそのままで）「ドウ！」と打つ。

❷ 1 拍子ですり上げ胴を打つ

1)打ち手は「メンこい！」と声をかける。

2)受け手は打ち手の「メンこい！」のかけ声とともに、ゆっくりと右足から 1 歩踏み込んで面を打っていく。

3)打ち手は受け手の面打ちに対して、竹刀を左から斜め右上にすり上げ、隙のできた胴を右足から体を右斜め前にさばいて「ドウ！」と打つ。その後、送り足で体を前に進める。

＊つまずきへの対応

- 受け手が面を打った後、左足を右足に引きつけて止まらないと、打ち手が胴を打ちにくい。
- ➡受け手は打ちやすいように面を打った後に止まる。
- 受け手が素早い面打ちをすると、打ち手は竹刀をすり上げるタイミングを逸する。
- ➡受け手はゆっくりと打っていく。

＊技能の評価

- 受け手は面を打った後、左足を右足に引きつけて止まることができたか。
- 打ち手がすり上げるタイミングを取りやすいように、受け手はゆっくりと打っていくことができたか。
- 打ち手はうまくすり上げて胴を打つことができたか。

3. 返し技

相手の打ちに対して体を右（左）にさばきながら竹刀で受けて、隙のできた部位を手首を返して打突する技である。すり上げ技と異なる点は手首を返すことである。

1 面返し胴

❶ ❷ ❸

相手が面に打ち込んでくるのを、体を右斜め前にさばきながら、竹刀を顔の前に移動させて受け、隙のできた胴を右足から踏み込んで打つ技である。

＊練習の仕方

❶ 2 拍子で返し胴を打つ

1)打ち手は「メンこい！」と声をかける。

2)受け手は打ち手の「メンこい！」のかけ声とともに、右足からすり足で半歩出て面を打つ。その後、左足を右足に引きつけて止まる（写真②）。
3)打ち手は受け手の面打ちに対して、その場で竹刀を顔の前に移動させて受け（写真②）、隙のできた胴を体を右足から右斜め前にさばくと同時に、手首を返して「ドウ！」と打ち、左足を右足に引きつけて止まる。

❷ 1 拍子で面返し胴を打つ

1)打ち手は「メンこい！」と声をかける。
2)受け手は打ち手の「メンこい！」のかけ声とともに、右足から 1 歩踏み込んで面を打っていく。
3)打ち手は受け手の面打ちに対して、その場で竹刀を顔の前に移動させて受け（写真②）、隙のできた胴を体を右足から右斜め前にさばくと同時に、手首を返して「ドウ！」と打つ。その後、送り足で体を前に進める。

＊つまずきへの対応

●受け手は面を打った後に前に進み過ぎると、打ち手が胴を打ちにくい。
➡受け手は胴が打ちやすいように面をゆっくりと打ち、腕を伸ばしたままで止まる（写真②）。
●受け手が素早く面を打つと、打ち手が受けるタイミングを逸することが多い。
➡受け手は面をゆっくりと打っていく。

＊技能の評価

●受け手は面を打った後、ゆっくりと前に出ることができたか。
●打ち手は面打ちをタイミングよく返すことができたか。

2 小手返し面

相手が小手に打ち込んでくるのを、その場で竹刀の剣先を右に移動させて受け、隙のできた面を右足から踏み込んで手首を返して打つ技である。

＊練習の仕方

❶その場で返し面を打つ

1)打ち手は「コテこい！」と声をかける。
2)受け手は打ち手の「コテこい！」のかけ声とともに、ゆっくりと右足からすり足で半歩出て小手を打つ（写真②）（左足はそのまま）。
3)打ち手は受け手の小手打ちに対して、その場で左足を左横に移動させ、剣先を右に移動させて受け（写真②）隙のできた面を手首を返し、右足だけ前に踏み込んで「メン！」と打つ。

❷ 1 拍子で返し面を打つ

1)打ち手は「コテこい！」と声をかける。
2)受け手は打ち手の「コテこい！」のかけ声とともに、右足から 1 歩踏み込んで小手を打つ。
3)打ち手は受け手の小手打ちに対して、その場で剣先を右に移動させて受け、隙のできた面を手首を返し、右足から踏み込んで「メン！」と打つ。その後、送り足で体を前に進める。

＊つまずきへの対応

●受け手が小手を打った後に前に進み過ぎると、打ち手がうまく打つことができない。
➡打ち手が打ちやすいように、受け手は小手を打った後にその場に止まる
●受け手が素早く小手を打つと、打ち手が受けるタイミングを逸する。
➡受け手はゆっくりと打つ。
●打ち手は返し面を打つとき、竹刀を大きく振りかぶると元打ちになりやすい。
➡竹刀の振りかぶりは小さくする。
●打ち手は返し面を打つとき、前に出過ぎると元打ちになりやすい。
➡前に出る距離は半歩程度とする。

＊技能の評価

●受け手は小手を打った後、前に進み過ぎずに小手を打つことができたか。
●打ち手は元打ちにならないように、竹刀操作をできる限り小さくしたか。
●打ち手は返すとき、前に出過ぎないようにすることができたか。

3 面返し面

相手が面に打ち込んでくるのを、左足を半歩左横にさばいて受け、隙のできた面を右足をやや後に引きつけ、手首を返して打つ技である。なお、応ずるときに右足から右に体をさばきながら行う場合もある。

＊練習の仕方

❶その場で返し面を打つ

1)打ち手は「メンこい！」と声をかける。
2)受け手は打ち手の「メンこい！」のかけ声とともに、右足からすり足で半歩出て面を打つ（左足はそのまま）（写真②）。
3)打ち手は受け手の面打ちに対して、左足を半歩左横にさばいて受け（写真②）、隙のできた面を右足をやや後ろに引きつけながら手首を返して「メン！」と打つ。

❷スムーズに返し面を打つ

1)打ち手は「メンこい！」と声をかける。
2)受け手は打ち手の「メンこい！」のかけ声とともに、ゆっくりと右足から１歩踏み込んで面を打っていく。
3)打ち手は受け手の面打ちに対して、左足を半歩左横にさばいて受け、隙のできた面を右足をやや後ろに引きつけながら手首を返して「メン！」と打つ。その後、体を送り足で右斜め後ろに引く。

＊つまずきへの対応

- 受け手が面を打った後、素早く前に進み過ぎると、打ち手は返し面が打ちにくくなる。
- ➡受け手は面をゆっくりと打っていく。
- 打ち手が体を斜め左後ろに早く引き過ぎると、面までの距離が遠くなり、面が打てなくなる。
- ➡打ち手は面を打ってから体を引くようにする。

＊技能の評価

- 打ち手は受け手の面を受けた後、正確に面を返すことができたか。
- 打ち手は返して面を打つとき、打ってから体を斜め左後ろに引くことができたか。
- 受け手は面を打った後、ゆっくりと前に出ることができたか。

4 小手返し小手

相手が小手に打ち込んでくるのを、左足から体をやや左にさばきながら剣先を右に移動させて受け、隙のできた小手を右足をやや前に出しながら踏み込んで打つ技である。

＊練習の仕方

❶その場で返し小手を打つ

1)打ち手は「コテこい！」と声をかける。
2)受け手は打ち手の「コテこい！」のかけ声とともに、右足からすり足で半歩出て小手を打つ（左足はそのまま残す）（写真②）。
3)打ち手は受け手の小手打ちに対して、左足をやや左に移動させるとともに、剣先を右に移動させて受け（写真②）、隙のできた小手を右足をやや前に出しながら手首を返して「コテ！」と打つ（左足は右足に引き寄せる）。

❷１拍子で返し小手を打つ

1)打ち手は「コテこい！」と声をかける。
2)受け手は打ち手の「コテこい！」のかけ声とともに、右足から１歩踏み込んで小手を打つ。
3)打ち手は受け手の小手打ちに対して、左足をやや左に移動するとともに、剣先を右に移動させて受け、隙のできた小手を右足をやや前に出すと同時に、手首を返しながら「コテ！」と打つ。

＊つまずきへの対応

●受け手は素早く小手を打ち過ぎると、打ち手が受けて返すことが難しくなる。
➡受け手は打ち手が受けやすいようにゆっくりと打つ。
●打ち手が小手を受けるとき、タイミングがずれる。
➡打ち手は受け手の打ち込む早さに合わせる。
●受け手が小手を打った後に前に進み過ぎると、打ち手が小手をうまく返すことができない。
➡受け手は右足から小手を打った後、左足を右足に引きつけて止まる。

＊技能の評価

●受け手はゆっくりと打っていくことができたか。
●受け手は小手を打った後、その場に止まることができたか。
●打ち手は受けるときのタイミングをうまく取ることができたか。

4. 打ち落とし技

相手が胴に打ち込んでくるのを竹刀の物の打ちで相手の竹刀を打ち落とし、隙のできた部位を打突する技である。

1 胴打ち落とし面

相手が胴に打ち込んでくるのを、竹刀を斜め右下に移動させて打ち落とし、隙のできた面を左足から後ろに体をさばいて打つ技である。

実際の試合では、難しくてあまり用いられることが少なく、したがって有効打突になりにくい技である。

＊練習の仕方

❶その場で打ち落として面を打つ

1)打ち手は「ドウこい！」と声をかける。
2)受け手は打ち手の「ドウこい！」のかけ声とともに、右足からすり足で半歩出て胴を打つ。
3)打ち手は受け手の胴打ちに対して、その場で相手の竹刀を斜め右下に打ち落とし（写真②）、隙のできた面を「メン！」と打つ。

❷スムーズに打ち落として面を打つ

1)打ち手は「ドウこい！」と声をかける。
2)受け手は打ち手の「ドウこい！」のかけ声とともに、右足から１歩踏み込んで胴を打っていく。
3)打ち手は受け手の胴打ちに対して、相手の竹刀を斜め右下に打ち落とし、隙のできた面を「メン！」と打つ。その後、送り足で体を後ろに引く。

＊つまずきへの対応

●受け手が胴を打っていくときに早く前に進み過ぎると、打ち手が胴を打ち落とすのが難しくなる。
➡打ち手が胴を打ち落としやすいように、ゆっくりと打っていく。
●相手の竹刀を打ち落とすとき、受け手とタイミングが合わない場合が多い。
➡受け手は打ち手がタイミングよく合わせられるように、胴打ちをゆっくりと打っていく。

＊技能の評価

●受け手はゆっくりと胴を打っていくことができたか。
●打ち手は受けるタイミングをうまくとらえることができたか。

第６節
試合と審判の仕方

1　試合のあらましとルールの工夫

1 授業における試合の考え方

剣道の基本動作、対人的技能を展開していく中で、練習の約束事や拘束が多すぎて、生徒の意欲・関心を消失させていることが多い。そこで早い時期から、技能の程度に応じた自由練習や試合を取り入れることが、生徒の意欲を持続させる要点となる。そのために、指導者は、技能の程度に応じた試合が毎時間展開できるよう工夫を求められる。

従来の試合は、基本動作、対人的技能を学習した後の「単元のまとめ」として取り扱われていた傾向が強い。しかし、試合は「習得した基本動作や対人的技能（技）を第三者の判定によって確認させる」ものとして位置づけたい。

試合では、自分の変化を実感できること、他人と競い合うことができること、相手と向き合うことによる緊張感を味わえること、あるいは、他人の長所、短所に気づくことができるなど、数多くの体験が可能となる。

また、試合では、自己の能力に応じて学習した技能や態度が、どの程度、相手の動きや技に応じて攻防ができたかを評価し、新たな課題を発見できるようにすることがねらいとなる。

試合を効果的に活用しながら、剣道の授業を楽しく味わわせることができるようにすることが大切である。

2 試合の学習内容

試合の学習内容には、試合の仕方、審判の仕方および試合の計画と運営などが考えられ、次のようなねらいを段階的にできるようにする。

①簡易試合とその審判の仕方を工夫することができる。
②剣道試合規則に準拠した試合ができる。
③剣道審判規則に準拠した審判ができる。
④互いに相手を尊重する態度で試合ができる。
⑤勝敗に対して公正な態度で試合ができる。
⑥競技会の企画や運営ができる。

3 試合の仕方と種類

試合は、技能の程度に応じて、試合場の広さや試合時間、勝敗の判定の仕方など、簡易なルールを決めて行う場合と、全日本剣道連盟の「剣道試合・審判規則」に準拠した仕方で行う場合がある。また、試合には、個人試合と団体試合の２通りがある。

❶個人試合

個人試合の仕方には、①トーナメント方式、②リーグ戦方式（記入例１）、③高点試合（あらかじめ定められた順に試合を展開し、勝った者が引き分けるか負けるまで試合を続行し、勝ち抜き数の多い者の順に順位を決める）などがある。

勝敗については、３本勝負を原則とし、試合時間内で２本を先取した者を勝ちとする。ただし、制限時間内で一方だけが先取していた場合も勝ち（１本勝ち）となる。また、有効打突がみられなかった場合には、判定や抽選によって勝敗を決めることもある。

〔記入例1〕総当たり個人試合

氏　名	生徒名	生徒名	生徒名	勝点	本数	順位
生徒名	＊	［メ］	（メメ）	1	3	2
生徒名	［コ］	＊	△コ	0.5	2	3
生徒名	△	（メメ）	＊	1.5	2	1

※）（勝ち）=1点　△負け=0.5点　［引分］=0点

〔記入例2〕紅白個人試合（団体戦）記録用紙

	団体名	先鋒	次鋒	中堅	副将	大将	勝者数	得本数	勝敗	代表者戦	勝敗
赤	団体名	選手名	選手名	選手名	選手名	選手名	2	5	△	選手名	×
	勝敗	×	○	○	×	△				×	
	得本部位	コ	メ メ	メ ド		引き				メ	
白	得本部位	コ コ		ド	メ メ	分け	2	5	△	メ コ	○
	勝敗	○	×	×	○	△				○	
	団体名	選手名	選手名	選手名	選手名	選手名				選手名	
	試合時間	3分30秒	1分35秒	3分11秒	0分45秒	4分00秒				6分20秒	

❷団体試合

団体試合の仕方は、あらかじめ決められた順番に従って試合を行い、その勝数によって勝敗を決めるものであり、次の２通りがある。

①勝者数法：チームの勝者の数によって団体の勝敗を決する。ただし、勝者が同数の場合は、総本数の多いほうを勝ちとする。なお、総本数が同数の場合は、代表者戦によって勝敗を決する（記入例２）。

②勝ち抜き法：勝者が続けて試合を行い、団体の勝敗を決する（記入例３）。

〔記入例3〕紅白勝ち抜き試合記録用紙

		先鋒	次鋒	中堅	副将	大将
赤	5人目					
	4人目					
	3人目	○			○	
	2人目	○			○	
	1人目	○○			○	○○
	団体名	選手名	選手名	選手名	選手名	選手名
白	団体名	選手名	選手名	選手名	選手名	選手名
	1人目			○○		○○
	2人目			○		○
	3人目			○		
	4人目					
	5人目					

4 試合における指導上の留意点

①危険な動作や禁じ技を用いないように、生徒に対し十分に注意するようにさせる。

②技能の程度に応じて、楽しく、安全に試合ができるようなルールの工夫をさせる。

③試合者だけでなく、できるだけ審判員も行わせるようにさせる。

④勝敗の結果について、こだわり過ぎないように、公正さをもち、セルフコントロールできるように留意させる。

⑤試合を通して得られる心的状態（緊張、葛藤、迷い、決断など）を反省するようにさせる。

⑥剣道では、他人の稽古を見学することを「見取り稽古」と位置づけている。自分が試合をしていないときも、他人の試合をよく観察し、技、構え、姿勢、態度、気迫などについて学ばせるように留意させる。

⑦試合者の打突を「有効」と判定したら、審判旗をしっかりと上げるようにさせ、一方、不十分と判定したときには明確に意志表示をするようにさせる。

⑧「はじめ」「止め」「面あり」などの主審の宣告は、試合者や周囲の者に聞こえるように大きな声で行うようにさせる。

⑨試合運営ができるようにするために、掲示係、時計係、記録係、選手係などの係員もできるようにさせる。

⑩見学者にも試合運営に参加するように留意させる。

5 ルールの工夫

授業のはじめの段階において試合を展開するうえでは、試合場の広さ、試合時間、使用する技、勝敗の判定の仕方などのルールの工夫が必要不可欠となる。

例えば、試合時間は１分程度とし、１本勝負で行わせたり、また、打突部位や技を限定したり、あるいは、つばぜり合いの状態は直ちに解消させ、一足一刀の間合だけでの攻防に限定させるなどして、安全に楽しく攻防ができる状況を作り出す工夫をしたりする。

6 有効打突とは

❶試合・審判規則で定める有効打突

規則に定められた有効打突は「充実した気勢、適正な姿勢をもって、竹刀の打突部で打突部位を刃筋正しく打突し、残心あるものとする」と規定されている。

すなわち、これらのことがらは、次のことを指している。

・竹刀の打突部は、物打ちを中心とした刃部（弦の反対側）。
・「刃筋正しく」とは、竹刀の打突方向と刃部の向きが同一方向である場合。
・打突部位は、面部は正面および左右面、左右面はこめかみ部以上。小手部は、中段の構えの右小手（左手前では左小手）および中段以外の構え等のときの左小手または右小手。胴部は、右胴および左胴。突部は、突き垂れ。
・残心とは、打突後の油断のない身構えと心構えのこと。

❷技能の程度に応じた有効打突の判定

サッカーやバスケットボールなどでは、ゴールにボールが入れば得点となるが、剣道の有効打突は、サッカーに例えれば、「ネットを突き破るようなシュートではじめて1本となる。ゴールキーパーがトンネルし、コロコロと入ったのでは1本とならない」ということである。

打突部位に触れただけでは有効打突とならず、有効打突となるための必要な条件を全て満たしていなくてはならないのである。しかしながら、授業における段階では、上記のような有効打突の条件を十分に満たす打突のできることをはじめから期待することはできない。

したがって、判定する場合においても、弾力的に基準を設定していかなければならないことになる。

はじめの段階では、打突部位に竹刀が触れれば有効とし、次の段階では、打突部位に竹刀の打突部（物打ち）でとらえなければならないとし、さらに進んだ段階では、「打突部位に竹刀の打突部でとらえ、打突部位の呼称があることを条件とする」ことなども一方法である。

2 審判員の宣告と旗の表示法

1 審判員の構成と任務

①審判員は、主審1名、副審2名を原則として構成する。
②主審は、試合運営の全般に関する権限を有し、有効打突および反則などの表示と宣告を行う。
③副審は、有効打突および反則などの表示を行い、運営上主審を補佐する。

2 旗の表示法と宣告の仕方

❶開始・再開・終了時の対応（基本姿勢）

・試合開始の際、「始め」の宣告時の姿勢。
・試合中断後など、試合再開時の「始め」の宣告時の姿勢。
・「勝負あり」もしくは「引き分け」の宣告後の旗を下ろしたときの姿勢。

❷1本目として、赤が面を打ち、3人の審判のうち2人以上が赤の1本と判定した場合（1本目の有効打突が決定したとき）

1）主審は赤旗を右斜めに上げて、「面あり」と宣告する。
2）試合者を開始線に戻してから、
3）上げている赤旗を下ろしながら「2本目」と宣告して試合を再開させ、基本姿勢となる。

❶

❸赤が面を打ち、1人だけが赤旗を上げたが、他の2人の審判がその打ちは有効でないと判定した場合（有効打突を認めないとき、取り消すとき、相殺のとき）

・有効打突と認めないときは、赤白の旗を前下で左右に数回振る。

❹つばぜり合いが膠着し、互いに技を出すことができない状態と判断した場合

1）主審は「分かれ」と宣告しながら、両旗を前に出す。
2）試合者をその場で引き離し、両者がすぐに打突できない距離に離れたとき、「はじめ」と宣告しながら両旗を下ろし、基本姿勢に戻る。

❶

❷

❺試合者が場外に出てしまった場合（反則時の表示）

1）両旗を真上に上げて、「止め」をかける。そして開始線に試合者を戻してから、
2）場外に出た試合者側の旗を斜め下に示して、反則の意思表示をする。その結果、2 名以上の審判員が反則を認めたときは、「反則○回」と宣告をする。
3）反則の宣告と同時に基本姿勢となり、「始め」の宣告で試合を再開させる。

❻白が面を打って、2 本目を取った場合（勝敗の決定とき）

1）白の旗を上げて、主審が「面あり」と宣告し、
2）試合者が開始線の位置に戻ってから、白の旗を上げたまま「勝負あり」と宣告する。
3）試合者が竹刀を納め始めたら、旗を下ろし、基本姿勢になる。

❼勝負が決しないときで、試合時間内に勝敗が決しない場合

1）両旗を真上に上げて「止め」と宣告し、
2）試合者が開始線の位置に戻ってから、両旗を真上で交差させて「引き分け」と宣告する。
3）試合者が竹刀を納め始めたら、旗を下ろし、基本姿勢になる。

❽一本勝ちしたときで、片方が 1 本取っていて、試合時間が終了した場合

1）両方の旗を真上に上げて「止め」と宣告し、
2）試合者が開始線の位置に戻ってから、白旗を上げて「勝負あり」と宣告する。
3）試合者が竹刀を納め始めたら、白旗を下げて基本姿勢になる。

3 禁止行為とその罰則

❶1 回ごとに「宣告」が行われ、2 回で「1 本」が相手に与えられる禁止行為

①相手に足をかける、または払う。

②相手を不当に場外に出す。

③試合中に場外に出る。

ア）片足が、完全に境界線外に出た場合。

イ）倒れたときに、体の一部が境界線外に出た場合。

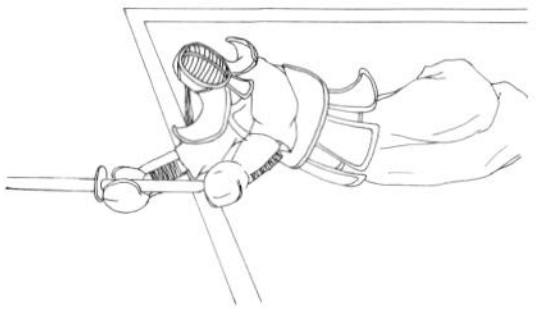

ウ）境界線外において、体の一部、または竹刀で体を支えた場合。

④自己の竹刀を落とす。

⑤不当な中止要請をする。

⑥その他、この規則に反する行為をする。

ア）相手に手をかける、または抱え込む。

イ）相手の竹刀を握る、または自分の竹刀の刃部を握る。

ウ）相手の竹刀を抱える。

エ）相手の肩に故意に竹刀をかける。

オ）倒れたとき、相手の攻撃に対応することなく、うつ伏せなどになる。

カ）故意に時間の空費をする。

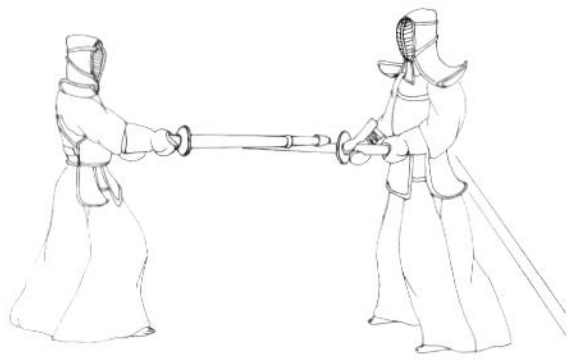

キ）不当なつばぜり合い、および打突をする

❷退場を命じられる禁止行為

以下の行為を犯した者は、相手に 2 本を与え、退場となり、既得本数、既得権は認められない。

①薬物を使用すること。

②審判員または相手に対し、非礼な言動をすること。

③定められた以外の用具（不正用具）を使用すること。

4 試合場の作り方と掲示方法

1 試合場の作り方

①正式な試合場は、図Ⅱ-2-2（境界線を含み一辺を 9 ～ 11m の正方形ないし長方形とする）の広さとする。

②試合場の中心は、各線が 30 ～ 40cm の長さの×印で表示する。

③開始線は、50cm の長さで中心から 1.4m のところに表示する。

④試合場の外側に原則として、1.5m 以上の余地を設ける。

⑤各線は、幅 5 ～ 10cm の白線とする。

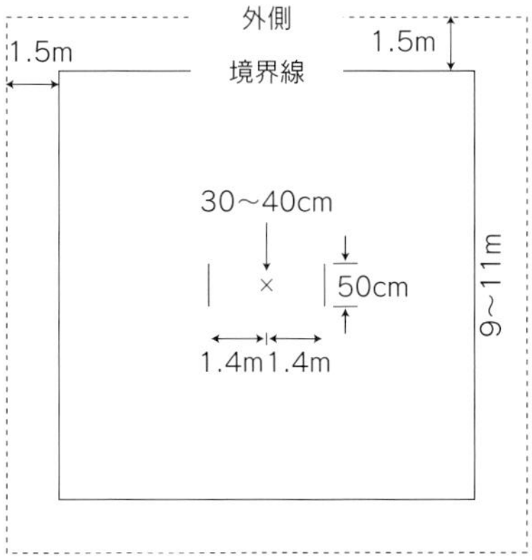

［図Ⅱ-2-2］試合場（基準）

2 掲示方法

団体試合での団体名・選手名および審判員ならびに判定の結果を掲示板に掲示する方法は図Ⅱ-2-3 のとおりである。

＜説明＞

・先鋒戦：赤が「面」を決める。そのまま試合時間が終了する。赤の「1 本勝ち」。

・次鋒戦：勝敗が制限時間内に決まらず、延長戦となる。白の「小手」が決まり、「1 本勝ち」。

	先鋒	次鋒	中堅	副将	大将	
団体名	選手名	選手名	選手名	選手名	選手名	
赤				▲▲	▲	← 反則
	㋱ 一本勝	延長		㋱ 延長×	㋱ ㋡	← 1本目 ← 3本目
白		㋙	㋱ ㋣	㋫	㋙	← 2本目
					▲	副審名 主審名 副審名
団体名	選手名	選手名	選手名	選手名	選手名	

［図Ⅱ-2-3］掲示板および掲示方法

・中堅戦：白の1本目「面」が決まり、続いて2本目の「胴」が決まる。「勝負あり」。
・副将戦：赤の禁止行為があり、反則1回を取られる。赤の「面」が決まる。再び、赤の禁止行為があり、反則2回を取られる。白の「1本あり」となり、「勝負」となる。延長戦となるが、勝敗が決せず、引き分けとなる。
・大将戦：赤の1本目「面」が決まる。2本目は白の「小手」が決まる。勝負となり、赤の「突き」が決まり、赤の勝ちとなる。この間、両者とも禁止行為で、反則1回を取られる。

5 試合運営と役割分担

試合を円滑に運営していくためには、事前に綿密な計画を立て、表Ⅱ-2-2のように役割分担表を作成しておくとよい。

審判員以外の各係員は以下の任務をするようにする。
・時計係は、試合時間の計時をし、試合時間終了の合図をする。
・掲示係は、審判員の判定の掲示をする。
・記録係は、有効打突の部位および反則の種類と回数、ならびに所要時間などを記録する。
・選手係は、試合者の召集、用具などの点検にあたる。
なお、試合に必要な物品として、審判旗、試合者の目印（赤白のたすき）、ストップウォッチ、笛、記録用紙、掲示板、ラインテープなどを準備する。

[表Ⅱ-2-2] 役割分担表

試合場名	第1試合場	第2試合場	第3試合場
主審			
副審			
副審			
時計係			
掲示係			
記録係			
選手係			

6 簡易試合の具体例

1 学習段階に応じた有効打突の基準

学習段階に応じた試合のねらい、有効打突の基準、試合の仕方などの具体例を以下に示した。

＜具体例1＞

学習段階	ねらい	有効打突の基準	反則の適応	試合の仕方
第1ステージ	基本的な打ち方と受け方で、攻防ができる	打突部位を正しくとらえている	打突部位でない個所を故意に打突した	・1本勝負 ・試合時間1分 ・1審制 ・3人1組リーグ戦
第2ステージ	身に付けようとしている技を使って攻防ができる	上記条件の他に、打突部位の呼称がある	上記の他に、危険で乱暴な行為をした	・1本勝負 ・試合時間1分 ・2審制 ・4人1組リーグ戦
第3ステージ	得意技を使って攻防ができる	上記条件の他に、打突後の体さばきと残心がある	上記の他に、場外に出た。竹刀を落とした	・3本勝負 ・試合時間2分 ・3審制 ・団体戦（3人制）
第4ステージ	相手の動きに対応した攻防ができる（しかけ技と応じ技ができる）	上記条件の他に、適正な姿勢で打突している	上記の他に、相手に手をかけた。竹刀を握った	・3本勝負 ・試合時間2分 ・3審制 ・団体戦（5人制）
第5ステージ 第6ステージ	得意技をさらに高め、それを生かしていろいろな人と試合ができる	充実した気勢、適正な姿勢をもって、竹刀の打突部で打突部位を刃筋正しく打突し、残心がある	不当なつばぜり合いをしたなど、規則に反したすべての行為	・3本勝負 ・試合時間2～4分 ・3審制 ・各種試合

<具体例２>

	ねらい	試合の仕方	判定基準
基本動作・技の判定試合	基本動作、および対人的技能（技）の正確さなどを評価し合うことができるようにする	・基本動作の打ち方と受け方の評価をする ・身に付けようとしている技で評価し合う	・構え、体さばき、打ち方などの正確さなどについて複数の審判員が評価する ・有効打突と多く判定された技を勝者とする
技を限定した試合	安全に楽しく攻防ができるようにする	使用する技を互いに約束し試合をする	有効打突の多いほうを勝者とする
円陣試合	数多く試合ができるようにする	勝ち残り方式で行い、全員で審判する	１本勝負、引き分けありとする
個人試合	自分の得意技を試し合うことができるようにする	リーグ戦、トーナメント戦を行う	試合時間など、自分たちのルールを定めて行う
団体試合	チームの作戦やオーダー編成を工夫して試合ができるようにする	グループ対抗のリーグ戦などで行う	試合時間など、自分たちのルールを定めて行う

2 簡易試合の練習形態

❶十文字稽古

・練習形態を十文字に取り、審判と試合を交替しながら行う。
・有効打突の判定は、初心者にとってはわかりにくいので、この段階の試合では、試合者も加わり、「打たれたと思ったら手を上げる」ことを行わせる。

❷回り稽古

・２列横隊で隊列を組む。
・互格稽古や試合が終わるごとに、互いに右側に移動して対戦相手を代えて繰り返す。なお、各列の右端の者は、対向している側の列に移動して対戦相手を代える。
・技能の高まりに応じて、試合時間、回数を増加させていく。

❸円陣試合

・円陣を組み、立位姿勢で構えて試合を開始し、終了する。
・１本勝負の勝ち抜き戦とする。
・場合によっては、３人勝ち抜いたら勇退とする。
・勝敗が決しないときは引き分けとし、新たな組で始める。
・試合時間は１～２分とする。

❹５人制の団体試合

公式戦に類似した場を作って、以下の要領でグループ戦を行う。

・主審１名、副審２名の審判員によって判定する。
・勝者数法で試合をする。
・掲示板を使い、選手の呼び出しを行う。
・時計係を置く。
・目印（たすき赤・白）を使用する。

補章

1．日本剣道形

1．日本剣道形が制定された経緯

明治 44（1911）年に「中学校令施行規則」の一部が改正され、「撃剣及び柔術ヲ加フルコトヲ得」の字句が加えられ、はじめて剣道が中学校に編入された。文部省は、このことに伴い、同年 11 月に東京高等師範学校において「武術講習会」を開催した。

すでに、大日本武徳会では、全国的な普及を目指して「三本の形」（上段・天、中段・地、下段・人）を制定していたが、この剣道形制定の経緯やその後の普及状況から、全国の中学校に採用することは不適当という見解があり、新たに講習会独自の形を制定することを公表した。

講習会での新しい形は、根岸信五郎、高野佐三郎、内藤高治、中山博道ら 13 名で検討され、改めて「三本の形」が加えられ、大正元（1912）年に「大日本帝国剣道形」が制定されたのである。この「大日本帝国剣道形」の 1 本目から 3 本目までは、武術講習会で創られた形が基になっている。

しかし、残りの太刀 4 本と小太刀 3 本の形は、その制定への経緯を異にするものであった。大正 6（1917）年には、剣道形の制定にかかわった 12 名によって、「加註」がなされ、昭和 8（1933）年にも「増補加註」がなされた。

戦後、「大日本帝国剣道形」は「日本剣道形」と呼ばれるようになり、昭和 56（1981）年には、現代文への表記の手直しや形の動作の再確認を行い、全日本剣道連盟が『日本剣道形解説書』を発刊した。

現在では、これに基づいて剣道形の普及が図られている。

2．日本剣道形の内容

剣道昇段審査会での初段審査のために必要な「太刀の形 1 本目から 5 本目」までの動作と留意点を述べる。

● 1 本目

①打太刀は左上段（左足前）、仕太刀は右上段（右足前）に構え、互いに前にある足から 3 歩進む。

②間合に入り、打太刀は機を見て「ヤー」のかけ声とともに、右足を踏み出し、仕太刀の正面を打ち下ろす。打ち下ろした剣先は、下段の構えよりやや低くなる。右足を踏み出すとき、左足も自然に進める。

③仕太刀は、左足から送り足で体を少し後方に引き、打太刀の剣先を抜いて、すかさず「トー」のかけ声とともに右足を踏み出して、打太刀の正面を木刀の物打ちで打つ。

④打太刀は、剣先を下ろしたまま、左足から送り足で 1 歩引く。仕太刀は、十分な気位で打太刀を制しながら、剣先を打太刀の顔の中心（両眼の間）につけ、打太刀がさらに 1 歩引くので、それと同時に左足を 1 歩踏み出しながら左上段に構えて、残心を示す。

⑤打太刀が剣先を中段に戻すので、仕太刀は、左足を引いて上段を下ろし、双方とも同時に中段となる。

⑥互いに構えを解いて、5 歩で元の位置に戻る。

㊟構えを解くとは、（自然に相手の左膝頭から 3 ～ 6cm 下）下段の構え程度に、右斜め下に下げる。このとき、剣先は相手の体からわずかに外れるぐらいに開き、刃先は左斜め下に向くようにする。

▼1 本目

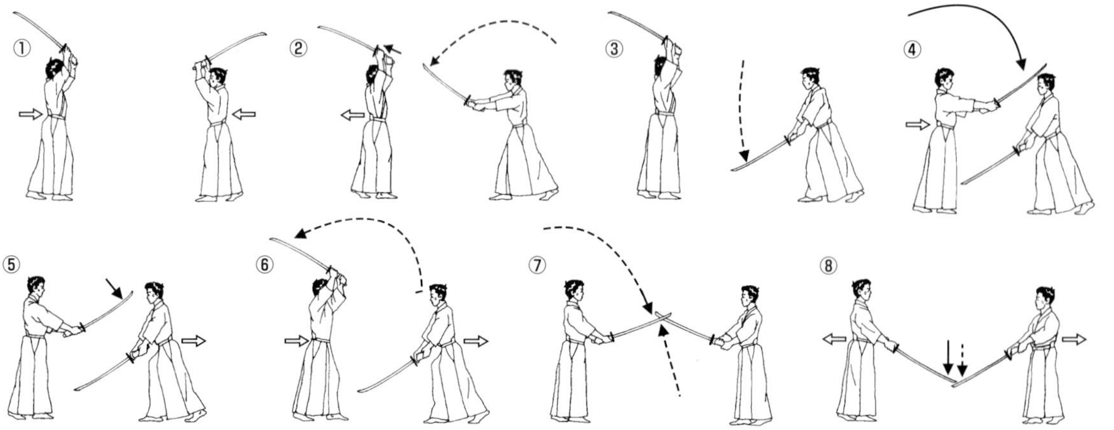

▼2本目

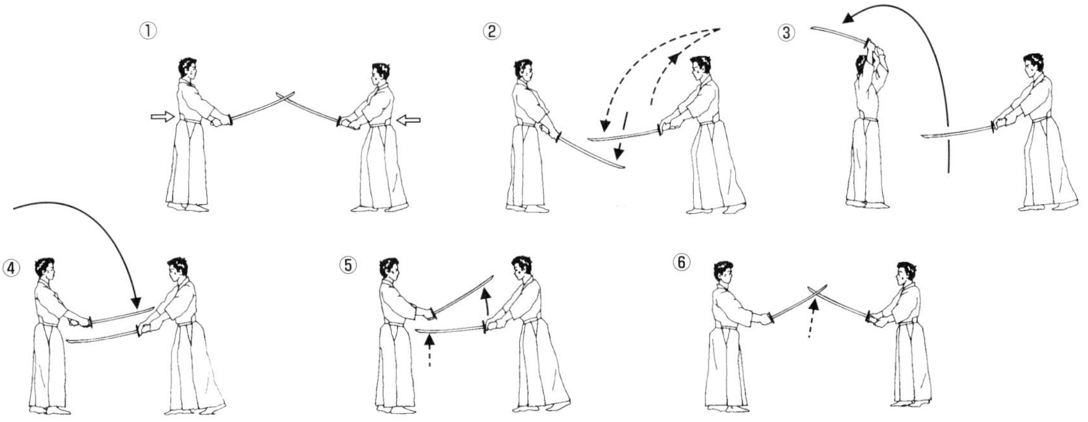

▼3本目

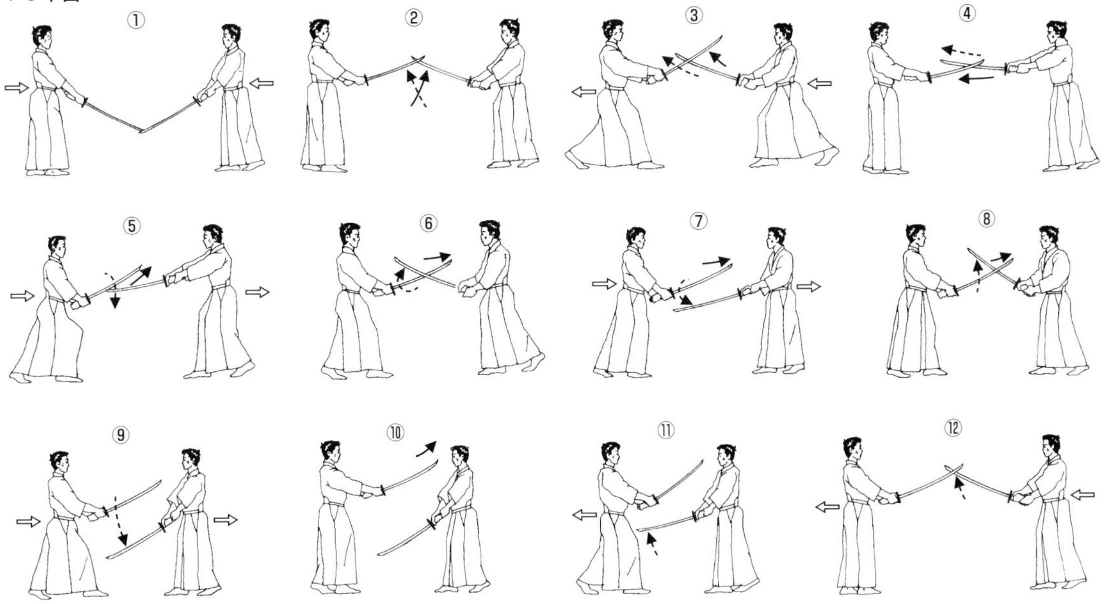

●2本目

①打太刀、仕太刀とも中段に構え、互いに先の気位で3歩進む。

②間合に入り、打太刀は、機を見て「ヤー」のかけ声とともに、右足を踏み出し、大技で仕太刀の右小手を打つ。

③仕太刀は、左足、右足と体を左斜め後ろに開くと同時に、打太刀の木刀を剣先を下げて、半円を描く気持ちで、抜いて大きく右足を踏み出し、大技で「トー」のかけ声とともに、打太刀の右小手を打つ。右足を踏み出すとき、左足も自然に進める。

④その後、仕太刀は十分な気位をもって、残心（形には表れない）を示しながら、双方とも中段になりつつ、抜き合わせた位置に戻る。

⑤互いに構えを解いて、5歩で元の位置に戻る。

●3本目

①打太刀、仕太刀、双方とも下段に構え、互いに先の気位で3歩進む。

②間合に入り、互いに気を争いつつ、双方中段になる。

③打太刀は、機を見て、刃先を少し仕太刀の左に向け、右足から1歩踏み出しながら、しのぎですり込み、「ヤー」と仕太刀の水月（みぞおち）を突く。

④仕太刀は、左足から1歩大きく体を引きながら、打太刀の木刀を物打ちのしのぎで軽く入れ突きに萎やすと同時に「トー」と打太刀の胸部へ突き返す。打太刀は、右足を引き、剣先を仕太刀の下から返して両手をやや伸ばし、左自然体の構えとなる。剣先は、仕太刀ののどにつけて、仕太刀の木刀を右しのぎを使って、右に押さえる。

⑤仕太刀は、さらに突きの気勢で左足を踏み出し、手元を

▼4本目

▼5本目

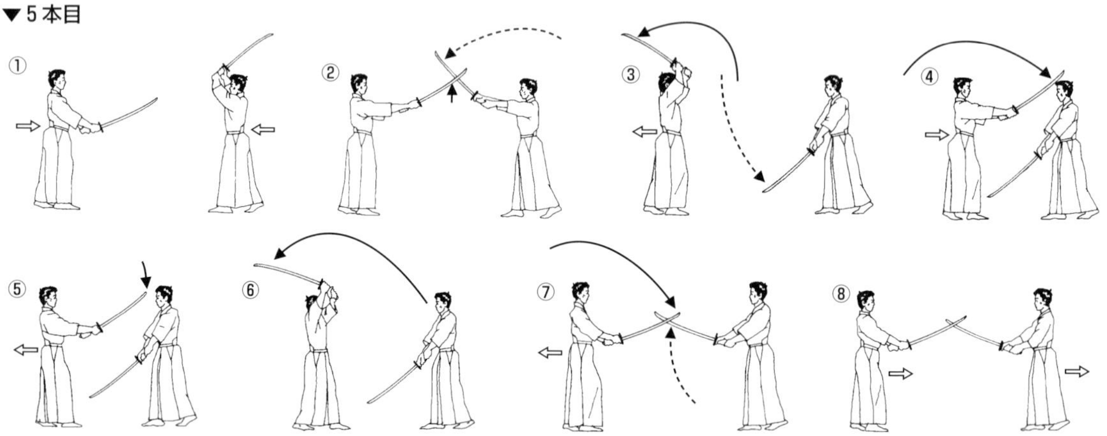

動かさないで、剣先を胸部の中心につける。打太刀は、左足を引くと同時に、剣先を下からまわして返し、右自然体の構えになり、剣先は、仕太刀ののどにつけつつ左しのぎで制する。

⑥打太刀は、仕太刀の気位に押されて剣先を下げながら、左足から後ろに3歩引く。仕太刀は、すかさず右足から3歩やや早く進み、剣先を胸部から次第に上げながら、顔の中心につける。

⑦仕太刀は、左足から5歩引き、打太刀は、右足から3歩進み、双方とも中段になりつつ、木刀を抜き合わせた位置に戻る。

⑧互いに構えを解いて、5歩で元の位置に戻る。

●4本目

①打太刀は八相の構え、仕太刀は脇構えで、互いに左足から3歩進む。

②打太刀は、機を見て、八相の構えから左上段に、仕太刀もすかさず脇構えから左上段に変化する。

③双方とも、十分な気勢で、右足を踏み出し正面を打つ。

④相打ちとなり、互いにしのぎを削るようにして中段になる。

⑤打太刀は、機を見て刃先を少し仕太刀の左に向け、右足を踏み出し、仕太刀の木刀を制しつつ、両手で「ヤー」のかけ声で仕太刀の右肺を突く。

⑥仕太刀は、左足を左斜め前に踏み出し、右足をその後ろに移すと同時に、大きく巻き返して（刃先を後にして）「トー」のかけ声で打太刀の面を打つ。

⑦仕太刀は十分な気位をもって、残心（形には表れない）を示しながら、双方とも中段になりつつ、抜き合わせた位置に戻る。

⑧互いに構えを解いて、5歩で元の位置に戻る。

●5本目

①打太刀は左上段、仕太刀は中段（剣先を相手の左拳につける）に構え、互いに先の気位で3歩進む。

②間合に入り、打太刀は、機を見て右足を踏み出すと同時に「ヤー」のかけ声で、仕太刀の正面を打つ。そのときの打ち方は、仕太刀のあごまで切る心持ちで打ち下ろす。

③仕太刀は、左足から引くと同時に、左しのぎで、打太刀の木刀をすり上げて、右足から踏み出し「トー」のかけ

声で打太刀の正面を打つ。
④仕太刀は、右足を引きながら、左上段となり残心を示す。
⑤打太刀は、剣先を上げ始めるので、仕太刀も左足を引いて双方とも中段になる。
⑥打太刀は、左足から歩み足で３歩引き、仕太刀は、右足から３歩進み、木刀を抜き合わせた位置に戻る。
⑦互いに構えを解いて、５歩で元の位置に戻る。

3. 日本剣道形を行うときの作法と留意点

剣道形を行うときに守らなければならない作法と留意点について述べる。
①打太刀、仕太刀の順に入場し、道場中央の下座に３歩の距離で向かい合って着座し、木刀は右体側につばが膝頭の線になるように刃を内側にして置く。座礼は、両手を同時について行う。
②起（立）ち方、座り方は、左座右起の動作で行う。
③立礼時（木刀は刃を上にして右手に提げる）の上座（上席・正面）の礼は30度とし、目線は少し下げる。相互の礼は15度とし、目と目を交わしながら行う。開始時は上座、相互の順に、終了時は相互、上座の順に行う。
④立会の位置（９歩の間）で、木刀を左手に持ち替えて、つばに親指をかけ左腰につける。
⑤打太刀、仕太刀ともに呼吸を合わせ、気分を充実させて行う。目付けは、相手の目を見て、かつ全体を見る（遠山の目付）。
⑥抜刀は３歩目の足を送り込みながら、蹲踞しつつ袈裟に切るように抜く。
⑦足の運びは、歩み足、送り足、開き足をすり足で行い、踏み込み足のように音をたててはいけない。
⑧発声は鋭く明瞭に、呼気を伴って行う。
⑨打太刀は、機を見て打ち込むことが大切である。
⑩体のさばきは、原則として前進のときは前足から、後退のときは後ろ足から行う。
⑪それぞれの構えから打突動作を行うとき、反動をつけたり、剣先の位置を下げたりしないように注意する。
⑫打突部位を正確に物打ちで打つ。
⑬打突後の足幅が広くならないように後ろ足の送り（引きつけ）に注意する。
⑭残心は、形の締めくくりをする大切な所作である。仕太刀は、形（かたち）に表す場合と、そうでない場合があるが、十分にそれを示し、その後、打太刀に従って動作を行う。打太刀は、仕太刀の残心を十分に見極めた後、次へ始動する。
⑮最初に定められた形（何本目まで）が終了した場合、打太刀は、仕太刀のその形（最終本目）の残心を十分に見極めた後、仕太刀を元の位置に導き、蹲踞をしてほぼ同時に納刀する。その後は礼をする位置（９歩の間）まで戻り、前述の③、②、①の順に行う。

※参考文献
『日本剣道形解説書』全日本剣道連盟、昭和61（1986）年

2. 剣道段位審査会学科審査の問題例

初段の学科審査の問題を全国的に見てみると、「基本的事項に関すること」「精神に関すること」「技術に関すること」などに分けられる。

特に「技術に関する」問題が多く出題される傾向にある。

以下に過去に出題された主な問題を3領域に分けて紹介する。

1.「基本的事項に関すること」

・剣道を始めた動機について書きなさい。
・剣道の好きなところについて書きなさい。
・剣道の自然体について説明しなさい。
・準備運動と整理運動が必要な理由について書きなさい。
・正しい竹刀の握り方について説明しなさい。
・剣道具をつけるときの注意すべき点について書きなさい。
・竹刀を図示し、各部の名称を5つ書きなさい。
・剣道形の必要性について書きなさい。

2.「精神に関すること」

・剣道で礼儀を大切にするのはなぜですか。
・道場での3つの礼について説明しなさい。
・剣道修練の心構えについて書きなさい。
・あなたは、平素どんな心構えで剣道を行っていますか。
・剣道修行の目的について書きなさい。
・残心の必要性について書きなさい。
・守破離について説明しなさい。
・懸待一致について説明しなさい。

3.「技術に関すること」

・剣道の5つの構えを説明しなさい。
・中段の構えについて説明しなさい。
・面技の種類を5つ書きなさい。
・足さばきについて説明しなさい。
・かけ声について説明しなさい。
・間合について説明しなさい。
・素振りの効果について書きなさい。
・切り返しの効果について書きなさい。
・打突の機会（好機）について書きなさい。
・有効打突の条件について書きなさい。
・しかけ技について説明しなさい。
・気剣体の一致について説明しなさい。
・反則の種類を5つ書きなさい。
・日本剣道形の1本目を説明しなさい。

■ 編著者

巽　申直（たつみ　のぶなお）教士七段
［担当：第Ⅰ部第１章、第Ⅱ部第１章、第２章第２節］
茨城大学教授
日本武道学会理事、全国教育系剣道連盟理事長、文部省「剣道指導の手引き（改訂版）」作成協力者、
文部省学校体育指導ビデオ（剣道）作成協力者
文部省主催学校体育実技指導者講習会講師
主な著書＝『新学習指導要領による高等学校体育の授業下巻』（大修館書店）共著、『改訂高等学校学習指導要領の展開保健体育科編」（明治図書出版）共著、『アクティブスポーツ（総合版）』（大修館書店）共著、『健康スポーツの科学』（大修館書店）共著、『剣道の学習指導』（不昧堂出版）共著等

恵土孝吉（えど　こうきち）錬士六段・杖道錬士五段
［担当：第Ⅱ部第２章第５節］
金沢大学教授
日本武道学会理事、日本武道学会剣道専門分科会副会長、全日本学連剣友会理事
主な著書＝『実戦　剣道』（大修館書店）共著、『練習法百科』（大修館書店）共著、『剣道のトレーニング』（大修館書店）共著、『現代体育・スポーツ大系』（講談社）共著、『教育剣道の科学』（大修館書店）共著等

本村清人（もとむら　きよと）講道館七段
［担当：第Ⅰ部第３章］
東京女子体育大学教授（前文部科学省スポーツ・青少年局体育官）
（財）全日本柔道連盟教育普及委員会委員（2002～現在）
主な著書＝『新学習指導要領による高等学校体育の授業上・下巻』（大修館書店）共編著、『新学習指導要領による中学校体育の授業　上・下巻』（大修館書店）共編著、『どう変わる21世紀の学校体育・健康教育』（大修館書店）共著、『柔道大事典』（講道館、アテネ書房）共編著、『Do Sports Series 柔道』（一橋出版）共編著等

■ 執筆者

村山勤治（むらやま　きんじ）教士七段
［担当：第Ⅰ部第２章第１節、第３節、補章］
滋賀大学教授
日本武道学会評議員、全国教育系大学剣道連盟理事、文部科学省学校体育実技指導資料（剣道の手引）作成協力委員、独立行政法人教員研修センター学校体育指導者中央講習会実技指導講師
主な著書＝『中学校学習指導要領（平成10年12月）解説保健体育編』（文部省）作成協力者、『改訂中学校学習指導要領の展開保健体育科編』（明治図書出版）共著、『新学習指導要領による中学校体育の授業下巻』（大修館書店）共著、『教育剣道の科学」（大修館書店）共著等

岡嶋　恒（おかじま　つねし）教士七段
［担当：第Ⅱ部第２章第１節、第３節、第４節］
北海道教育大学教授、附属釧路中学校長
日本武道学会評議員、全日本学生剣道連盟常任理事、文部科学省学校体育実技指導資料（剣道の手引）作成協力委員、独立行政法人教員研修センター学校体育指導者中央講習会実技指導講師
主な著書＝『北海道体育科教育の研究』（学術図書出版社）共著、『ゼミナール現代剣道』（窓社）共著、『教育剣道の科学』（大修館書店）共著等

小田佳子（おだ　よしこ）五段
［担当：第Ⅰ部第２章第２節］
石川県辰口中学校教諭
日本武道学会北陸支部理事
全日本学連剣友会北信越理事

柴田一浩（しばた　かずひろ）錬士六段
［担当：第Ⅱ部第１章］
茨城県教育庁保健体育課指導主事
文部科学省『評価規準，評価方法等の研究開発（中学校保健体育）』協力者、文部科学省『研究指定校（中学校保健体育）に係る企画委員会』協力者

三苫保久（みとま　やすひさ）錬士六段
［担当：第Ⅱ部第２章第６節］
滋賀県立八幡高等学校教諭
日本武道学会会員、全国教育系大学剣道連盟理事兼ゼミナール講師、滋賀県高等学校体育連盟剣道専門部強化委員

■ CD-ROM 制作協力者

半井宏志（なからい　ひろし）
常陸太田市立機初小学校教頭（前日立市教育委員会指導主事）

最新 体育授業シリーズ
新しい剣道の授業づくり
 NDC 375 208 p 26cm

初版第1刷——2004年11月1日

編著者——巽 申直 恵土孝吉 本村清人
発行者——鈴木一行
発行所——株式会社 大修館書店
〒101-8466 東京都千代田区神田錦町3-24
電話 03-3295-6231(販売部) 03-3294-2358(編集部)
振替 00190-7-40504
[出版情報] http://www.taishukan.co.jp
http://www.taishukan-sport.jp(体育・スポーツ)
装丁者——中村友和(ROVARIS)
イラスト——イー・アール・シー
印刷所——横山印刷
製本所——三水舎

ISBN 4-469-26555-1 Printed in Japan

大修館書店
書店にない場合やお急ぎの方は、直接ご注文ください。☎03-5999-5434